“双循环”新发展格局下纺织战略研究

李军训　郭　伟　乔　蓓◎著

中国纺织出版社有限公司

内 容 提 要

本书探讨了纺织行业“双循环”新格局下，纺织发展战略一系列问题。内容涵盖四部分：一是陕西、西安纺织服装产业高质量发展的战略选择及路径研究，通过环境及产业发展基础分析，东西部产业比较分析，提出陕西、西安纺织服装产业发展思路、战略目标和发展重点；二是国内西部地区XA纺织有限公司和TS纺织有限公司有代表性的纺织龙头企业“十四五”规划和实施方案，内容涵盖企业战略总目标、总体战略、战略重点和职能战略，以及基于战略目标下的战略绩效实施方案；三是基于“双循环”发展新格局和数字经济发展的客观要求，阐述某纺织集团以技术创新和管理创新为引擎，围绕数字化转型所开展的系列创新做法；四是对纺织服装类上市公司的产业转型、多元化战略及成本控制等重大问题，进行了综合评价和实证研究。

本书内容丰富、资料翔实，所研究的相关问题具有很强的战略指导意义和实际应用价值，对于政府行业管理部门、行业协会（学会）、纺织服装企业、高等院校、科研机构，以及研究生、本科生，均有较高的借鉴和参考价值。

图书在版编目（CIP）数据

“双循环”新发展格局下纺织战略研究 / 李军训，郭伟，乔蓓著. -- 北京：中国纺织出版社有限公司，2022. 5

ISBN 978-7-5180-9423-3

Ⅰ. ①双… Ⅱ. ①李… ②郭… ③乔… Ⅲ. ①纺织工业—经济发展战略—研究—中国 Ⅳ. ① F426. 81

中国版本图书馆 CIP 数据核字（2022）第 045696 号

责任编辑：段子君　　责任校对：高　涵　　责任印制：储志伟

中国纺织出版社有限公司出版发行

地址：北京市朝阳区百子湾东里A407号楼　邮政编码：100124

销售电话：010—67004422　传真：010—87155801

http://www.c-textilep.com

中国纺织出版社天猫旗舰店

官方微博 http://weibo.com/2119887771

三河市宏盛印务有限公司印刷　各地新华书店经销

2022年 5 月第 1 版第 1 次印刷

开本：710×1000　1/16　印张：17.75

字数：289千字　定价：88.00元

前言

PREFACE

当前，百年未有之大变局和世纪疫情交织叠加，全球不稳定性和不确定性显著上升，全球产业链、供应链或将面临松动、分离，甚至撕裂或脱钩的风险。面对国际环境严峻变化的复杂形势，党中央提出构建国内国际相互促进的“双循环”新发展格局，转变以出口导向为特征的发展模式，充分发挥我国超大规模市场优势和内需潜力，以应对复杂的世界变局。已经高度融入全球经济贸易体系的中国纺织业，应立足我国现代化发展新目标和以国内大循环为主体的“双循环”发展新格局，以“十四五”为新起点，适应新形势，制定新规划，实现新发展。

本书围绕“双循环”新发展格局，基于外部环境变化和新形势的分析，着重阐述纺织行业及不同纺织企业“十四五”发展规划的战略目标、战略重点、战略实施及数字化转型等内容。书中包含的内容均来自笔者近两年来承担并完成的科研项目。这些项目既包括行业发展形势和产业链提升研究，也包括纺织企业“十四五”规划战略研究，还包括纺织企业数字化转型实践与可持续发展研究；既有行业和产业发展分析，也有实体企业战略规划与实施分析，以及产业转型升级与成本控制分析。全书基本反映了“双循环”发展新格局下，纺织产业的发展现状与产业深度调整转型升级的路径。限于篇幅，并基于本书的写作思路，笔者对原有的研究报告进行了整合、提炼、修改和完善。写作的过程是艰辛的，仅写作思路和内容框架就几易其稿，最终确定以《“双循环”新发展格局下纺织战略研究》为本书名称，既可供理论研究者分析“双循环”新发展格局下纺织产业战略的借鉴之用，也可为行业和企业编制纺织服装中长期战略规划提供参考。

全书分为 7 章。具体编写分工如下 : 西安工程大学郭伟教授负责全书的构思与框架设计、审定及第 1、6 章内容的修改、提炼和编撰等工作；李军训教授负责第 2、3、7 章内容的修改、提炼和编撰等工作；乔蓓博士负责第 4、5 章内容的修改、提炼和编撰等工作。此外，西安工程大学的姜铸副教授、张正林副教授、宋玉讲师及吕德胜博士，孙佳徽、沈哲、朱嘉伟、董欣蓉、张志芳、曹家慧、梁璟轩、鲍玉环、周畅、方修鹏、张瑞芝、张清芬、马伟明、魏美婷、张婷婷等多位研究生也参与了相关项目的研究。本书在编纂过程中得到了石晨萱、周畅两位研究生，以及有关行业管理部门、纺织园区及企业的大力协助，同时，出版得益于中国纺织出版社有限公司的精心组织和帮助，编著参考和引用了国内外有关研究成果和文献，在此一并向所有为本书出版提供支持的朋友们表示诚挚的谢意！

由于笔者水平有限，本书的编写难免存在错误或偏颇、不当之处，敬请读者斧正。

著者

2021 年 11 月

目录
CONTENTS

第 1 章　陕西纺织服装产业高质量发展的战略思考

第 2 章　西安纺织产业链提升研究

第 3 章　XA 纺织有限公司“十四五”规划

第4章 TS纺织有限公司“十四五”规划

第5章 TSFZ服装有限公司战略绩效管理方案

第6章 HM纺织集团数字化转型与实践

第7章　纺织产业转型升级与成本控制研究

第1章
陕西纺织服装产业高质量发展的战略思考

纺织业曾经是陕西省的支柱产业，是全省第一产值、利税和创汇大户，在解决劳动就业、繁荣市场、出口创汇、带动相关产业和促进区域经济发展等方面发挥了巨大作用，为陕西国民经济和全国纺织工业发展做出了重大贡献。始于“一五”期间建成的国营西北一印、西北三、四、五、六棉纺织厂，成为驰名全国的“西安纺织城”。继西安纺织城后，咸阳市、宝鸡市也先后成为我国重要的纺织工业基地，涌现出以赵梦桃为代表的一代优秀纺织工匠，“梦桃精神”成为一代又一代纺织人的永恒精神坐标，“两纱两布”品质一流，出口量全国占比很大，代表了中国纺织工业的最高水平。

从二十世纪八九十年代开始，随着东部沿海地区纺织业迅猛崛起，陕西纺织业发展相对放缓，但依靠纺织业雄厚的基础，陕西纺织业无论是总量还是产品品类都得以继续发展。在此基础上，一批民营纺织服装企业步入发展快车道，区域品牌优势逐渐彰显，羊老大服装、七只羊服装、伟志服装、杜克普服装等已成为中国驰名商标。一批服装工业园、纺织服装创新园、现代纺织产业园的陆续建成，促进了陕西纺织服装行业市场化、标准化的进程，为陕西经济建设、社会发展、提高人民生活水平、繁荣市场供给做出了积极贡献。

目前，陕西省已形成集纺织、服装、家纺、丝绸、印染、纺织机械、科研院校于一体的工业体系。

在制定陕西“十四五”发展规划之际，为谱写新时代陕西追赶超越新篇章做好产业谋划，本章对陕西纺织服装产业发展情况与全国发达省份进行了比较研究。结果表明，陕西纺织服装产业在历史上有明显优势，在深化改革开放以后逐步萎缩。但是，陕西有做强做优纺织服装产业的优势和条件，必须抓住新时代新机遇，用好新政策，加快促进陕西纺织服装产业发展，在新一轮“双循环”经济中补齐陕西纺织服装短板，实现全面振兴和高质量发展。

一、陕西与东部、中西部纺织服装产业的差距与反思

纺织服装产业曾经是陕西省传统支柱产业和陕西第一大利税和创汇产业，其产值最高曾占全省工业总产值的 14.5%，在全省工业中占有重要地位，在繁荣市场、出口创汇、解决就业、带动相关产业和促进区域经济发展等方面发挥着重要作用。但近些年来发展缓慢，特别是“十二五”以来产业规模一直徘徊不前，综合竞争力持续下滑。2019 年，全省规上纺织服装企业工业产值仅占全省工业总产值的 1.6%，不仅总体规模小且多年增长乏力；产品结构单一，服装占比低；产业集中度低，产业链不完整；品牌建设能力弱；形势不容乐观，应引起全省上下高度重视。反观东部沿海省份和中西部省份，纺织服装产业均得到了较快发展，尤其是中部的河南、湖北和江西等省份发展势头强劲，且已成为战略性支柱产业。面对“双循环”战略机遇，陕西应紧抓机遇，乘势而上，对标补短，全力振兴纺织服装产业。

（一）对比东部沿海及中西部十省，陕西差距巨大

纺织服装产业就业能力巨大、创汇能力突出，已成为推动消费升级和产业升级的主要力量，在国民经济和社会发展中占有不可或缺的地位。东部沿海省份和中西部等省份纺织服装产业总规模较大，占工业总营收的比例也较高，而且纺织产业结构较合理，已成为支柱产业或重要产业。

从广东等东部沿海省份来看：2019 年规上纺织服装企业年度营收占比均超过 3.6%（浙江最高 13.01%，广东最低 3.61%），广东等东部沿海省份已远超千亿

级，其中江苏已达万亿级，而陕西只有370.12亿元，仅占全省工业的1.48%；产业结构数据表明，东部沿海五省的服装占比都高于20%（广东省57.32%），陕西省仅为23.31%，如图1-1、图1-2所示。

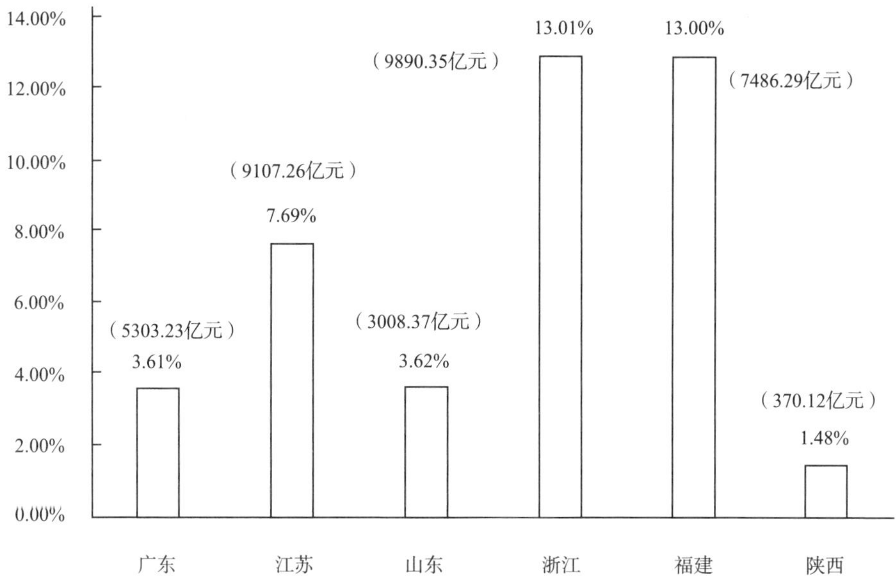

图1-1　2019年东部沿海五省纺织服装产业总规模及占工业总营收比例

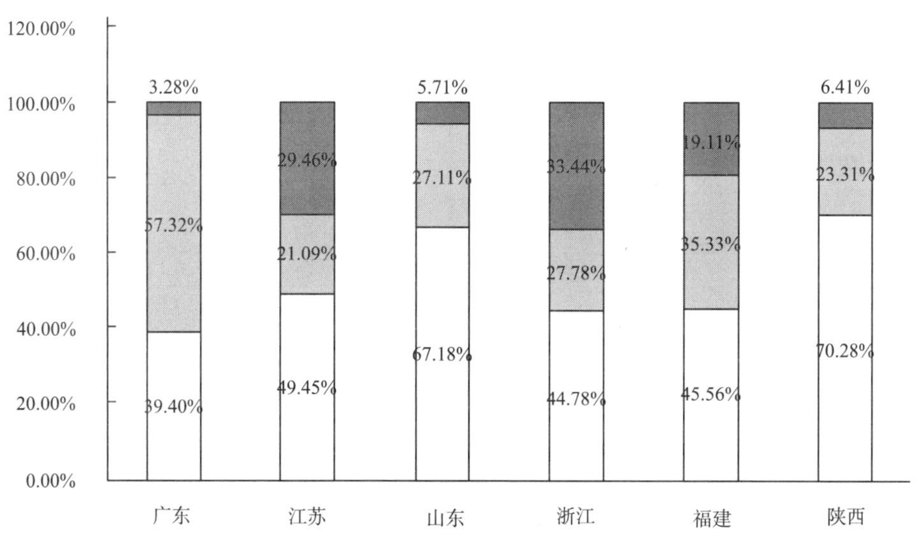

图1-2　2019年东部沿海五省纺织产业结构

从河南等中西部省份来看：2019 年规上纺织企业年度工业营收占比均超过 2.7%（四川 2.76%，湖北 6.86%），纺织服装也多为支柱产业或重要产业，且已成为富民强省的重要力量。即便是经济总量略超陕西的安徽和不如陕西的江西，纺织服装产业规模均达到了千亿级（安徽 1459.44 亿元，江西 1803.01 亿元）；产业结构数据表明，中西部五省的服装占比也都高于 20%（安徽省高达 47.82%），陕西省仅为 23.31%，如图 1-3 和图 1-4 所示。

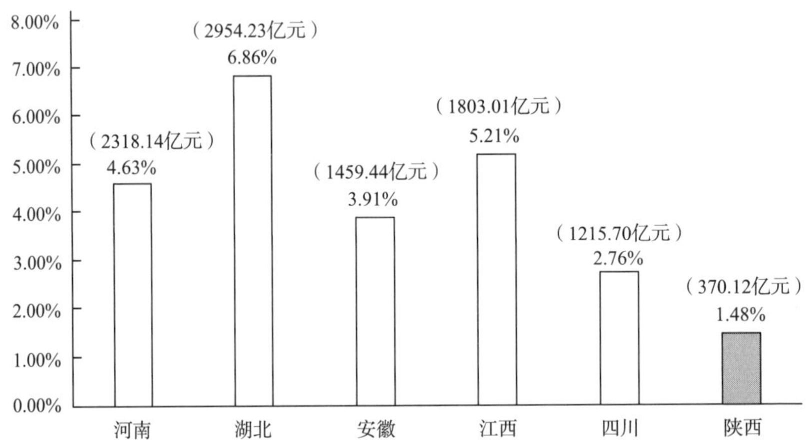

图1-3　2019年中西部五省纺织服装产业总规模及占工业总营收比例

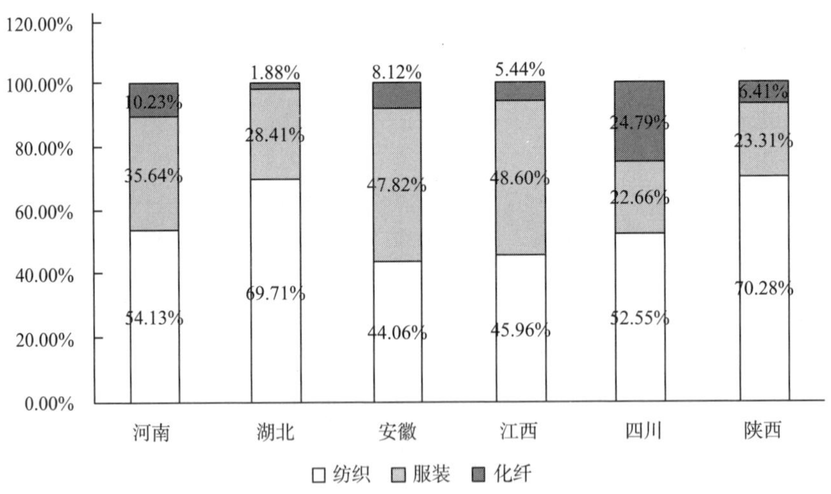

图1-4　2019年中西部五省纺织产业结构

综上所述，陕西省纺织产业不仅规模小，且产业结构极不合理。

（二）值得深刻反思的几个重大问题

1. 产业战略地位和发展理念与东中部十省有较大差距

纺织服装产业是国民经济与社会发展的支柱产业、解决民生与美化生活的基础产业、国际合作与融合发展的优势产业。2019年，中国工程院对我国制造业的26个行业和制造业强国相应行业做了对比和分析，结论是5个行业处于世界领先水平，其中排在第一的是纺织服装。

长期以来，东部沿海五省均将纺织服装产业作为支柱产业，在经济总量发展的同时，纺织产业也得到了升级，广东拟在“十四五”期间仍将纺织服装产业作为战略性支柱产业。中西部的安徽、江西也是如此，特别是作为陕西邻省的河南，纺织服装产业实现了持续快速发展，2020年纺织业营收达到4000亿元。河南推进纺织产业发展的经验做法主要表现在：一是省政府对纺织服装产业的战略地位认识到位，将其作为支撑现代产业体系和实现中原崛起的战略支柱产业，出台一系列发展纺织服装产业政策，如《河南省政府关于推进产业集聚区用地提质增效和促进县域经济高质量发展的意见》。二是实现了省级主管部门、地方政府及行业协会的全面谋划、上下联动、无缝对接，尤其是行业协会的多项谏言被纳入了行业主管部门的战略规划，发挥了积极的推动作用。新密市政府发布“新密服装十四条”政策，助推新密服装产业持续高质量发展。三是将产业集群和区域经济发展同乡村振兴、脱贫攻坚、承接产业转移、新型城镇化建设实现了有机结合。河南的“巧媳妇工程”不仅使千万农村妇女承接了服装产业的转移，使他们在众多产业集聚区中发挥作用、提升价值，而且成为助推河南纺织业崛起的重要力量。

综上所述，与东中部十省相比，造成陕西较大差距的首要原因是对纺织服装产业战略地位的把握和发展理念不到位，导致陕西纺织服装产业在发展方向、产业布局和政策支持方面均存在差距，未形成产业发展的推进机制。陕西应主动学习东部沿海和中西部发展纺织的成功经验，重新审视纺织服装产业的战略地位和作用，通过重点对标河南省，实现全面谋划、上下联动，积极发挥行业主管部门和社会各界作用，政策赋能，扬长补短，重塑陕西纺织服装产业发展新蓝图。

2. 产业集群水平低，产业结构不合理，产业链和创新链不完整，产业发展面临严峻挑战

纺织服装产业的集群具有集中度高、经济总量大、协同效应显著等特点，是推动经济发展的主要力量，为我国纺织工业高质量发展和实现纺织强国战略起到了关键引领作用。截至 2018 年年底，全国纺织服装产业集群 216 个，以浙、苏、粤、鲁、闽等沿海省份最为集中，占全国集群数量的 3/4。2019 年以来，中国纺织工业联合会和国际纺织联合会签订了在我国共建 12 个世界级纺织产业集群先行区和 2 个世界级时尚小镇的协议，进一步彰显了中国纺织强国的战略地位及产业集群的重要作用。工信部自 2016 年以来先后公布了四批共计 46 家纺织服装创新创意试点园区（平台）。

延伸产业链和构建创新链是提高产业集群水平的重要方式。江苏省的纺织服装产业集聚度高、特色明显，如吴江化纤、长丝织造、常熟服装、南通家纺和阜宁过滤材料等各具特色、集聚发展；浙江省纺织服装产业链完整且强大，绍兴、嘉兴、杭州和宁波等地聚集化纤、织造、印染、家纺服装等众多企业；福建省形成了以服装生产加工为核心的产业链，如石狮集群、石狮服装城是国内重要的服装专业市场、中国服装跨国采购基地。

数字化和智能化是实现纺织业转型升级和高质量发展的必由之路。在数字化赋能方面，安徽华茂、山东魏桥和山东华兴等龙头企业引领带动作用突出，他们坚持数字化引领，搭建了智能制造的信息化管控平台，提升了智能制造运行效能，促进了棉纺织产业的转型升级；而在智能制造方面，山东和江西成效显著：山东树立智能制造标杆企业，复制推广智能制造先进模式，全产业链进行对标提升行动；江西重点实施智能化改造行动，组织智能制造系统解决方案供应商为企业提供个性化改造服务。

反观陕西纺织服装产业集群，集聚度底、规模较小、授牌数量少、影响力和辐射带动能力较弱。目前，由工业和信息化部授牌的 1 家，国家科技部授牌的 1 家，中国纺织工业联合会授牌的 2 家。除此之外，分布在陕北、关中和陕南的由各地市自建的产业园和聚集区也仅有十几个。陕西纺织产业结构不合理、棉纺织一业独大、产业链不完整、缺少国家级品牌等老问题尚未得到解决，一些新问题又凸显出来。随着数字经济的快速发展，陕西纺织服装业的智能制造水平总体低下，没有数字化企业和绿色园区。这些都制约着陕西纺织产业的高质量发展。

3. 国有纺织企业混合所有制改革和机制创新没有突破性进展，综合竞争力和可持续发展能力不强

国有企业是中国特色社会主义的重要物质基础和政治基础，是党执政兴国的重要支柱和依靠力量。“十二五”以来，东部沿海和中西部一批国有纺织企业抓住战略机遇积极进行转型升级，在体制机制和公司治理结构方面实现了突破。还有一些企业，如江苏悦达、无锡一棉、上海东方国际、安徽华茂和常山北明等，在混改和机制创新与授权经营等改革方面取得了不俗的成绩，大大提高了企业综合竞争力和可持续发展能力。

陕西多家国有纺织骨干企业经过重组整合、“退城入园”，实现了“瘦身”，但由于混合所有制改革和公司治理不到位，长期固有的深层次问题，如机制僵化、产业链不完整、产品结构单一、经济效益低下和职工收入低等问题并未化解，产生的“挤出效应”，制约了其他类型企业乃至整个行业的发展。

二、陕西纺织服装产业有做强做优、实现跨越的可能性

（一）经济全球化和国家“双循环”战略为纺织服装产业发展带来重大机遇

纺织服装的国际需求仍然保持稳定增长。目前，我国已经成为全球最大的服装生产和出口国。海关数据显示：2019 年，我国纺织品及服装累计出口额为 2718.36 亿美元，其中纺织品累计出口额为 1202.69 亿美元，服装累计出口额为 1513.67 亿美元。欧洲、美国和日本是我国主要的纺织品及服装出口国家和地区。2020 年 1—10 月，我国纺织品及服装出口同比增长 9.5%。从中长期趋势来看，作为大众最终消费的刚性需求产品，只要人口不断增长，人们对美好生活的向往存在，国际社会对纺织品及服装需求就不会有根本性改变。

“双循环”战略为我国纺织服装产业发展带来新契机。随着逆全球化趋势显现，新冠肺炎疫情引发各国对于经济安全的考量，一系列非经济因素正在对国际产业链分布格局产生重要影响，产业链、供应链在一国或一定区域内垂直化、分散化重构，成为国际产业链、供应链的重要发展趋势。国家统计局数据显示，2019年，社会消费品零售总额411649亿元，同比增长8.0%，其中纺织服装零售总额为13517亿元，占社会消费品零售总额的3.28%。消费占GDP比重连续8年上升，其中消费对GDP增长的贡献基本上都在60%左右，消费已连续五年成为经济增长的第一驱动力。中央提出的“双循环”战略和我国签署的RCEP，必将为促进地区的发展繁荣增添新动能，为世界经济实现恢复性增长贡献新力量。纺织服装作为消费的第一大品类，应紧抓新机遇，充分发挥国内超大规模市场优势，提升产业链供应链现代化水平，大力推动科技创新，加快关键核心技术攻关，打造发展新优势。

新科技革命带来机遇与挑战。近年来，我国纺织行业在智能化生产线自主研发与应用领域取得快速进步，与国内优越的创新条件和产业自身的强大应用需求密不可分。现代科技的突破性发展，为化解劳动力、原材料等生产要素供给瓶颈和成本比较劣势提供了支撑，产业链缩短，供应链优化，使得国际产业布局垂直化的趋向更具可行性。未来纺织服装产业将呈现五大趋势：一是数字化是未来纺织服装的生产方式；二是3D是未来的服装设计方式；三是“两化融合”成为未来供应链模式；四是云平台打造未来服装的销售方式；五是C2M个性化定制重新定义服装。

（二）区位优势、资源禀赋和产业基础成为振兴陕西纺织服装产业的重要支撑

1. 独特的区位优势、资源禀赋和产业布局，奠定陕西纺织服装产业的发展基础

区位优势显著。陕西是中华文化的发祥地、丝绸之路经济带的新起点及西部发展潜力较大的地区。西安地处丝绸经济带的起点，联结南北、贯通东西，具有较强的市场辐射力，是国家中心城市，在打造纺织服装时尚之都、创意文化之都中不可替代。

资源禀赋充裕。目前，陕西纺织制造装备水平、科研及劳动力等资源优势，为重塑纺织服装产业发展新蓝图奠定了坚实的基础。

（1）纺织装备优势明显

“十三五”以来，以咸阳纺织集团和西安纺织集团为主的棉纺骨干企业，淘汰了落后产能，引进了国内外一流的纺纱设备。其中咸阳纺织集团纺纱设备100%实现粗细联，织造设备全部实现无梭化；西安纺织集团纺纱织造设备实现无卷化率95%，无接头纱比例100%，无梭布比例100%，精梳纱比例85%，整体装备水平在国内具有明显的比较优势。近年来，省内服装龙头企业陕西伟志、咸阳杜克普和雅尔艾、金健、美神等服装公司被认定为省级企业技术中心和创新研发中心，建成的智能式吊挂服装生产线处于国内领先地位。领先的纺织装备硬实力，极大地提升了企业现代化生产智造水平，进一步强化了陕西纺织服装生产装备优势。

（2）纺织科研力量雄厚

陕西拥有以西安工程大学和陕西省纺织科学研究院为主的高校和科研院所。西安工程大学是以纺织服装为特色的高校，学校设有国家和省级工程技术研究中心8个、省级2011协同创新中心1个及时尚文化创意产业园等平台和基地，获得国家“科技进步奖”一等奖等200余项科研成果奖项。陕西省纺织科学研究院在安全防护服及产业用纺织品研究方面处于国内领先地位，其下属陕西元丰纺织技术研究有限公司，拥有冰雹防护网等26项国家专利技术。纺织服装的科研软实力，为陕西纺织服装产业的转型升级提供了技术创新保障。

（3）纺织人力资源较充裕

陕西现有以西安工程大学等5所纺织服装专业的高等院校及职业技术学校，约有在校生3万人，是陕西纺织服装产业发展所需的专业人才的蓄水池和后备军。农村劳动力资源富余，全省农村外出务工劳动力总量超过540万人，吸引农村外出务工劳动力返乡创业，能够显著形成陕西发展纺织服装的劳动力“富矿”。

（4）陕西西安历史文化积淀深厚

西安曾是汉唐时期政治、经济和文化的中心，璀璨的汉唐文明及历史文化资源对进一步发掘和彰显“文化自信”有重要的现实意义。古丝绸之路和“一带一路”倡议交相辉映、持续发力使得充分代表中华传统服饰的汉唐服饰和民族服饰呈现出极大的发展空间，西安国际化大都市建设使古老与现代、传统与时尚深度相融合，具备了打造全球时尚之都的资源条件。

产业布局较合理。目前，陕西纺织服装已形成“南丝北毛关中棉”的产业格局。陕北已形成我国最大的羊毛防寒服研发生产基地；关中成为以棉纺纱线坯布、功能性服装面料、功能性职业装（安全防护）、童装、学生装为主的研发生产基地和贸易集散地；以陕南的西服、男装、茧丝绸、毛绒玩具等为主的研发生产基地。

2. 初具规模的特色产业集群和纺织工业园，成为陕西纺织服装产业和区域经济发展的主要力量

近年来，陕西先后建成了一批特色鲜明、功能较为齐全的纺织园区，其中获批国家级重点纺织产业园区 4 个，省级重点纺织服装产业园区 5 个及其他 6 个园区，如表 1-1 所示。

表1-1　陕西纺织服装产业集群及园区汇总

编号	名称	所在地区	合计	备注
国家级纺织服装产业集群及园区				
1	西安现代纺织产业园	西安灞桥	4个	中国纺织工业联合会
2	榆阳区防寒服产业集群	榆林榆阳		
3	西咸纺织服装创新园	西安咸阳		国家工业和信息化部
4	西安工程大学时尚文化创意产业园	西安市		国家科技部
省内各地市建成及在建的纺织服装产业园区				
1	汉中西乡国动产业园	汉中西乡*	11个	在建
2	中国西北纺织服装产业城	安康市*		在建
3	五里产业园	安康市		
4	索越创业孵化园工业园区	安康白河		在建
5	新美越产业园	宝鸡市		在建
6	渭滨姜谭服装产业园	宝鸡市		
7	眉县常兴纺织工业园	宝鸡眉县*		
8	咸阳新兴纺织工业园	咸阳市*		
9	许庄棉纺产业园	渭南大荔		
10	恒力（榆林）纺织新材料产业园	榆林市*		在建
11	扶风绛帐纺织工业园	宝鸡市		

注：“*”为省级重点纺织工业园。

（1）4个国家级纺织服装产业集群及园区各具特色

西安现代纺织产业园，于1998年挂牌设立，是以承接西安纺织城地区纺织企业搬迁改造为依托、以纺织产业链企业入园提升为基础，以吸引沿海纺织产业梯度转移为目标的专业化、新型综合产业园区。

榆阳区防寒服产业集群，于2013年获“中国羊毛防寒服名城”称号，现有羊毛绒加工及其关联企业350多户，年产值近30亿元。拥有省级企业技术中心及中国驰名商标各3个，培育了羊老大等一批较为知名的品牌，成为我国最大的羊毛防寒服研发生产基地。

西咸纺织服装创新园，是国家工信部于2017年批准设立的纺织服装创意设计试点园区，通过资源要素整合，初步形成西北纺织服装创新基地。建有国家纺织面料馆陕西分馆、陕西纺织服装面料技术研究院，引入创意设计机构8个及设计师59名，促进园区纺织板块发展。

西安工程大学时尚文化创意产业园，于2015年获批国家科技部备案众创空间，近年来孵化品牌和创业企业近50个，建有创意设计中心和时尚工艺坊等五大平台，实现资源开放共享，凸显艺工结合的创新人才培养模式。

（2）5个省级重点纺织服装产业园区日臻完善

咸阳新兴纺织工业园，于2012年建成投产，组建了西咸纺织服装设计联盟、陕深服装设计产业联盟等平台。咸阳纺织集团、陕西杜克普等企业相继入驻，注重传统纺织产业转型升级，持续优化纺织服装全产业链，加快形成产业用价值链。

宝鸡眉县常兴纺织工业园，于2015年、2017年先后被命名为“宝鸡市纺织品出口示范基地”“陕西省纺织服装出口基地”。现有纺织企业56户，规模以上企业16户，外贸出口企业11户，形成集纺纱、织布、印染、服装加工于一体的产业链条。

汉中西乡国动产业园，于2019年3月开工建设，以服饰加工、电子信息等劳动密集型产业为主导方向，旨在打造陕南地区纺织服装加工制造基地及东西部产业协作示范平台。

安康•中国西北纺织服装产业城，于2017年开工建设，以承接东南沿海产业转移为主，打造集纺纱、织布、制衣、包装、五金、鞋帽和物流仓储于一体的纺织品产业链及生产基地。

恒力（榆林）纺织新材料产业园。2020年6月，恒力集团与陕西省榆林市、榆神工业园区签署恒力（榆林）煤化一体化产业基地投资合作协议。该基地计划投资 1350 亿元，重点建设恒力（榆林）煤化工产业园和恒力（榆林）纺织新材料产业园，在行业内首次将煤炭制烯烃、芳烃，到精细化工、PTA、聚酯、化纤和纺织新材料加工深度一体化融合，加速推进陕北高端能源化工基地实现“三个转化”，助推恒力集团形成“从一块煤到一匹布”全产业链发展新格局。这也是恒力集团打造的第七大生产基地。

（三）潜在的后发优势为陕西纺织服装产业追超发展重塑新格局

1. 产业用纺织品和芳烃新材料项目及西安工程大学博士点的增设进一步完善产业链和创新链

多年来，产业用纺织品和化纤用原料是陕西纺织产业的短板和空白。五环（集团）股份有限公司近期启动的非织造和医用防护品等新兴业态（多元化）项目总投资 9.18 亿元，填补了陕西产业用纺织品方面的空白，而陕西将新能源汽车产业已经列为战略性支柱产业，规划产能 300 万辆，对产业用纺织品有较大需求；恒力（榆林）纺织新材料产业园的芳烃纺织新材料项目，填补了陕西化纤原料方面的空白，成为提升陕西纺织服装产业高质量发展和优化产业结构的重要力量；西安工程大学现有院士基地、产业用纺织品工程中心、纺织测量与控制工程中心和智能电网工程中心等 7 个省级科研基地，现有 17 个“5+X”产学研创新工程研究院及福建石狮、浙江柯桥等多个校外研究院，2020 年西安工程大学纺织科学与工程的博士点获批在即，成为助推陕西纺织服装产业链的延伸和创新链塑造的重要平台。

2. 国企改革和乡村振兴战略的有关政策充分释放红利

国有棉纺织企业的改革突破将释放新动能。长期以来，陕西国有纺织企业体制机制改革严重滞后。近期，国家和省政府先后出台了《深化国资国企改革三年行动实施方案》，为推进国企混合所有制改革指明了方向。可以预期，全面实现国有企业混合所有制改革的目标，通过建立现代企业制度，省内国有企业必将在效益、竞争力及可持续能力等方面释放新动能。陕西省国有纺织企业改革的新突破以及脱贫攻坚和乡村振兴的有效衔接，将重新彰显纺织服装产业作为富民强省的支柱产业和民生产业的巨大作用，助推全省高质量发展和追赶超越。

3. 服装设计师和技能型人才持续增加提升创新创意能力

多年来，陕西服装企业创新能力较弱，人才流失严重，缺少创新型、时尚型服装设计师和技能型员工，没有国家级品牌。陕西省服装行业协会2018年已与深圳服装设计师协会就设计师培养和技能型人才的培训开展合作，依托西安工程大学等高校开始筹建陕西省服装设计师协会，随着服装设计师协会的成立，服装设计师和技能型人才缺乏的“瓶颈”会实现新突破。

三、振兴陕西纺织服装产业的发展思路与战略重点

（一）发展思路

以习近平新时代中国特色社会主义思想为指导，深入贯彻习近平总书记来陕考察重要讲话和党的十九届五中全会精神，以及省委十三届八次全会精神，积极融入“双循环”新发展格局，紧紧围绕高质量发展、供给侧结构性改革，以“一带一路”倡议、新一轮西部大开发和陕西追赶超越战略为契机，坚持“创新、协调、绿色、开放、共享”的新发展理念，秉持中国纺织工业“创新驱动的科技产业、文化引领的时尚产业和责任导向的绿色产业”的新定位，坚持战略性新兴产业的培育发展与传统产业的改造升级并重，坚持创新驱动和特色发展，以加快国有纺织企业改革和服装产业高质量发展为突破口，完善产业链、构建创新链、提升价值链，科学制定并全力推进“13931”战略工程和行动计划，做强做优陕西纺织服装产业。

（二）战略目标

“十四五”时期，全力推进“13911”战略工程和行动计划，用3～5年时间，

实现下列战略目标：

"1"——将陕西纺织服装产业打造成1千亿级（支柱）产业，成为助推陕西经济的新增长极。

"3"——形成上下游配套性较好、创新能力较强的纺织、服装及产业用与化纤原料（纺织新材料）三大板块，实现服装产业的快速崛起。

"9"——建设好4个国家级产业集群及园区（平台）和5个省级重点产业园区。

"3"——形成有利于振兴陕西纺织服装产业的三个有效机制：推进机制、研发创意机制和培训机制。

"1"——打造一百亿级纺织服装产业园区或商贸交易集散地。

（三）战略重点

1. 凝聚共识，重塑纺织服装产业的战略地位

坚持战略性新兴产业和传统产业并重发展的指导思想，抢抓"双循环"、产业转移及追赶超越战略的新机遇，将纺织产业作为重要的强省富民支柱产业来抓。

2. 全面谋划，编制专项规划和行动方案

抓紧制定《振兴陕西纺织服装产业（2021—2025）专项规划》和《振兴陕西纺织服装产业三年行动方案（2021—2023）》。

3. 创新驱动，构建富有陕西特色的现代纺织产业体系

全面贯彻陕西招商引资推进大会精神，选准选优重点项目，组织开展以整体承接为主的、多种形式的链式化招商，力争落户一批产业用纺织品、化纤新材料等新业态项目和高水平印染项目，拉长产业链条，提升产业集群水平。将"招大引强"与"延链补链"相结合，将"产业转移"和"新型城镇化"相结合，紧盯国内外特色鲜明、与陕西基地园区关联度高的产业集群、行业领军企业和旗舰式产业项目，制定产业招商引资路线图和招商目录，力争引进1～2个全国500强纺织服装龙头企业落户陕西，形成清晰的主导产业和特色产业，出台财税、招商引资及完善营商环境等相关政策，落实各项配套措施，带动陕西纺织服装行业追超发展。

4. 集群发展，做强做优纺织服装产业

着力建设好4个国家级重点园区和5个省级重点园区；加大企业技能型人才

的培养力度；加快形成产业用、化纤原料（纺织新材料）快速发展的产业链和价值链，做大做强纺织服装产业。

5. 深化混改，全面提升国有纺织企业综合竞争力和可持续发展能力

切实抓住我国对国企改革的新一轮机遇，对标安徽华茂、无锡一棉等国有纺织企业，在体制机制深化改革、深度转换经营机制，在产业链、供应链上与民营企业、中小企业深化合作，解决纺织国企机制活力等问题。积极引进战略投资者，强化投资项目合作，做优做强国有企业，形成相互融合协同发展的局面。

6. 数字赋能，推进纺织服装产业转型升级

智能制造已成为制造业重要的发展趋势，工业互联网和人工智能的发展运用，推动形成新的生产方式、产业形态和商业模式。陕西纺织服装产业必须牢牢抓住数字化发展带来的机遇，站在数字化高地，对标先进省份和企业，加快制定并出台推进智能制造政策举措，实现传统产业转型升级。

四、保障措施

1. 成立省级领导小组

建议成立以省政府领导牵头、省政府相关部门参与的振兴纺织服装产业发展的专门领导机构或工作推进领导小组，研究出台财政、税收等配套政策，做好全省统筹、协调和服务工作。

2. 形成加快纺织服装产业发展的推进机制

国家级和省级重点园区（平台）所在地市，要建立以《振兴陕西纺织服装产业（2021—2025）专项规划》为依据的年度计划实施和考核机制。省级推进领导小组根据规划要求，逐年分解主要目标、重点任务到相关地市和园区，形成中长期规划逐年落实、动态实施的机制。国家级和省级重点园区（平台）按照目标责任，将规划确定的相关任务纳入各自年度计划，落实责任，确保规划目标的全面顺利实现。将规划提出的约束性目标、重要的预期性目标、重大项目和重大工程纳入年度目标责任考核，省级推进领导小组实行定期检查、定期评估。

3. 制定高质量招商引资的路线图和配套政策

全面贯彻陕西招商引资推进大会精神，选准选优重点项目，组织开展以整体承接为主的、多种形式的链式化招商，力争落户一批产业用纺织品、化纤新材料等新业态项目和高水平印染项目，拉长产业链条，提升产业集群水平。将“招大引强”与“延链补链”相结合，将“产业转移”和“新型城镇化”相结合，紧盯国内外特色鲜明、与陕西基地园区关联度高的产业集群、行业领军企业和旗舰式产业项目，制定产业招商引资路线图和招商目录，力争引进 1 ～ 2 个全国 500 强纺织服装龙头企业落户陕西，形成清晰的主导产业和特色产业，出台财税、招商引资及完善营商环境等相关政策，落实各项配套措施，带动陕西纺织服装行业实现追赶超越发展。

4. 积极构建现代产业体系，推动产业下沉

以市场为导向，围绕产业链，聚集要素，实现产业链集群发展，构建有利于产业健康、持续、快速发展的集成系统。抓住国家乡村产业振兴战略机遇，充分利用乡村富余劳动力，发展劳动密集型产业，带动就业，实现纺织服装产业量的增长。

5. 着力强化人才队伍建设

加快服装设计师队伍建设，大力培养纺织服装各类专业人才和技能型人才，全力引进高端人才、创新团队和先进管理理念，尤其是要积极引进产业用和化纤方面急需的人才，政府要出台和完善人才队伍建设的各项政策，政、产、学三方共同携手促进纺织服装人才建设；弘扬企业家精神，充分发挥企业家在振兴陕西纺织服装产业中的创新、引领作用。

6. 加强宣传引导

把握正确的舆论导向，广泛采取多种形式，大力宣传陕西聚力追赶超越、抢抓战略机遇、重塑纺织服装产业高质量发展的新作为和新形象，充分解读相关政策以及国家级和省级重点园区的优势和特色，努力营造全社会关心陕西纺织的良好氛围，凝心聚力，实现高质量招商。

第2章 西安纺织产业链提升研究

纺织工业是我国国民经济与社会发展的支柱产业、解决民生与美化生活的基础产业、国际合作与融合发展的优势产业，一直以来，在群众衣食住行、医疗健康、器械装备、安全应急、国防军工等多个领域持续发挥重要作用。随着“一带一路”倡议持续推进，特别是区域全面伙伴关系（简称RCEP）合作协议的达成，将有助于我国在国际经贸多边合作中发挥更加主动的作用，进一步巩固我国纺织行业在国际供应链制造端的核心地位，更好地主导国际产业链、供应链合作格局。

国内纺织产业链优势明显的珠三角、长三角地区，遍布着众多的纺织产业集群，产品特色突出，企业数量庞大，产业配套完整，规模效益明显，市场关联性高。陕西是中华文化的发祥地，西安地处丝绸经济带的新起点，联结南北、贯通东西，具有较强的市场辐射力，是国家中心城市，具有打造新型特色纺织之都、纺织服装时尚之都的独特优势和不可替代的基础。“十四五”规划开局之年，全国纺织产业立足新发展阶段、贯彻新发展理念、构建新发展格局，进一步推进行业“科技、时尚、绿色”的高质量发展。

本章对西安市纺织产业链状况进行研究和梳理，结果表明，全市纺织产业在历史上曾蓬勃发展，二十世纪九十年代后步伐放缓。但是，西安市有做强做优纺织产业的基础、优势和条件，必须抓住新时代新机遇，用好新政策，加快“补链、强链、延链”，补齐短板，实现全市纺织产业的全面振兴和高质量发展。

一、纺织产业链的构成

纺织产业链是指与纺织品生产密切相关的产业群，包括纤维加工（纺纱、织布、印染），服装、家纺被服、产业用纺织品及其他终端产品的制造和商业销售等。纺织产业链的目的是生产各类纺织品，以满足居民服饰家居和医疗防护、车船制造、应急救援、国防军工、航空航天等多领域产业发展的需要。

（一）上游

纺织产业链上游主要以原材料种植（养殖）和化学合成为主，包括天然纤维（棉、麻、毛、丝、矿物等）和化学纤维（再生纤维、合成纤维、无机纤维等），涉及农业种植、养殖、化工等行业。

（二）中游

纺织产业链中游是对纺织原料深加工及纺织织造环节，主要包括服装、家纺被服、产业用纺织品（无纺布、功能性面料、新材料、碳编织等）（安全防护用纺织品、结构增强用纺织品、医疗与卫生用纺织品、过滤与分离用纺织品、农用纺织品、建筑用纺织品、土工用纺织品、文体与休闲用纺织品等十六大类）的纺纱、织造、印染等加工生产工序。

（三）下游

纺织产业链下游产业主要包括各类纺织品及终端产品的物流管理、批发零售、渠道建设和品牌运营等。

二、纺织产业链发展现状

（一）国外纺织产业链发展现状

目前，国外纺织产业链更加注重打造“微笑曲线”的两端而获取高额收益。欧美等发达国家凭借技术、品牌、高端市场消费能力等优势，占据纺织服装价值链的高端，具有突出的竞争优势。以欧美为代表的西方国家推行高端服装品牌运营发展模式，注重前期的设计开发和后期的推广与销售，通过品牌多元化经营，发挥其在资金、技术及信息等方面的优势，始终保持其在国际服装市场的品牌垄断，且不断完善其全球销售网络，获取高额利润。

近几年，欧美日等发达国家为降低制造环节（微笑曲线的中间）的成本，将纺纱、织造产能向第三世界转移。中国、印度纱锭总量占世界的近一半，以中印为中心的亚洲棉纺织生产中心已经形成。巴基斯坦、印度尼西亚、越南等东南亚一些国家的纺织企业依靠劳动力成本优势，采取 OEM 发展模式，不断提高纺织品的深加工能力，形成了较大的市场规模，正在成为我国棉纺织产品在国际市场上的最主要竞争对手。

（二）国内纺织产业链发展现状

我国纺织产业经过几十年发展，竞争优势明显，具备完整产业链，较高的加工配套水平，众多发达的产业集群地，已经处于世界领先水平（中科院 2019 年的调研结论）。

目前，中国纺织工业纤维加工总量约占世界 50%，化纤产量约占 70%，出口总额约占 1/3。在世界同行中，不仅规模最大，而且产业门类最全，产业链体系最完整，产业科技走在世界前列。纺织工业是我国处于世界先进水平的五大产业之一，在我国制造强国建设进程中处于第一梯队。

从区域发展看，东部沿海的广东、福建、浙江、江苏及山东五省纺织产业总规模较大，占工业总营收的比例也较高，而且产业结构较合理，一直是本省的支柱产业。2018年纺织产业规模均超5000亿元，其中江苏已达万亿元；规上纺织企业年度营收占工业总营收比均超过3.7%（福建占比最高，为13.08%，广东占比最低，为3.73%）。

近年来，中部的河南、湖北、安徽和江西等省份纺织产业发展势头也十分强劲，大多成为支柱产业或重要产业。2018年纺织产业规模均超千亿元（其中最高为湖北2978.9亿元、最低为安徽1673.7亿元）；规上纺织企业年度营收占工业总营收比均超过4.5%（湖北占比最高，为7.2%，安徽占比最低，为4.5%）。

反观西部省份，在规模和结构上与东部沿海省份相比差距巨大、总体规模小且多年徘徊不前；产品结构单一，服装占比低；产业集中度低，产业链不完整；品牌建设能力弱。2018年陕西纺织产业规模仅371.9亿元，即便是经济总量低于陕西的江西省，纺织产业规模已达1910.8亿元；而同处于西部的四川，则达到1218.7亿元。全省规上纺织企业年度营收占工业总营收比仅为1.6%（江西为5.96%，四川为2.91%）。

由此可见，国内纺织产业发展具有明显的"东强西弱"的失衡性特点。

（三）陕西纺织产业链发展现状

一是形成"南丝北毛关中棉"的发展格局。全省纺织产业现已形成包括陕南缫丝、陕北防寒服、关中两纱两布、功能性服装和纺织教育科研的纺织工业体系。但全省纺织服装规模以上工业企业所完成的产值、实现的利润占全省工业的比例和贡献水平偏低，既无法与东部省份相比，又与很多中西部省份差距越拉越大。

二是纺纱织造能力和服装加工信息化水平具有一定优势。近年来，省内部分国有棉纺企业（西纺集团、五环集团、西北国棉一二七厂、陕西八棉等），通过"退城入园"淘汰了落后产能，引进了先进设备，生产织造能力得到了较大提升。此外，陕西伟志、陕西咸阳杜克普、雅尔艾等省内服装龙头企业在数字化建设方面取得了一定进展，建成的智能式吊挂服装生产线处于国内领先地位，强化了陕西纺织产业链，引领了我省纺织服装产业的转型升级。

三是有较充裕的纺织人力资源。陕西现有以西安工程大学、陕西科技大学、陕西服装工程学院等纺织服装专业的高等院校及职业技术学院，在校学生超过3万人；另有西安交通大学、西北工业大学、西安电子科技大学等国内外知名高校优质科教资源做跨领域合作配套，是陕西纺织产业长足发展所需的专业人才蓄水池和后备军。此外，农村劳动力资源是大力发展服装产业的“富矿”。目前，全省农村外出务工劳动力超过540万人，吸引农村外出务工劳动力返乡创业，融入乡村振兴，做大服装产能，通过大力实施“三秦巧娘工程”，把闲散在农村的存量劳动力资源整合好、培训好，成为有技术的新时代产业工人大军，推动共同富裕，实现全省纺织服装产业的大发展。

四是形成了初具规模的产业集群。近年来，陕西先后建成了一批特色鲜明、功能较为齐全的纺织园区。其中国家级重点纺织产业园区4个，包括西安现代纺织产业园、西咸纺织服装创新园、西安工程大学时尚文化创意产业园及榆阳区防寒服产业集群。5个省级重点纺织服装产业园区日臻完善，包括咸阳新兴纺织工业园、宝鸡眉县常兴纺织工业园、汉中西乡国动产业园、安康·中国西北纺织服装产业城及恒力（榆林）纺织新材料产业园。此外，还有五里产业园（安康市）、索越创业孵化园工业园区（安康白河，在建）、新美越产业园（宝鸡市，在建）、渭滨姜谭服装产业园（宝鸡市）、许庄棉纺产业园（渭南大荔）、扶风绛帐纺织工业园（宝鸡市）6个建成或在建园区。这些园区成为陕西纺织产业和区域经济发展的主要力量。

（四）西安纺织产业链发展现状

一是纺织工业体系形成规模。西安市国资委下属的西纺集团、五环集团，几十年专注于“两纱两布”的生产，产品品质在全国具有一定影响力；西纺集团入选2018年全国棉纺织行业竞争力百强企业和2019年、2020年全国棉纺织行业优良发展型20强企业。园区内的陕西元丰纺织技术研究公司、陕西锦华服装有限公司是西安地区乃至西北地区功能性服装面料和成衣生产的龙头企业，在行服生产、安全防护用、高性能结构增强材料等产业用纺织品领域成效突出。地处市中心的华东万悦城、布衣镇原创品牌广场、多彩商城、东方亿象城是西北地区最大的纺织服装批发贸易集散地，具有巨大的消费能力和市场辐射力。西安纺织高校和纺织科研院所基础好、实力强，不断创新的纺纱织造技术、服装服饰设计、安全防护专利等科研成果在全国名列前茅。一体化的纺织工业体系，有助于不断放大西安市纺织产业的积聚效应，加快向纺织产业链、价值链的中高端迈进。

二是纺纱织造和职业装区域领先。当前，在西安等地，依托陕西纺织服装院校、科研生产单位的优势资源，形成了以功能性职业装、西服男装、学生装为主要特色的产业基地，实现年产量1500万件，20多亿元产值的规模。以研发生产职业装、工装为主的陕西金翼服装、陕西锦华服装被评为西部唯一的“全国十大职业装生产基地”，同时入围“全国服装百强企业”；以研发生产功能性安全防护面料为主的陕西元丰纺织技术研究有限公司，是国内唯一的安全防护用纺织品研发检测基地，被国家工信部、财政部联合推荐为国家重点专精特新“小巨人”企业，为功能性职业装面料的研发生产提供坚实力量；涌现了以学生装生产销售为一体的优势企业西安欧雅服饰有限责任公司等；此外，际华三五一三公司是世界500强企业——际华集团股份有限公司（上市公司）的全资子公司，是以鞋靴研发和制造为主要业务的原军需企业，也是陕西省技术中心、高新技术企业和陕西省应急物资保障单位，在功能性防护鞋靴、防护服、帐篷和应急包等应急产品的研发生产方面具有独特优势，企业迁入西安现代纺织产业园，将进一步巩固和提升职业鞋靴研发生产研制的领先地位。

三是纺织人才储备与研发成果转化比较集中。陕西省纺织服装类院校主要集中在西安市，以西安工程大学、陕西科技大学、陕西省纺织科学研究院为代表的高校和科研院所等机构培养、聚集了一大批纺织专业人才，在纺织新材料研发方面获得了众多有代表性和影响力的国家项目及自主知识产权；并在西安市、陕西省各级部门政策支持和有力推动下建立了高效合作的校企联盟，实现了“政产学研用”的紧密结合，促进了科研成果产业化，加速了企业创新与特色园区的高质量发展。

四是灞桥区纺织产业聚集效应初步形成。西安市国资委下属的西纺集团、五环集团等大型国有纺织企业，以及际华三五一三实业有限公司、陕西金翼服装、陕西元丰公司等建成及在建的10余家纺织服装、鞋帽被服龙头企业，先后搬入或即将搬迁至西安现代纺织产业园内，园区现已成为西安市纺织服装产业聚集地。2020年纺织业产值约10亿元；在建纺织产业类项目4个，计划总投资20亿元，全部建成后将实现新增产值不低于20亿元。为做大做强纺织服装产业，灞桥区在“十四五”期间将纺织服装产业作为全区主导产业。同时，由区政府牵头，联合西安工程大学、陕西纺织科学研究院、西纺集团等13家单位，成立了新型纺织产业联盟，以加强各纺织服装企业之间与科研单位的交流互动及信息资源共享，必将持续提升西安市纺织产业链、价值链。

三、存在问题与发展前景分析

（一）存在问题

1. 产业发展理念尚存差距

2019年，中国工程院对我国制造业的26个行业和制造业强国相应行业做了对比和分析，结论是5个行业处于世界领先水平，其中排在第一的是纺织服装。西安市纺织服装产业对经济发展的拉动作用和财税贡献不及装备制造、生物医药、电子信息等新兴产业。而与东中部十省纺织服装产业的持续快速发展相比，西安纺织产业发展缓慢的首要原因是对纺织产业战略地位的把握和发展理念不到位，导致西安纺织产业在发展方向、产业布局和政策支持方面均存在差距，未形成产业发展的推进机制。

2. 产业链不够完整

纺织产业链前后端配套不完善是制约西安市纺织业发展的重要因素。现有纺织产业链不完整，印染仍是西安市纺织产业链上的短板（也是全省纺织产业链的短板），产业用和化纤类产品缺乏。企业创新能力较弱，国家级品牌仅有1个（陕西元丰），服装设计师（应实现评审零突破）队伍亟待加强，智能制造水平总体低，缺少数字化企业和绿色园区。原料供应方面存在短板，西安纺织原料总体供应不足。原材料依靠省外采购和进口，加上物流力量薄弱，增加了生产成本和延长了交货周期，进而影响了企业竞争能力。另外，纺织服装材料研发、创新不足。西安市功能性服装高科技含量较低，远不能满足社会需要。需持续加强纺织产业的补链、强链、延链。

3. 产业结构不够合理

棉纺织“一业独大”，附加值低，综合竞争力较差。西安作为计划经济时期布局建设的纺织工业，棉纺织基础过于庞大，印染及服装最终产品生产规模过小，形成了上下游的行业衔接配套比例失当、“两头小，中间大”的畸形行业结构。西安市目前没有一家上规模、上档次的大型印染企业，中小印染企业规模小，印染加工档次上不去。由于存在“断链”的“瓶颈”，导致大批棉纱、棉布成为“一江春水向南流”，大部分销往广东、福建、江浙等沿海发达地区进行深加工，西安优质的棉纱、棉布成了他人出精品的半成品，我们不能不为“墙内开花墙外香”而感叹，这种极不合理的产业结构现状必须引起足够重视。

4. 品牌带动作用不明显

服装企业原创品牌设计、研发、时尚敏锐度不足，具有自主品牌、自主经营的企业数量较少，不足全行业的 20%，其余大部分是以贴牌加工、代加工为主，处于产业链中低端，高附加值特别是掌握核心技术、有定价权的产品少，缺少拳头产品。

5. 缺少行业龙头企业

由于经历了原纺织城地区国有纺织企业的兴衰，西安市目前缺乏在全国范围内具有影响力的龙头企业带动。从全国纺织行业看，外地纺织企业改制工作进度很快，改制最早的浙江省、江苏省在 2003 年已基本完成，且成效十分明显。纵观西安市，纺织企业投资主体多元化尚未完善，计划经济的陈旧观念在部分干部、职工中依然存在。从当前实际来看，市属的国有棉纺企业虽然经过“退城入园”实现了“瘦身”，但混合所有制改革和机制创新没有突破性进展，导致现有国有纺织企业综合竞争力和可持续发展能力不强。长期固有的深层次问题，如机制僵化、产业链不完整、产品结构单一、经济效益低下和职工收入低等问题并未化解，产生的“挤出效应”，制约了其他类型企业的发展。

（二）发展前景

1. 政策机遇相叠千载难逢

一方面，“双循环”战略为纺织服装产业发展带来新契机。随着逆全球化趋势显现，新冠肺炎疫情引发各国对于经济安全的考量，一系列非经济因素正在对国际产业链分布格局产生重要影响，产业链、供应链在一国或一定区域内垂直化、分散化重构，成为国际产业链、供应链的重要发展趋势。国家统计局数据显示，2019 年社会消费品零售总额 411649 亿元，同比增长 8.0%，其中纺织服装零售总额为 13517 亿元，占社会消费品零售总额的 3.28%。消费占 GDP 比重连续 8 年上升，其中消费对 GDP 增长的贡献基本都在 60% 左右，消费已连续 5 年成为经济增长的第一驱动力。**另一方面，中纺联和省市对“十四五”纺织产业发展寄予厚望。**规划纺织服装作为消费的第一大品类，中央提出的“双循环”战略和我国签署的 RCEP 协议，必将为促进地区的发展繁荣增添新动能，为世界经济实现恢复性增长贡献新力量。陕西省委、省政府主要领导近期对陕西省纺织产业发展做出重要批示，西安应紧抓新机遇，对照中国纺织工业联合会“十四五”提出的“科技、时尚、绿色”三个专项发展规划，充分发挥自身优势，编制专项行动方案，大力提升产业链、供应链现代化水平，不断推动科技创新，加快关键核心技术攻关，打造发展新优势。

2. 纺织服装国际市场需求仍然保持稳定增长

目前，我国已经成为全球最大的服装生产国和出口国。数据显示，2019 年我国纺织品及服装累计出口额为 2718.36 亿美元，其中纺织品累计出口额为 1202.69 亿美元，服装累计出口额为 1513.67 亿美元；2020 年我国纺织品服装出口增长 9.58%。欧洲、美国和日本仍是我国主要的纺织品及服装出口国家和地区。从中长期趋势来看，作为大众最终消费的刚性需求产品，只要人口不断增长，人们对美好生活的向往存在，国际社会对纺织品及服装需求就不会有根本性改变。

3. 纺织产业业态发生深刻变革

近年来，我国纺织行业在智能化生产线自主研发与应用领域取得快速进步，与国内优越的创新条件和产业自身的强大应用需求密不可分。现代科技的突破性发展，为化解劳动力、原材料等生产要素供给“瓶颈”和成本比较劣势提供了支撑，产业链缩短，供应链优化，使得国际产业布局垂直化的趋向更具可行性。未来纺织服装产业将呈现五大趋势：一是数字化是未来纺织服装的生产方式；二是 3D 是未来的服装设计方式；三是“两化融合”成为未来供应链模式；四是云平台打造未来服装的销售方式；五是 C2M 个性化定制重新定义服装。

4. 新材料应用领域不断拓展

随着科技的不断进步，纺织新材料（碳纤维、芳烃、烯烃等）在汽车制造、医疗健康、航空航天等领域的应用将更为广泛。重点依托西安工程大学、陕西省纺织科研院、陕西煤业在纺织新材料研发方面的优势，将纺织新材料的研发和应用转化为产业用纺织品的生产，为西安市现有的航空航天、新能源汽车、医疗防护、国防军工、应急救援等行业配套，形成产业用纺织品的广泛应用和区域内循环。

5. 新一轮国企改革带来新的机遇

长期以来，西安国有纺织企业体制机制改革严重滞后。2018 年 11 月，为进一步落实《中共中央、国务院关于深化国有企业改革的指导意见》、陕西省委省政府印发的《关于进一步深化国有企业改革的实施意见的通知》文件精神，有效破解陕西省国企国资体制机制不活、布局结构不优、企业主业不突出、创新能力不强、质量效益不高和开放程度低等突出问题，确保省属国企国资改革在重要领域和关键环节取得决定性成果，省政府印发了《陕西省深入实施国企国资改革攻坚加快推动高质量发展三年行动方案（2018—2020 年）》，为推进国资国企混合所有制改革指明方向，积极推进国企混改及加大对民营企业的扶持力度。可以预期，如果能够顺利实现国有企业混合所有制改革的目标，通过建立现代企业制度，国有企业将在效益、竞争力及可持续能力等方面释放新动能，发生质的飞跃；2021 年陕西省各地市国资委按照中省市《国有企业经理层成员任期制和契约化管理办法（试行）》及配套文件精神，不断完善国有企业法人治理结构，持续提升企业经营管理水平。

6. 产业用纺织品需求迅速扩张

产业用纺织品目前仍是西安纺织产业链条上的短板和空白，五环集团投产的非织造和医用防护品等新兴业态项目总投资 9.18 亿元，采用国际先进的交叉铺网机、水刺机设备，开展水刺非织造材料研发、水刺非制造材料及下游产品生产，填补了西安产业用纺织品的空白，一期的两条水刺非织造生产线已建成生产。此外，陕西已经将新能源汽车产业列为战略性支柱产业，规划产能 300 万辆，对产业用纺织品有巨大需求。近期，陕西元丰纺织技术研究有限公司在原有安全防护、高性能结构增强材料研发生产基础上，计划投资 3 亿元在安全防护、航空航天、过滤分离、医疗健康等产业用纺织品方面扩大研发、生产配套规模，厂区整体搬迁至西安现代纺织产业园，将大力提高园区内非织造产业用纺织品和医用防护用纺织品的研发和生产能力。

（三）发展优势

1. 区位优势显著

陕西是中华文化的发祥地、丝绸之路经济带的新起点及西部发展潜力较大的地区。西安地处丝绸经济带的起点，联结南北、贯通东西，“长安号”及国际港务区具有较强的市场辐射力，是国家中心城市，在打造纺织服装时尚之都、创意文化之都中不可替代。目前，西安纺织制造装备水平、科研及劳动力等资源优势，为重塑纺织服装产业发展新蓝图奠定了坚实的基础。

2. 产业基础坚实

“十三五”以来，以西安纺织集团为主的棉纺骨干企业，淘汰了落后产能，引进了国内外一流的纺纱设备。其中西安纺织集团纺纱织造设备实现无卷化率 95%，无接头纱比例 100%，无梭布比例 100%，精梳纱比例 85%，整体装备水平在国内具有明显的比较优势。近年来，陕西伟志等服装龙头公司被认定为省级企业技术中心和创新研发中心，陕西金翼智能制造创新应用示范基地加紧筹建，极大地提升了企业现代化生产智造水平，进一步强化了西安纺织服装生产装备优势。

3. 人才资源丰富

西安拥有以西安工程大学和陕西省纺织科学研究院为主的高校和科研院所。西安工程大学是以纺织服装为特色的高校，学校设有国家和省级工程技术研究中心 8 个、省级 2011 协同创新中心 1 个及时尚文化创意产业园等平台和基地，获得“国家科技进步奖”一等奖等 200 余项科研成果奖项。陕西省纺织科学研究院在安全防护服及产业用纺织品研究方面处于国内领先地位，其下属陕西元丰纺织技术研究有限公司，拥有冰雹防护网等 26 项国家专利技术。此外，西安还拥有以西安工程大学、陕西省纺织科学研究院为主的高校和科研院所等机构聚集了一批专业人才。2018 年陕西省服装协会已与深圳设计师协会就设计师培养和技能型人才的培训签订合作意向，依托西安工程大学等高校开始筹建陕西省服装设计师协会。纺织服装的科研软实力，为陕西纺织服装产业的转型升级提供了技术创新保障。

4. 科研实力雄厚

以西安工程大学为代表的一批院校博士点的增设及多个校外研究院的科研成果，助推西安纺织服装产业进一步完善产业链和创新链。西安工程大学现有院士基地、陕西省功能性服装面料重点实验室、产业用纺织品工程中心、服装工程中心、纺织印染自动化工程中心、纺织测量与控制工程中心、智能电网工程中心7个省级科研基地，现有17个“5+X”产学研创新工程研究院及福建石狮、浙江柯桥等多个校外研究院。西安工程大学纺织科学与工程博士点获批，成为助推西安纺织服装产业链的延伸和创新链塑造的重要平台。

5. 产业聚集效应显现

灞桥区纺织城是传统老工业基地，纺织城综合改造实施以来，纺织企业相继迁入西安现代纺织产业园，持续稳步发展。**一是纺织企业聚集形成了一定的产业链**。西纺集团、五环集团、陕西元丰、陕西金翼服装等园区纺织服装企业均互有部分上下游关系。**二是纺织产业生产要素相对较全**。灞桥区纺织产业目前涵盖了棉纺、非织造材料、功能性面料、防护服、鞋靴、床上用品、内衣、皮具等多种门类，从原材料生产到服装的生产要素基本齐全。**三是谈项目落地将形成更大的聚集效应**。灞桥区正在全力争取与北京华体就体育服装装备园、英纳能防辐射材料生产基地项目进行洽谈，上述项目的落地，将加快推动纺织产业的提升及聚集。西安工程大学时尚文化创意产业园是2015年获批国家科技部备案的众创空间，近年来孵化品牌和创业企业近50个，建有创意设计中心和时尚工艺坊等五大平台，实现资源开放共享，凸显艺工结合的创新人才培养模式。纺织服装贸易主要集中于市中心的华东万悦城、布衣镇原创品牌广场、多彩商城及东方亿象城等，已成为西北地区最大的纺织服装批发贸易集散地，形成了巨大的市场辐射力。

四、纺织产业链发展思路和目标

（一）发展思路

以习近平新时代中国特色社会主义思想为指导，全面贯彻落实党的十九大、十九届二中、三中、四中、五中全会和习近平总书记三次来陕考察重要讲话精神，紧紧围绕高质量发展、供给侧结构性改革，积极融入“双循环”新发展格局。充分发挥秦创原创新驱动平台的引领作用，依托区域纺织科研优势和新型纺织产业联盟聚集效应，完善产业链、构建创新链、提升价值链，建立以纺织服装产业为主导，覆盖生物医药、装备制造、航空航天、国防军工等多产融合的新体系，打造全市轻工业高质量发展强大引擎，实现纺织行业全面振兴。

（二）主要目标

1. 产能规模和人均收入显著提升

到2025年年末，西安市纺织业总体实现保底70亿元，力争破80亿元的营业收入目标，企业平均盈利能力达到国内纺织行业先进水平，同时员工人均收入达到西安市中上水平。

2. 发展质量更高更优

补齐基础纤维材料、印染、技术研发应用等产业短板。坚持“创新、协调、绿色、开放、共享”新发展理念，提升产业创新理念和创新能力、加大招商引资力度，重点引进纺织产业上下游配套项目，加快建链、强链、补链，2025年形成纺织品从原材料到终端产品的全产业链条。

3. 龙头引领作用凸显

加快国有棉纺织企业体制改革，逐渐释放新动能，强化现有龙头企业和科技型企业创新优势，发挥引领带头作用。尽快促成北京华体国家体育装备产业园项目落地，引领带动现有企业实现提能升级。到2025年年末至少培育年产值达到20亿元的龙头企业1个。

4. 聚集效应不断扩大

加快西安现代纺织产业园、西安工程大学时尚文化创意产业园建设，发挥新型纺织产业联盟平台作用，积极策划产品展销，校企、银企合作，观摩互访等活动，打造交流展示平台，推动技术转化，实现资源共享，围绕产业链，以商引商，形成集聚发展。

5. 品牌实力充分释放

坚持高质量发展理念，以研发创新为核心驱动力，立足消费者需求，以服装（含针织服装）设计、服装营销为重点，重构营销新模式；依托西安工程大学时尚文化创意产业园研发优势，引导企业在智能穿戴、文化创意方面进行产品设计、研发、体验，提升产品性能，打开高端市场，到2025年年末打造3～5个国内知名的服装服饰品牌。

五、纺织产业链发展重点

（一）发展重点

1. 立足全市补齐纺织产业链

加快补齐基础纤维材料、印染、基础零部件、基础软件、基础工艺和产业技术基础等短板；加强纺织全产业链精细化加工技术的研发应用，提升先进制造水平，提升产业链现代化。

2. 突出重点发展职业装产业

利用西纺集团在传统纺织上的优势，加大对陕西金翼、陕西锦华、金兰服装等服装企业的扶持力度，鼓励企业提高产品性能，扩展销售领域，打造特色职业装产业集群。

3. 多元化发展产业用纺织品

抓住产业用纺织品行业快速发展和产业升级的机遇期和窗口期，加快五环水刺二期规划建设，扩大纺织品在防护服、口罩、擦拭布、干湿巾等医疗卫生领域；棉衬里、粘合衬、合成革底布等服装搭配领域；过滤、绝缘材料、水泥袋等工业无纺布领域及农用、保温材料、油毡等产业用纺织品领域的配套，实现多元化发展。

4. 扩大纺织新材料生产与应用

加快陕西元丰高性能纤维材料应用研发基地建设，依托陕西省纺织科研院研发优势，加快科研成果转化，提升研发创新实力、发挥区域优势、提升纺织新材料产品在航空航天、医疗卫生、新能源汽车、应急与安全防护用纺织品等领域的应用和成果转化。

5. 全面推进纺织产业智能制造

加快西纺集团的数字化、智能化改造，以及省内服装龙头企业的智能制造创新应用示范基地建设，适时引入工业旅游项目，加快智能制造在全市乃至省内纺织服装企业的推广，推动全市纺织产业高质量发展。

（二）重点任务

1. 凝聚共识，擘画纺织服装产业发展新蓝图

主动学习东部沿海和中西部发展纺织的成功经验，坚持战略性新兴产业的发展和传统产业改造并重的指导思想，凝聚共识，重新审视纺织服装产业的战略地位和作用，重新布局全市乃至全省纺织产业链，实现全面谋划、上下联动，积极发挥行业主管部门和社会各界作用，政策赋能，扬长补短，将纺织产业打造成为强市富民的支柱产业。

2. 创新驱动，构建特色现代纺织产业新体系

要把握高质量发展的主动权，推动创新链和产业链深度融合，提升价值链；推动产业转型升级和战略性新兴产业培育，围绕功能性面料开发、安全防护品、职业装及产业用纺织品，构建“政产学研金”的创新联盟；注重协同创新能力的培养与提升，使其产生的学习效应、技术溢出效应、竞合效应和共生经济效应为构建西安现代纺织产业体系提供不竭动力。

3. 数字赋能，推动纺织服装产业转型新阶段

加快互联网平台、移动互联应用、信息技术为主导的“数字产业化”向人工智能、大数据等科技推动传统产业深度转型升级。加快制定并出台相应政策举措，牢牢抓住智能制造发展带来的机遇，新建一批智能制造生产企业，通过技术改造提升一批智能化生产线，实现传统产业转型升级。

4. 深化改革，激发纺织服装产业经济新活力

在新形势下，西安纺织企业应以中央全面深化改革委员会的《国企改革三年行动方案（2020—2022 年）》和省市关于深化国企改革的相关文件，乘势而上，进一步明晰产权，完善机制，围绕市场和创新发展进行深化改革，提高创新能力，不断完善中国特色现代企业制度和稳妥推进混合所有制改革，积极引入其他

国有资本或各类非国有资本实现股权多元化，加快推进职业经理人制度，创新激励机制，实现国有纺织企业改革的新突破。

5. 精准布点，打造纺织产业链“省内循环”

统筹陕西新型纺织产业资源配置，围绕补链缺、补短板、挖潜力、扬优势，合理布局化纤、印染及研发中心等产业配套项目，补齐产业短板，进一步延链、补链、强链，打造纺织服装产业链“省内循环”。

6. 绿色低碳，纺织服装产业经济新形势

在国家碳达峰、碳中和目标导向下，纺织服装产业要充分发挥企业在标准制定中的作用，鼓励制定严于国家标准、行业标准的团体标准，促进工业绿色发展提标升级。鼓励企业、科研院所、行业组织围绕产品生命周期绿色管理和评价制定国际标准。利用绿色债券、税收优惠等形式，鼓励和支持社会资金转向科技创新、技术改造、绿色制造、行业服务平台建设等领域，推动纺织产业链优化提升。鼓励纺织高校、科研院所及行业龙头企业创新合作模式，结合市场导向和企业转型升级需求，建立专家智囊团，构建绿色发展的科技支撑体系，为行业绿色发展提供更加坚实的人才保障和智力支撑。

7. 市场引领，构建现代产品销售体系

以提高企业核心竞争力为战略目标，通过云商、电商等数字平台，积极拓展销售渠道。同时，发挥龙头企业引领作用，细分产品门类，对于同类产品实行团队操作，融通销售渠道，实现信息数据库共享，建立现代纺织产品销售体系。

六、保障措施

1. 建立健全机构

笔者建议成立由西安市政府分管领导牵头的振兴新型纺织产业的专门领导机构或工作推进领导小组，每季度召开一次研讨会，加强政策规划、标准法规等方面的建言献策和宣传引导。引导纺织企业用好各项政策措施，及时反映行业发展动态及企业诉求，提出相关政策建议，做好统筹、协调和服务管理工作。积极对接省政府及省级相关部门，加快构建和布局陕西省纺织产业链。

2. 编制专项规划

“十四五”初期，编制振兴西安市纺织产业规划和重点园区规划体系，加强战略规划与行动计划的衔接、专项规划与发展规划的衔接；加强园区规划与龙头企业发展规划的衔接，使各类规划在发展目标、空间布局、政策取向、重大项目等方面保持协调一致，引领纺织产业发展。

3. 明确责任分工

根据规划要求逐年分解主要目标、重点任务到相关区域和园区，形成中长期规划逐年落实、动态实施的机制。各园区（平台）按照目标责任，将规划确定的相关任务纳入各自年度计划，落实责任，确保规划目标的全面顺利实现。将规划提出的约束性目标、重要的预期性目标、重大项目和重大工程纳入年度目标责任考核，定期检查、定期评估。

4. 加大扶持力度

针对纺织企业发展出台相关扶持政策，鼓励企业进行技术革新、产品研发、人才引进。成立市级纺织产业研发中心，引导企业加大科技创新，推动技术成果与产业发展深度融合；支持高校实验室实行“产研结合”，提高利用率和成果转化率。同时，将“招大引强”与“延链补链”相结合，制定产业招商引资路线图和招商目录，形成清晰的主导产业和特色产业，确保项目选准选优；组织开展以整体承接为主的、多种形式的链式化招商，力争落户一批产业用纺织品、化纤新材料等新业态项目和高水平印染项目，拉长产业链条，提升产业集群水平。

5. 加强人才引进

依托陕西省内高校大力培养新型纺织产业各类专业人才和技能型人才，全力引进高端人才、创新团队和先进管理理念，尤其是要积极引进产业用纺织品和化纤方面的急需人才；弘扬企业家精神，充分发挥企业家在振兴新型纺织产业中的创新、引领作用。

6. 加强宣传引导

把握正确的舆论导向，广泛采取多种形式，大力宣传重塑新型纺织产业高质量发展的新作为和新形象，充分解读相关政策以及国家级和省级重点园区的优势和特色，努力营造全社会关心纺织的良好氛围，凝心聚力，实现高质量招商。

第3章
XA纺织有限公司“十四五”规划

在新冠肺炎疫情肆虐，全国经济发展艰难时期，我国纺织产业显示出强大的韧性，仍取得了稳定增长。历经改革开放四十余年的发展，现已建立起世界领先的现代纺织生产体系，在纺织品生产和出口贸易方面遥居世界前端。陕西已形成“南丝北毛关中棉”的纺织产业布局，在人才培养和装备技术上都有一定的优势，但也存在省内产业结构不合理、产业集中度低、没有龙头企业、创新能力低、生产链不完整等短板。陕西纺织企业需要抓住国家“双循环”发展机遇，充分把握政策红利，弥补自身短板，释放新动能。

XA纺织有限公司是由原陕西大型棉纺织国有企业政策性破产重组的企业，企业文化沉淀深厚，在国内有一定的知名度和影响力，在转型升级方面也取得一定成效。但是，由于种种原因，企业面临体制机制僵化、数字化和智能化运用不足、员工结构不合理、创新能力弱等问题，导致综合竞争能力较差。

在“双循环”发展格局下，XA纺织有限公司急需抓住机遇，实现追赶超越。本章从转型升级和发展提升两个阶段，对该公司的组织战略、人力资源及绩效管理战略、营销战略、研发与技术创新战略、生产运营战略进行规划，旨在推动该公司明确发展目标，找准发展定位，抓住机遇，实现高质量发展。

一、公司战略环境与新形势

（一）宏观环境分析

2020 年新冠肺炎疫情大流行，全球遭遇了“百年未有之大变局”。疫情的发生对全球产业链布局产生深远影响。同时，经济全球化以区域化为特征，进入了深度合作的新阶段，特别是发展中国家创新和产业配套能力的增强，导致全球价值链呈现缩短与内化的趋势。在保护主义上升、世界经济低迷、全球市场萎缩的外部环境下，2020 年 5 月，中央提出了“加快形成以国内大循环为主体、国内国际双循环相互促进的新发展格局”战略，“双循环”战略成为“十四五”的核心发展方向。当前，全球疫情影响尚未完全消退，我国在继续巩固防疫成果的同时，加大财税政策对实体经济的赋能，促进经济社会全面发展。

1. 政治环境分析

党的十九届五中全会通过的《中共中央关于制定国民经济和社会发展第十四个五年规划和二〇三五年远景目标的建议》提出，要“加快构建以国内大循环为主体、国内国际双循环相互促进的新发展格局”。这是对“十四五”和未来更长时期我国经济发展战略、路径作出的重大调整完善，是着眼于我国长远发展和长治久安作出的重大战略部署，对我国实现更高质量、更有效率、更加公平、更可持续、更为安全的发展，对促进世界经济繁荣都会产生重要而深远的影响。构建“双循环”新发展格局，关键在于实现经济循环流转和产业关联畅通，根本要求是提升供给体系的创新力和关联性，解决各类“卡脖子”和“瓶颈”问题，畅通国民经济循环。从深化改革和推动发展的关系看，构建“双循环”新发展格局必须全面深化改革，中央深改委第十四次会议审议通过的《国企改革三年行动方案（2020—2022 年）》，其核心内容是进一步明晰产权，完善机制，围绕市场和创新发展进行深化改革，提高创新能力，不断完善中国特色现代企业制度和稳妥推进混合所有制改革，积极引入其他国有资本或各类非国有资本实现股权多元化，加快推进职业经理人制度，创新激励机制，完成国有企业混合所有制改革。

2. 经济环境分析

国民经济继续保持平稳增长，进出口贸易稳中有升。国家统计局公布，2020 年我国国内生产总值（GDP）首次突破 100 万亿元，达 101.6 万亿元，按可比价格计算，同比增长 2.3%，中国经济实现历史性跨越。

2020 年，百年不遇的新冠肺炎疫情突然暴发，世界经济陷入第二次世界大战结束以来最严重的衰退。危急时刻，紧要关头，以习近平同志为核心的党中央保持战略定力，准确判断形势，精心谋划部署，果断采取行动，统筹疫情防控和经济社会发展。政策组合拳招招精准、合力十足，中国率先控制住疫情，率先复工复产，率先实现经济增长由负转正，预计将成为全球唯一实现经济正增长的主要经济体。在世界经济中的份额也由 2019 年的 16.3% 上升到 17% 左右，在新中国历史上极不平凡的 2020 年，交出了一份人民满意、世界瞩目，可以载入史册的答卷。

3. 技术环境分析

当前，新一轮科技革命蓬勃兴起，主导技术群落的更替迭代深刻改变着全球产业的发展方式和比较优势。

一是数字经济规模保持旺盛增长。据《中国数字化之路报告》预计：2020—2025 年，中国数字经济年均增速将保持在 15% 左右，到 2025 年数字经济规模有望突破 80 万亿元，预计将带动全国 3.79 亿人就业。数字经济正在从根本上改变传统经济模式，赋予了产业发展新的内涵。

二是“互联网 +”、物联网、人工智能等新型基础设施建设步伐加快推进。同时信息技术的发展促进了服务与实物、内容与产品的深度融合，使得产品拥有新的价值属性。

（二）纺织行业发展现状

2020 年，在我国全面建成小康社会之际，纺织行业基本实现《2020 建设纺织强国纲要》相关目标，建立起全世界最为完善的现代纺织制造产业体系，生产制造能力与国际贸易规模长期居于世界首位。纺织行业持续创造准入门槛适宜、发展环境良好的就业岗位，纤维消费数量和结构达到中等发达国家水平；自主品牌开始发挥表达文化自信与传承民族文明的重要作用；现代纺织产业集群升级发展及产业向内陆地区转移，有效推动西部等落后地区经济发展，助力国家脱贫攻坚。2020 年新冠肺炎疫情期间，纺织行业在保障全球防疫物资供应、维持全球纺织产业链顺畅运转彰显了大国的责任与担当。

1. 纺织品需求持续增长

一是全国纺织工业增加值由降转增。随着中国疫情防控形势持续向好，居民消费活动增多，纺织品内需消费温和复苏，再加上海外疫情的持续严重，带动口罩等纺织品出口增长，纺织业工业增加值从 2020 年 6 月起增速加快，实现增长。

二是国内纺织企业出口额稳中有增。2020 年新冠肺炎疫情加大了我国宏观经济的运行压力，但经济长期向好趋势仍未改变。工信部消费品工业司发布的最新数据显示，2020 年，全年我国纺织品服装出口 2912.1 亿美元，同比增长 9.9%。11 月当月，随着海外补库存增加，我国纺织品出口额为 120 亿美元，同比增长 22.2%，环比增速 6.3 个百分点；服装出口额 126 亿美元，同比增长 6.9%。从中长期趋势来看，作为大众最终消费的刚需产品，只要人们对美好生活心存向往，国际纺织服装需求就会旺盛绵延。

2. 产业技术发展趋势

一是数字化助推棉纺织企业智能化水平提升。棉纺行业技术发展力求在工艺流程上提高原料利用率，降低能耗，缩减人工成本，为企业增加现金流，同时我国非棉纤维在棉纺领域的应用突飞猛进。

二是非织造装备水平和产能不断提高。非织造设备的发展趋势是大型、高产和高速，单线产量不断提高，逐步走向智能化。与此同时，非织造布产能产量快速增长，但随着国内疫情趋于平稳，非织造布的产量也会逐步回归自然增长。

三是 3D 技术在服装设计和生产中的充分利用。当前，3D 服装技术已经充分应用于虚拟设计、测量、制图、改衣、穿着、走秀等方面，并且能够实现实时修改和自动生成样片，以及可以精确模拟面料的悬垂性。

四是家纺行业技术进步显著。应用于服装、家纺吊挂生产线管理领域的 RFID 数据采集技术，改写了此前吊挂生产线不能同时生产小批量、多品种、各类复杂服装的历史，解决了传统的针、梭织服装行业从缝制到后道等各工序在生产过程中的管理“瓶颈”。

（三）陕西纺织产业发展现状

1. 基本现状

一是产业规模及产值方面。陕西已形成一个以棉纺织为主体，包括服装家纺、纺织机械、毛纺织、印染、丝绸和纺织教育、科研配套的纺织工业体系。但全省纺织服装规模以上企业所完成的产值、实现的利润占全省工业的比例和贡献水平很是偏低，既无法和东部省份相比，与很多中西部省份差距也越拉越大。

二是纺织装备方面。“十三五”以来，陕西省内部分国有棉纺企业，通过“退城入园”淘汰了落后产能，引进了先进设备，生产信息化水平得到了较大提高，纺纱织造整体装备水平在国内具有明显的比较优势。此外，陕西省内部分服装企业建成的智能式吊挂服装生产线处于国内领先地位，强化了陕西纺织服装生产装备能力。

三是人员储备与研发成果转化方面。陕西具有较充裕的纺织人力资源，西安工程大学等大专院校的纺织服装专业约有在校生 3 万余名，年毕业生超万人，这些是陕西纺织服装产业发展所需的专业人才的蓄水池和后备军；此外，陕西省纺织科学研究院（简称纺研院）等机构聚集了一批关键核心技术攻关人才，取得了许多有影响力的知识产权和专利。

2. 布局和集群

一是从产业布局来看，陕西纺织服装已形成“南丝北毛关中棉”的产业格局。其中，陕北已形成我国最大的羊毛防寒服研发生产基地；关中成为以棉纺纱线坯布、功能性服装面料、功能性职业装（安全防护）、童装、学生装为主的研发生产基地和贸易集散地；陕南着力打造以西服、男装、茧丝绸、毛绒玩具等为主的研发生产基地。

二是从产业集群方面来看，陕西的纺织服装产业，中纺联授牌的 2 家，工信部和科技部各 1 家，另外，还有极少量且规模不大的纺织产业园和聚集区，总体上产业集中度低，规模小、影响力和辐射带动能力较弱。关键是产业结构不合理，棉纺一业独大，附加值低；没有龙头服装企业，生产经营能力较弱；产业链不完整，印染仍是产业链上的短板，产业用和化纤类产品缺乏。企业创新能力较弱，服装设计师队伍亟待加强，智能制造水平总体低下，数字化企业和绿色园区均未建成，整体综合竞争力较差。

3. 潜在后发优势

一是抢抓机遇、迎难而上，充分释放政策红利。陕西纺织服装产业必须紧紧抓住国家“双循环”、新一轮西部大开发及国家纺织强国战略的机遇，全面贯彻习近平总书记来陕提出的“五个扎实”要求，奋力追赶超越，对标补短，加大苏陕合作、闵陕合作、豫陕合作力度，进一步完善和出台各项助推振兴纺织服装产业的政策和办法，实现陕西纺织服装产业新跨越。

二是产业用纺织品和芳烃纺织新材料项目是新增长点。产业用纺织品和化纤用原料是陕西纺织产业的“短板”和空白。公司所属 WH 集团新厂区搬迁建设的非织造材料及医疗与卫生用品制造新业态项目，将填补陕西产业用纺织品方面的空白。此外，陕西已将新能源汽车产业列为战略性支柱产业，规划产能 300 万辆，对产业用纺织品有巨大需求。恒力（榆林）纺织新材料产业园的芳烃纺织新材料项目，成为提升陕西纺织产业高质量发展和优化产业结构的重要力量。

三是国有棉纺织企业的改革突破释放新动能。长期以来，陕西国有纺织企业体制机制改革严重滞后，深化国资国企改革三年行动实施方案，为推进国资国企混合所有制改革指明方向。通过建立现代企业制度，全面实现国企混合所有制改革目标，省内国有企业将在效益、竞争力和可持续能力等方面释放新动能。

二、公司发展基础及优劣势分析

（一）公司基本情况

XA 纺织有限公司（简称公司或 XA 纺控）是 2014 年成立的国有全资公司，注册资本 13 亿元。公司所辖 XA 纺织集团有限责任公司（简称 XF 集团）和 WH（集团）实业有限责任公司（简称 WH 集团）两户企业。2020 年 12 月公司和 XF 集团共同投资参股纺研院控股的 YF 纺织技术研究有限公司（简称 YF 公司），并正式完成将 YF 公司搬迁引入公司所在的纺织集聚区，以通过实实在在的战略合作，助推公司产品进一步优化调整升级，实现优势互补协同发展。YF 公司新厂区正在集聚区进行快速建设，其中军品生产车间已建成投产。

公司 2020 年实现营业收入 8.71 亿元，完成利润总额 677 万元。2020 年年末资产总额为 21.01 亿元，净资产 6.81 亿元，在册职工 4619 人。

XF 集团是在原西北三棉、西北四棉、西北六棉和西北一印等老国有纺织企业实施政策性破产后，于 2009 年 12 月进行整合，2010 年 5 月新厂区在西安纺织产业园启动搬迁建设，2014 年 10 月新厂区搬迁建成投产，并逐步全面达产。拥有纱锭 18.88 万枚，喷气织布机 712 台，气流纺 1056 头，主要生产纱线和服装面料坯布。

WH 集团成立于 1997 年，其前身是大型国有棉纺织厂。现拥有 WH 股份、SMN 家纺公司、纺织大厦等十余个子企业。按照市政府整体规划、“退城入园”和产业转型升级要求，2018 年 12 月，WH 集团与区政府签订了老厂区土地交储、企业整体搬迁进入纺织产业园的协议。

为摆脱传统纺织低水平同质化竞争局面，加快产业转型升级，实施与 XF 集团错位发展，WH 集团新厂区搬迁建设项目为《水刺非织造材料生产线建设项目》，分两期建设。采用国际先进的交叉铺网机、水刺机等设备，配套国产的水处理系统设备，主要进行水刺非织造材料产品研发、水刺非织造材料及下游产品生产。一期水刺非织造生产线正在建设中，预计 2021 年 6 月底建成投产。

YF 公司成立于 2000 年 6 月，是由纺研院转制成立的混合所有制科技型企业，致力于安全防护用纺织品、航空航天用高性能纤维增强材料、农业用纺织品、医用纺织品，以及特种检测仪器等机电产品的研发、生产和销售，在国内安全防护用纺织品、高性能纤维增强材料等专业开发供应方面居领先地位。2020 年实现营业收入近 2 亿元，完成利润总额 1600 余万元。

（二）“十三五”期间取得的主要成绩

“十三五”期间，在市国资委的正确领导下，公司借大西安发展之机，带领所属企业以时不我待、只争朝夕的精神，追赶超越，砥砺前行，较好地完成了各年的目标任务和重点工作。

公司主要经济指标实现逐年攀升，2017—2019 年实现营收分别为 8.3 亿元、8.8 亿元、9.3 亿元，逐年环比增幅分别为 5.75%、6.0%。

完成的重点工作有：XF 集团新厂区搬迁建设顺利完成并全面恢复生产、达产；WH 集团新厂区搬迁建设工作有序推进；WH 股份股本结构实现进一步优化；全面、平稳完成了 WH 集团非经营性资产移交；人员分流安置工作卓有成效；与纺研院战略合作项目成功落地。

WH 集团在一无厂房、二无设备 、三无原料、四无经验的情况下，冒着新冠肺炎疫情高发的危险，用一个月的时间昼夜奋战，在 2020 年 3 月建成 12 条医用口罩生产线，并成功投产生产出一次性医用口罩，关键时刻用实际行动充分诠释了国有企业担当，贡献了国有企业力量。

（三）发展基础

1. 公司资源分析

①公司所属两个集团的主要财务指标状况如表 3-1、表 3-2 所示。

表3-1　XF集团2018—2020年财务状况

单位：亿元、%

财务状况	2018年	2019年	2020年
营业收入	5.33	6.23	5.89
成本总额	5.53	6.42	5.27
利润总额	0.08	0.07	0.12
资产总额	17.89	16.51	15.71
所有者权益	7.63	7.69	7.88
总资产报酬率	0.4	0.4	0.61
资产负债率	57.36	53.43	49.82

2020 年初步核算实现营业收入 5.89 亿元，比 2019 年降低 5.46%；完成利润总额 1183 万元，比 2019 年 688 万元增长 71.95%。

表3-2　WH集团2018—2020财务状况

单位：亿元、%

财务状况	2018年	2019年	2020年
营业收入	3.45	3.10	2.82
成本总额	4.93	4.18	2.96
利润总额	−1.48	−1.05	−0.05
资产总额	4.87	4.66	5.36
所有者权益	−0.83	−1.90	−1.97
总资产报酬率	−29.12	−22.17	0.64
资产负债率	117	140.79	136.66

2020 年初步核算实现营业收入 2.82 亿元，比 2019 年降低 9.08%；完成利润总额 −448 万元，比 2019 年减亏 92 万元。

②公司所属两个集团人力资源情况如表 3-3 所示。

表3-3　XF集团、WH集团2020年员工构成情况

员工构成情况	WH集团	XF集团
在册职工（人）	2458	2161
性别结构（%）	男：42.07 女：57.93	男：42.11女：57.89
年龄结构（%）	35 岁及以下：13.47 36～45 岁：35 46～55 岁：40 56 岁及以上：11.53	35 岁及以下：23.97 36～45 岁：30.17 46～55 岁：39.89 56 岁及以上：5.97
工龄结构（%）	不满5年：3.4 5～9 年：13.02 10～19 年： 38.85 20～29 年：19.2 30 年以上：25.53	不满5年：24.62 5～9 年：5.41 10～19 年： 19.9 20～29 年：26.42 30 年以上：23.65
学历结构（%）	高中及以下：92.56 专科：5.61 本科：1.71 硕士：0.12	高中及以下：89.18 专科：8.23 本科：2.45 硕士：0.14
职称结构（人）	初级：64 中级：35 高级：16	初级：42 中级：45 高级：14
管理人员比例	8.01	8.9

XF 集团员工年龄结构普遍为 46 ～ 55 岁，在岗员工平均年龄为 42.6 岁，其中：管理人员平均年龄 46.6 岁；工人平均年龄 42.3 岁。学历结构中高中及以下学历的员工众多，中技及以下的员工主要分布在各生产车间一线岗位。

截至 2020 年年末，企业从业人数 2141 人，较 2019 年年末减少 65 人。在岗员工 2071 人，减少 73 人；返聘人数 70 人，增加 8 人。在岗员工 2071 人中，管理人员 192 人，占总人数的 9.27%；工人 1879 人，占总人数的 90.73%。女职工 1185 人，占总人数的 57.2%。

WH 集团员工队伍年龄结构类同 XF 集团，存在问题基本一样。

由于两个集团员工队伍年龄结构整体偏大，尤其年轻员工缺乏。加之专业化、高学历层次人才引进乏力，已存在人才梯队断层风险问题，对企业持续稳定发展有一定的制约。

③公司所属两个集团员工薪酬情况如表 3-4 所示。

表3-4　XF集团、WH集团2020年员工薪酬情况

2020年	XF集团	WH集团
员工在岗人数（人）	2108	1750
人均年收入（元）	50119	40700
人均月收入（元）	4177	3392

公司所属企业积极采用先进的现代化技术，充分发挥信息化管理优势，建立了性能良好的局域网，实现了生产信息化管理。质量追踪畅通无阻，确保了不缺环节，不出监控范围；无梭实现在线监控，生产波动一目了然，确保了快速制定相关措施，稳定生产状况。

④具体设备更新改造如表 3-5 所示。

表3-5　2019—2020年XF集团、WH集团设备改造情况

公司名称	设备更新	数量
XF集团	1.在1516紧密纺区域改造紧赛纺 2.在络筒工序增加PP功能机台 3.清钢联棉增加乌斯特异纤机和魔眼	20台 10台 8套

续表

公司名称	设备更新	数量
WH集团	1.长岭无梭织机更新 2.紧密纺装置 3.赐来福X5全自动络筒机 4.自动混棉机ZF1022A及辅助设施 5.一次性医用、N95级口罩生产线	20台 12台 10台 2套 12条

⑤ XF 集团产品情况如表 3-6 所示。

优化整合资源配置和技术力量，调整产品产业结构，生产个性化、功能性产品，近两年累计上机新品 390 个，投产 229 个，其中创新品种 63 个，形成高支高密高附加值系列品种、新型纤维（麻、天丝、粘胶、仪纶、竹纤维和棉、涤混纺）特色交织物、特殊布面效应的竹节布、绉布及双绉布系列品种、花筘条子布、复杂变化提花组织和功能性导电系列品种格局，满足和丰富市场需求。

表3-6　2017—2020年XF集团产品产量

单位：百米、吨

产品名称	2017年	2018年	2019年	2020年
纯棉布	259826.84	306651.56	335574.73	326415.96
涤棉布	436018.67	409029.14	400951.50	317052.27
色布	28080.78	16907.76	21983.35	12608.31
纯棉纱	3868.76	3731.13	3627.08	3072.15
涤棉纱	419.51	414.98	761.11	396.26
特纺纱	44.20	52.12	40.13	20.08

WH 集团产品情况如表 3-7 所示。

表3-7　2017—2020年WH集团产品产量

单位：百米、吨

产品名称	2017年	2018年	2019年	2020年
坯布	393000	351300	270600	157957
纱	11773	11127	10418	5266

YF 公司产品情况如表 3-8 所示。

表3-8　2017—2020年YF公司主要产品结构

单位：万元

项目	2017年	2018年	2019年	2020年
安全防护面料及个体防护用纺织品	5800	6368	9400	16400
高性能纤维增强材料等产业用纺织品	1007	1330	2300	5000
防雹网、防鸟网等农业用纺织品	1800	1400	540	1000

⑥ XF 集团、WH 集团近期拟开发新产品情况如表 3-9 所示。

表3-9　XF集团、WH集团拟开发新产品

序号	XF集团	WH集团
1	高支高密高附加值系列品种	细旦阳离子混纺与阳离子涤长丝交织方格布
2	开发新型纤维特色交织物	仿毛涤粘条格缎
3	利用花式纱线竹节纱织造竹节布	涤粘混纺人字斜纹布
4	利用捻向S捻、Z捻强捻纱线的印染效应试制并投产了绉布及双绉布系列品种	涤纶细旦莫代尔混纺与长丝交织小提花
5	利用每筘穿入数的不同织造花筘条子布	涤粘混纺变化斜纹布
6	设计开发复杂变化提花组织30多个品种	半交叉25～90克/平方米无纺布 纤维：纯棉、黏胶或黏胶/涤纶混纺脱脂棉
7	功能性系列导电产品	棉柔巾、擦拭巾

XF 集团设计研发人员 12 人，40 岁以下人员 3 人，其余为 40 岁以上人员。12 人中，大学本科学历为 5 人，其余为大学专科以下学历。

WH 集团设计研发参与的各类技术人员 51 人，人员年龄 28 ～ 40 岁 31 人，40 ～ 56 岁 20 人。本科以上学历 29 人，大专及中专学历 22 人，其中具有高级技术职称 15 人。

YF 集团现有研发设计人员 25 人，其中研究生 18 人，本科 7 人；40 岁以上 2 人，30 ～ 40 岁 12 人，20 ～ 30 岁 11 人。研发机构分设安全防护用纺织品研发中心和产

业用纺织品研发中心，分别负责不同方向产品的研发设计工作。在产业用纺织品研发中心配备有专业的开展航天航空用高性能纤维增强材料的研发设计人员。

在销售方式上，XF 集团、WH 集团产品销售模式主要采取以直销为主，结合会展接单、上门推销和通过通信等方式开展销售业务。总体来讲，销售方式比较传统，也在积极推进网络等平台销售工作。

2. 国企改革与目标责任考核经营

2019 年以来，在市国资委的指导下，按照加快构建产业集群，布局纺织产业集聚区，做强、做优、做大西安纺织板块发展战略，公司积极探求深化国企改革思路方法，以 WH 集团搬迁建设为契机，成立工作专班，加强对招商引资工作的领导，立足企业实际认真细致筛选招商项目，组织编制混合所有制改革招商宣传册。采取"走出去、请进来"的办法，主动出击，进行考察学习、调研讨论、宣传推介，先后与浙江华孚控股集团、山东恒丰集团和江苏盛氏集团等进行了对接商谈，探讨沟通双方合作的契合点，谋划企业混合所有制改革破局，助力企业理念、制度、体制、机制等创新发展。

在稳步推进招商引资的过程中，所属企业积极立足自身实际，用深化改革的举措解决发展问题取得明显成效。XF 集团推行纺纱分厂、织造分厂经营核算制，盘活低效无效资产。WH 集团花大气力出清"僵尸企业"，注销法人户数，压减管理层级。

公司紧紧围绕市国资委"完善治理、强化激励、突出主业、提高效率"的改革政策要求，为切实加强与纺研院在科技创新、市场开拓、生产条件等方面的优势互补，科学整合纺织产业资源，加速纺织科研成果转化落地，推动纺织产业集聚区转型升级发展，公司及所属 XF 集团以货币资金、土地资源投资参股纺研院控股的 YF 公司，瞄准混合所有制改革目标方向，通过双方实质性深度合作，谋求解决市属纺织国企机制、活力问题，推进双方不断融合，实现协同发展。双方在 2020 年 12 月前分别完成了《投资合作协议书》和《增资协议书》的签署工作，召开了股东会、董事会、监事会，聘任了经理层。通过规范建立现代企业制度，不断完善法人治理结构，携手上规模，科技增效益，上市显价值。YF 公司"高新纤维材料应用研发基地"正在纺织集聚区快速、有序建设施工中，特别功能的厂房已建成试生产。

全面落实国有资产保值增值责任，建立有效的国有资本投资收益分配机制和企业负责人激励约束机制，实施企业负责人经营业绩目标责任考核与薪酬挂钩管理实践证明是一个行之有效且比较科学合理的办法。以目标责任考核和薪酬管理为引领，突出创新驱动，引导企业主动加大研发投入，积极加快科技成果转化落地；突出产品结构优化升级调整，引导企业不断优化资本投向和发展新业态，推动产品升级产业转型；突出与国内同行业先进企业、先进水平对标，引导企业提质增效，加快打造国内一流企业；突出发展质量和经济效益考核，引导企业实实在在改善经营管理，改革创新治理方式，推进企业高质量发展；突出维护企业资产资本安全，引导企业科学、按程序决策，依法合规经营，防范风险，坚决防止国有资产流失。

目标责任考核采取签订年度和任期经营业绩目标责任书的方式，实行年度考核与任期考核相结合、结果考核与过程评价相统一、奖惩兑现与工作实绩相挂钩的考核管理制度。

3.SWOT 分析

基于宏观环境、行业环境、陕西纺织产业发展等公司战略环境分析，结合企业发展现状，采用 SWOT 模型总结出公司的内部优势（S）、劣势（W）和外部机会（O）、威胁（T），如表 3-10 所示。

表3-10 SWOT分析

优势（S）	劣势（W）
1.领导班子团结务实，企业文化积淀深厚。 2.企业管理基础较好，部分技术装备较为先进。 3.产业链延伸成效初显，转型升级步伐加快。 4.国内具有一定的知名度和影响力	1.体制机制较僵化，活力不足。 2.数字化、智能化建设滞后。 3.员工结构不合理，职工收入低。 4.创新能力弱，产品结构不合理，综合竞争力低下
机会（O）	**威胁（T）**
1.“双循环”新发展格局成为新的核心发展方向。 2.数字经济助推产业转型升级。 3.陕西追赶超越战略对纺织产业发展带来新契机。 4.国企混改加快释放企业新动能	1.新冠肺炎疫情和逆全球化给产业发展带来重大影响。 2.“双循环”及产业转移带来前所未有的严峻挑战。 3.中东部纺织发展强劲带来巨大压力。 4.陕西纺织领军人才、高端人才、专业人才缺失

优势方面：领导班子团结务实，企业文化积淀深厚。企业经过多年磨炼，有一个具有强烈事业心和高度责任感的领导班子，有一支具备管理经验和技术能力的专业人才队伍，成就了一支整体素质好，能打硬仗的职工队伍。特别是在新冠肺炎疫情突发期间，公司按照市国资委的部署要求，闻令而动，组织力、行动力、执行力确保了十二条口罩生产线在一个月建成投产，跑出国企加速度，充分体现了企业领导及职工的担当精神。

企业管理基础较好，部分技术装备较为先进。公司所属企业内部管理制度比较完善，精细化管理水平较高，员工队伍素质较高，企业文化、企业精神优势根深，企业凝聚力、向心力处处彰显。纺织装备、无纺布机口罩、干巾生产线较为先进，生产环境整洁，生产能力、产品数量在西北地区居首位。

产业链延伸成效初显，转型升级步伐加快。多年来，企业在生产实践中，不断延伸产业链、通过设备信息化建设，在综合管理、生产工艺、技术改造、品种翻改等方面积累了丰富经验。适应市场能力较强，生产订单多品种、小批量、快交货已成为生产中的新常态，基本杜绝了无订单的大批量生产。

企业在国内具有一定的知名度和影响力。公司年经济指标稳步提升，2020 年 XF 集团被授予“全国纺织行业党建工作先进企业”的荣誉称号；WH 集团被西安市委、市政府授予“西安市先进集体”荣誉称号。所属企业的部分拳头产品也较好地满足了高端客户的需求，具有一定的影响力。

劣势方面：体制机制较僵化，活力不足。由于混合所有制改革和公司治理还在路上，长期固有的深层次问题，比如机制僵化、产品结构单一、经济效益低下等问题并未解决，产生的“挤出效应”，影响企业活力。

数字化、智能化建设滞后。数字智能制造水平总体低下，数字化企业和绿色园区均未建成。传统纺织品生产向新型纺织品生产转移未跟上，没有从根本上改变传统经济模式，企业“互联网 +”、物联网、人工智能等新型基础设施建设步伐缓慢。

员工结构不合理，职工收入低。职工队伍年龄结构整体偏大，尤其年轻职工缺乏，员工收入远低于西安市社平工资，专业化、高学历层次人才引进乏力，出现人才梯队断层风险，制约了企业持续稳定发展。

创新能力弱，产品结构不合理，综合竞争力低下。研发能力薄弱，创新体系不健全，产品结构不合理，缺乏高附加值终端产品。

机会方面："双循环"新发展格局成为新的核心发展方向。以国内大循环为主体、国内国际双循环相互促进的新发展格局成为贯穿"十四五"规划的核心理念，国内更加关注如何实现高质量发展，满足人民日益增长的美好生活需要，为传统企业转型升级提供外部力量。

数字经济助推产业转型升级。我国超大规模的市场优势为数字经济发展提供了广阔而丰富的应用场景，同时我国为推动数字经济发展提供了全面的政策保障，数字经济不仅实现了自身的快速发展，也成为推动传统产业升级改造的重要引擎。

陕西追赶超越战略对纺织产业发展带来新契机。纺织产业作为陕西传统的支柱产业和重要的民生产业，在陕西实施追赶超越战略中必将迎来新的发展契机。

国企混改加快释放企业新动能。由市国资委牵头制定混合所有制改革工作方案，积极推进了国企混改工作的进展，增强了陕西纺织企业竞争力、创新力、控制力、影响力和抗风险能力，释放了企业新的动能。

威胁方面：新冠肺炎疫情和逆全球化给产业发展带来重大影响。2020年新冠肺炎疫情大流行，全球遭遇了"百年未有之大变局"。疫情的发生对全球产业链布局产生深远影响，全球产业分工由效率优先向综合权衡安全与效率转变。一时之间，"逆全球化"趋势似乎难以阻挡。

"双循环"及产业转移带来前所未有的严峻挑战。以国内大循环为主体、国内国际双循环相互促进的新发展格局，以及传统产业转型升级提供外部力量都对企业带来了前所未有的严峻挑战。

中东部纺织发展强劲带来巨大压力。造成陕西差距巨大的首要原因是对纺织服装产业战略地位的把握和发展理念不到位，导致陕西纺织服装产业在发展方向、产业布局和政策支持方面均存在较大偏差，未形成产业发展的推进机制。

陕西纺织领军人才、高端人才、专业人才缺失。多年来，陕西纺织企业创新能力较弱，纺织领军人才稀缺，高端人才短缺，技能型的专业员工缺乏，员工队伍年龄结构不合理，人才引进乏力等是陕西纺织产业再度辉煌的一大短板。

三、总体战略

（一）指导思想

以习近平新时代中国特色社会主义思想为指导，深入贯彻习近平总书记来陕考察重要讲话和党的十九届五中全会精神，抢抓“一带一路”倡议和陕西追赶超越战略机遇，积极融入“双循环”新发展格局，秉持“科技、时尚、绿色”发展理念，坚持创新驱动和特色发展，坚定供给侧结构性改革方向，科学制定并全面推进“1553”战略，实现高质量发展。

（二）指导原则

1. 坚持高质量发展原则

“双循环”战略的提出，对我国实现更高质量、更有效率、更加公平、更可持续、更为安全的发展，保证人民高品质生活有重要作用。坚持以提高制造业质量效益为中心，推进新一代信息技术与制造业深度融合，改造提升传统产业，坚定不移实施企业高质量发展。

2. 坚持创新驱动原则

完善创新体系，构建产学研深度融合的集成创新体系和战略联盟。坚持双轮驱动，推动企业发展过程中技术、管理、生产模式创新的数字化建设，逐步推进智能制造，加大研发设计投入，加快发展、提升公司纺织集聚区国内知名度。同时，积极推动公司管理体制和机制创新，更大力度、更深层次推进混合所有制改革、股权激励及绩效考核管理。

3. 坚持分步实施原则

按照战略引领、布局合理、结构优化、人才为本、价值提升的要求，通过

“两步走”打造国内一流的纺织服装研发、生产和贸易基地，确保项目规划稳步推进。第一步，到 2022 年通过对标学习补短板，改革创新转机制，达到企业机制活力显著增强，经济效益明显提高；第二步，到 2023 年进入发展提升阶段，实现多元化发展。人工智能、大数据、区块链等与产业的深度融合，员工收益、幸福指数和公司整体竞争力大幅提升。

4. 坚持合作共赢原则

以供应链价值提升及全要素资源整合优化为导向，以更加开放的视角和政策吸引聚集国内外高层次研发人员、职业经理等加盟，深度加强与 YF 公司的全方位合作，打造创新战略联盟，做精做强纺织服装先进制造业，并向现代商贸服务业延伸。

5. 坚持特色发展原则

用心用力与西安工程大学等院校、省内外纺织服装行业协会共建开放式和复合型战略合作平台，围绕功能性面料、特种纤维、产业用纺织品等研发方向，积极创建功能性面料、服装及安全防护用纺织品生产加工基地，注入大西安文化和时尚元素，振兴西安纺织产业。

（三）战略目标

“十四五”时期，全力推进“1553”战略工程和行动计划，用 3 ～ 5 年时间，实现下列战略目标：

“1”指一个基地，即打造国内一流的棉纺织和产业用纺织品研发、生产和贸易基地。

“5”指五大业态，即棉纺织、非织造材料业务、卫生及医疗用品、安全防护用纺织品、现代物流贸易。

“5”指五大工程，即产业转型工程、对标补短工程、国企改革工程、战略合作工程、多元化发展工程。

“3”指 2025 年实现 30 亿元营业收入目标。其中 XF 集团、WH 集团、YF 公司分别为 12 亿元、12 亿元、5 亿元。营业收入、利润总额、人均收入、净资产四项指标增幅 12% 以上。

公司发展战略分为两个阶段：转型升级阶段（2021—2022 年）和发展提升阶段（2023—2025 年），如表 3-11 和表 3-12 所示。

表3-11 XA纺织有限公司“十四五”转型升级阶段（2021—2022年）战略目标

目标	2021年			2022年		
	XF集团	WH集团	XA纺控	XF集团	WH集团	XA纺控
营业收入（亿元）	6.55	3.55	10.1	7.34	3.98	11.32
同比增长率（%）	—	—	—	12	12	—
利润总额及科研投入（万元）	1220	-215	780	1120	-90	850
人均收入（万元）	5.83	4.77	—	6.53	5.34	—
净资产（万元）	85901	-17836	75660	87100	-12000	82260

表3-12 XA纺织有限公司“十四五”发展提升阶段（2023—2025年）战略目标

目标	2023年			2024年			2025年		
	XA集团	WH集团	XA纺控	XA集团	WH集团	XA纺控	XA集团	WH集团	XA纺控
营业收入（亿元）	8.44	5.17	14	10.13	7.5	18.76	12	12	30
同比增长率（%）	15	30	—	20	45	—	19	60	—
利润总额及科研投入（万元）	800	300	930	850	460	1310	1050	870	1920
人均收入（万元）	7.31	5.98	—	8.19	6.70	—	9.17	7.50	—
净资产（万元）	88500	10	89100	89800	8600	97200	91000	20000	117000

（四）总体战略

1. 发展定位

国内一流的棉纺织和产业用纺织品研发、生产和贸易基地；西部一流的卫生及医疗用品生产、研发、贸易基地。成为陕西国企改革的新标杆，引领陕西纺织产业高质量发展。

XF 集团专注棉纺织产品生产与贸易，做优做强。XF 集团应积极对标安徽华茂、无锡一棉等国有纺织企业，在体制机制方面深化改革，深度转换经营机制，在产业链、供应链上与民营企业、中小企业不断深化合作，解决纺织国企机制活力问题。通过与 YF 有限公司深度合作，构建以“企业为龙头，市场为导向”，产学研合作的技术创新体系和战略联盟。大力发展环保、健康、安全防护等产业用纺织品的研发和生产，积极开展智能制造和绿色制造，加快产业用纺织品的成果转化和推广应用，向高科技、功能性、保健性、绿色环保方向迈进。

在非织造材料及下游产品开发方面，WH 集团对标国内一流的同类企业山东永信非织造材料有限公司、海南欣龙无纺股份公司、合肥汉邦希瑞护理用品有限公司等，加快水刺无纺布生产线建成投产，加大卫生及医疗用品的生产和市场拓展，严格质量、成本，形成一批免检、免验产品及中国驰名商标，快速建成具有国际行业标准和竞争优势的产业集群。

2. 发展目标

总目标：到 2025 年年末，实现 30 亿元营业收入。

其中，棉纺织业务板块 12 亿元、非织造材料业务 9 亿元、卫生及医疗用品 3 亿元、特种纤维及安全防护用纺织品板块 5 亿元、现代商贸物流 1 亿元。企业盈利能力达到国内纺织行业先进水平，员工人均收入达到本地区中上水平。

（五）战略重点

- **转型升级阶段**（2021—2022 年）

① XF 集团、WH 集团完成国企混合所有制改革方案（2021 年完成）和经理层任期制和契约化管理，建立完善现代企业制度。

② WH 集团产业转型工程初步完成，2021 年 6 月底建成两条水刺无纺布生产线，投产运行。

③与 YF 公司战略合作，深度融合，互补共赢，延伸产业链。

④ XF 集团结合生产工艺技术进步统筹考虑启动棉纺织生产车间智能化改造项目。

- **发展提升阶段**（2023—2025 年）

①进一步深化混合所有制改革，实现股权多元化。

② WH 集团完成剩余四条水刺生产线建设工作，并全面达产。

③深度推进与 YF 公司的全面战略合作，做优做强纺织产业，进一步完善产业链和创新链，全面提升价值链。

④数字赋能企业，打造数字工厂，成为区域纺织基地和标杆。

⑤员工人均收入达到本地区中上水平。

四、职能战略

（一）组织战略

1. 组织战略目标（表 3-13、表 3-14）

表3-13　转型升级阶段战略目标

转型升级阶段（2021—2022年）	
XF集团	WH集团
1. 2021年引进1～2家战略投资者。 2.与YF公司在产品研发、产业链延伸方面深度合作，大幅提升产品附加值。实现营业收入和人均收入分别年增不低于12%的目标。 3.在公司统领下，联合YF公司2021年筹建纺织研究机构，促进产学研体系建设。 4. 2021年推行经理层成员任期制和契约化管理，引进职业经理人	1. 2021年非织造项目积极试行股权激励。 2.实现营业收入和人均收入分别年增不低于12%的目标。 3. 2021年已建成水刺两条生产线达产，产销平衡，实现转型升级。 4. 2021年推行经理层成员任期制和契约化管理，引进职业经理人

表3-14　发展提升阶段战略目标

发展提升阶段（2023—2025年）	
XF集团	WH集团
1.混合所有制改革取得新成效，产业升级取得新突破，综合竞争力达到国内行业一流水平。 2.智能化水平步入全国先进行列	1.引进战略投资者，促进股权多元化，实现战略合作突破。 2.非织造 6 条生产线全面投产，综合效益达到行业一流水平

2. 战略措施

● **转型升级阶段**（2021—2022 年）

一是积极推进国有企业改革。根据市国资委《关于在直管企业全面实行经理层成员任期制和契约化管理的通知》《“双百企业”推行经理层成员任期制和契约化管理操作指引》精神，为完善、规范企业领导人员分类分层管理制度和运作机制，进一步强化管理、明确责权、激发活力、提升效率，建立健全市场化经营机制，促进企业实现高质量发展，2021 年在公司所属企业推行“经理层任期制和契约化管理”。

混合所有制改革方面，XF 集团围绕《深化国资国企改革三年行动实施方案》目标任务和重点工作，在前期混改基础上，2021 年结合划小核算单位，整合优质资源，成立工作专班，通过积极引进 1 ～ 2 家战略投资者或行业龙头企业，争取实现混合所有制改革新突破。在体制机制方面深化改革，深度转换经营机制，在产业链、供应链上与民营企业、龙头企业（如华茂集团、魏桥集团等）不断深化合作，通过合作、合资、兼并等多种形式完善补充产业链（如富安娜水星等家纺企业、眉县常兴镇印染企业），解决纺织国企机制活力问题。通过机制体制创新，建立市场化薪酬分配机制和灵活高效的市场化经营机制。在企业内部供应和销售部门，积极导入授权经营，建立高绩效激励分配机制和营销团队，对超额完成营销目标的人员进行重奖。

切实开展和 YF 公司深层次的战略合作，2021 年双方要积极联合筹建纺织研究院，促进产学研体系建设。

XF 集团与 YF 公司应在产品结构优化、产业链延伸方面深度融合，大幅提升自身产品附加值，增强企业盈利能力。

WH 集团应采取“走出去，请进来”策略，主动出击引进战略投资者，2021 年大力推动混合所有制改革。首先可在非织造项目上积极探索 MBO（管理层持股）和 ESOP（职工持股），推进非织造材料有限公司混合所有制改革，提高国有资产资本化、证券化，加快上市培育，做好上市准备。在劳动、人事、分配三项制度改革上取得突破，实现企业的转型升级，加快水刺项目投产、达产，产销平衡。

二是完善股权激励机制。根据《关于国有控股混合所有制企业开展员工持股试点的意见》（国资发改革〔2016〕133 号）、《国有科技型企业股权和分红激励实施细则》等文件精神，XF 集团、WH 集团要勇于尝试股权激励办法，建立科学的绩效考核体系（考核体系包括业绩考核和岗位考核）。

制订员工持股计划方案，鼓励企业高管、关键核心人员持股，形成内部效益效率优先的企业分配制度，不断进行变革与创新性发展，为企业注入全新活力和竞争力。

● **发展提升阶段**（2023—2025 年）

一是完善公司创新体系。立足公司纺织研究院，构建以“企业为龙头，市场为导向”产学研合作的技术创新体系。

第一层为纺织科研基地和研发中心。以纺研院及 YF 公司为研发核心，聚集资源，努力打造国内一流的纺织研发总部基地。

第二层包括传统纺织、服装创意、产业用纺织品、安全防护用纺织品、现代商贸物流服务等板块与实验室，围绕研发工作，开展技术创新、产品创新与品牌建设，实现科研成果的转化。

第三层为车间及基层的技术力量，实施精益化生产、技术革新、质量控制等工作。

同时积极引进优秀企业家、职业经理人等高层次管理型人才，助推企业理念、制度、管理和文化创新。

二是加快招商引资步伐。坚持将“引进来”与“走出去”并举，推动双向混合。着力引入高匹配度和协同性战略投资者，充分发挥战略股东在业务合作、改革发展等重大事项决策上的积极作用。XF 集团混合所有制改革在 2025 年年底取得深度成效，智能化水平争取步入全国先进行列，综合竞争力达到国内行业一流水平；WH 集团通过开展定向、定点招商活动，与战略投资者深层次合作，促进股权多元化，实现战略合作突破。

（二）人力资源及绩效管理战略

1. 人力资源及债效管理战略目标（表 3-15、表 3-16）

表3-15　转型升级阶段战略目标

转型升级阶段（2021—2022年）	
XF集团	WH集团
1.引进高端专业人才、职业经理人1～2名，适当引入销售管理人才，并优化管理人员结构，到2021年年末，管理人员占比下降2%。	1.积极引进并培养非织造生产研发人员，其中包含1名生产总监，1名销售总监，2021年年底形成生产和营销团队。

续表

转型升级阶段（2021—2022年）	
XF集团	WH集团
2.优化员工年龄结构，每年新增8～10名院校毕业生及其他专业技术人员。到2022年年末，员工平均年龄35～36岁。 3.每年1～2次专业人员系统培训，强化销售和供应人员的积极性。 4.每年新增1～2名高级专业技术人员。 5.员工年工资水平增长不低于12%。 6.完善绩效管理制度，率先建立高绩效激励分配机制和营销团队	2.每年新增1～2名非织造专业院校毕业生及其他专业技术人员。 3.2021年对生产线所有员工进行上岗培训，导入绩效管理制度。 4.按照《人员安置分流方案》，有序推进人员分流工作

表3-16　发展提升阶段战略目标

发展提升阶段（2023—2025年）	
XF集团	WH集团
1.管理人员结构优化合理，到2025年年末，占比下降3%～5%，达国内先进水平。 2.2025年年末，员工平均年龄30岁左右。 3.员工年工资水平增长高于12%，不低于西安市社平收入	1.建成一支高水平的非织造生产研发及营销团队。 2.每年新增2～3名非织造专业院校毕业生及其他专业技术人员。 3.完善绩效管理和培训制度

2. 战略措施

● **转型升级阶段**（2021—2022 年）

一是人才选拔和引进。分析人员需求，建立系统的人员选拔和引进体系，拓展招聘渠道，不断优化员工队伍结构。

XF 集团加快与无锡一棉、安徽华茂等知名企业进行战略合作，开展高级管理人员及技术骨干进行交流，完善公司后备干部梯队建设机制体制，每年新增 8 ～ 10 名院校毕业生及其他专业技术人员，优化员工年龄及管理人员结构。根据公司发展情况，适当引进销售管理人才，强化销售和供应人员的积极性。

WH 集团做好非织造项目的人员需求预测及人才储备，实施分层次的人才培养，积极对标学习国内一流的同类企业山东永信、海南欣龙、广东汉邦等优秀企业，开展技术骨干交流活动。并在非织造项目上每年新增 1 ～ 2 名非织造专业院校毕业生及其他专业技术人员，逐渐建立起自己的生产和营销团队。

二是人员考核与评估。XF 集团继续在生产经营线、车间部门实行互评考核，完善横向考核体系，提高生产经营工作的协调能力。并完善对高层管理人员的考核机制，针对不同层次管理人员确定不同的考核方法，形成从上到下的纵向考核体系。

WH 集团按照“三项机制”和选人用人程序，对非织造生产线员工进行系统培训，导入绩效管理制度。制订各年度培训计划，结合质量管理体系认证要求，做好培训工作，提高员工业务水平。

三是薪酬及激励机制。XF 集团应坚持“一岗一薪、岗变薪变”，并根据企业员工的贡献大小，决定薪酬标准和收入水平，要适当引入员工压力管理，建立科学的内部竞争体制，增加员工活力。在企业效益提高的前提下，员工每年工资收入水平增加幅度不低于 12%。

WH 集团应基于企业发展和个人收入增加的双赢观念，引入绩效管理，建立有效的报酬系统，激励新业态生产线技能人才更好地发挥潜能。

四是留人机制。为了留住员工，除了短期激励（工资收入）机制外，还要有长期的激励。XF 集团需通过制定明确的发展战略目标，让员工切身感受到他们的工作与实现企业的发展目标息息相关。WH 集团要按照《人员安置分流方案》，有序推进人员分流工作。

- **发展提升阶段**（2023—2025 年）

一是人才选拔和引进。XF 集团应按岗位要求和实际需要高薪聘请或引进高端专业人才（如化纤方面的人才），创新理念，从“招、用、育、留”各个环节完善制度体系，补充新鲜血液，建立后备干部人才梯队。到 2025 年年末，管理人员占比下降 3% ～ 5%，达到国内先进水平。

WH 集团需不断加大引进非织造项目的技术人员、营销人员，建成一支高水平的非织造生产研发及营销团队，并保证每年新增 2 ～ 3 名非织造专业院校毕业生及其他专业技术人员。

二是人员考核与评估。XF 集团应继续加强干部管理工作，做好干部选、用、评，建立科学机制，优胜劣汰，不断优化干部和员工队伍。

WH 集团需要在非织造项目上对人员进行深入培训，完善绩效管理和培训制度，重点突出和丰富考核结果的使用效能。

三是薪酬及激励机制。坚持短期激励与长期激励相结合，促进企业可持续发展；坚持激励与约束相统一，促进收入分配公正、透明，行为规范。提供员工参与企业管理的机会，组织开展员工技能系列竞赛活动，对先进工作者和表现突出者予以重奖，发挥以点带面效应。在提高企业效益的同时，保证员工年工资水平不断增长，在“十四五”末不低于西安市社平收入。

四是留人机制。全面推行企业与员工坦诚的双向沟通机制，使员工感受到自己是企业的一员，增加企业的凝聚力，增强员工的责任感和对企业的关注、信心。同时，企业要借鉴国内相关的成功案例，实施员工持股计划，使员工个人利益与企业发展紧密联系在一起，建立健全各种行之有效的激励褒奖、人才成长规章制度，使优秀人才脱颖而出。

（三）营销战略

1. 具体营销战略（表 3-17、表 3-18）

表3-17　XF集团战略目标

单位：%、亿元

转型升级阶段（2021—2022年）										发展提升阶段（2023—2025年）					
2022年										2025年					
项目	增速	总目标	同比增加	原料贸易		售纱		坯布		营业收入	年均增长额	年均增长率	原料贸易	售纱	坯布
				增长率	分项目标	增长率	分项目标	增长率	分项目标						
营业收入	12	7.34	0.79	23	2.13	31	1.1	4	4.11	12	1.6	18	3	2.5	6.5

表3-18　WH集团战略目标

单位：%、亿元

转型升级阶段（2021—2022年）							发展提升阶段（2023—2025年）					
2022年							2025年					
项目	增速	总目标	同比增加	水刺材料	干巾	医用材料	总目标	年均增长额	年均增长率	水刺材料	干巾	医用材料
营业收入	12	3.98	12	2.07	1.2	0.76	12	2.85	51	7	2	3

2. 战略措施

● **转型升级阶段**（2021—2022 年）

◈ XF集团

一是原料贸易方面。继续维护已开发的市场和客户，加强沟通和联系，稳定已有的贸易规模。不断开发新的原料贸易渠道和贸易品类，做好扩量工作。提升原料贸易地位，从资金服务型向销售贸易型转变，不断增加原料贸易的收益。2021—2022 年，原料贸易利润力争实现新突破，为企业创收增效开拓新途径，打造新的经济增长极。积极开展纱线产品贸易工作，力争在这一阶段取得突破性进展。积极稳妥推进期货业务工作。建立并完善线上原料贸易 O2O 交易平台，成立专门的网站运行部门和相应的线下管理部门。强化同原料贸易大客户的利益关联。加强与大客户、中间商的沟通，改善宣传跟踪服务，定期举办展会，深度挖掘大客户的潜力。

二是售纱方面。调整自用纱与售纱比例，加大售纱占比。继续推进品种结构优化工作，开拓新市场，开发新用户，创造新需求。销售上要始终坚持售纱“高支、紧赛、股线、强捻”的产品定位，把售纱品种做出品牌、做出信誉、做出效益。继续打造高端品质纱线和市场需求，找准市场、找对用户、做出高品质纱线的经济效益。发展和打造上、下游产业链合作关系。稳定拓展与江苏金太阳纺织科技股份有限公司的业务合作关系，积极发展与悦达纺织的业务关系，提升合作层次。

三是坯布方面。面对疫情反复，制定应对举措，保持坯布市场稳定。根据企业的现实，力求平稳调整品种，努力衔接适应市场的产品，使在机产品做到安全、可销、实现利润最大化。库存布及成品布，要加大销售的奖励力度。鼓励业务员积极联系客户，实行逐单、逐个品种竞价销售，努力使库存品种价值最大化，盘活资金。

四是销售配套制度方面。随着采购规模的不断增大，尽快修订和完善相应的分配机制，让干工作的人有业绩，增收益。尽快培养新一代的经营人才，不断适应企业经营发展的需要。通过公开招聘，积极引进职业经理人和高水平营销主管人员，构建优秀营销团队。定时集中对内部营销人员进行专业的全面培训，培养良好的营销习惯，提高营销人员的自我修养，让顾客感觉更方便，使业绩实现目标。强化企业的内部营销，将内部营销作为战略发展的一种手段，激发员工的自我创造能力，把企业的目标与个人目标巧妙结合，提高个人的服务意识及自我实现价值，从而在对外营销时体现出来。完善营销团队绩效考核手段，通过一定的调整将营销部门员工的薪资由基础工资＋奖金变为基本工资＋绩效＋奖金，根据营销人员每个月的营销业绩决定绩效奖金数目。

提高营销人员的报酬，建立公正的责任经营考核方案。对一些积极工作，业绩突出的员工应该给予额外的物质奖励。

五是加强与YF公司营销合作。加强与YF公司的密切对接，深入研究双方在安全防护用纺织品、产业用纺织品、医用防护纺织品方面的合作意向。优化完善合作思路，积极推动务实合作，制订详细的对接计划，开展销售人员互学活动，努力实现良好的合作成效。

◈　WH集团

一是原料贸易方面。保持原料贸易市场稳定。2021年要继续在原料贸易方面发力工作，保持市场及相应客户稳定，取得更大增长。

二是纺织方面。加强纱布品种结构调整，努力适应不断变化的市场。根据特殊时期的市场需求及原料价格影响，以效益为中心，结合企业的现实情况努力做好品种结构的调整工作。在坯布方面，根据企业的实际情况，力求平稳调整品种，努力衔接适应市场的产品，根据效益及市场需求原则，努力接单，使在机产品能够做到安全、可销、实现利润最大化。在售纱方面，结合企业现有原料，对应做好库存原料产品的接单，衔接适合企业生产的色纺纱、本色纱品种等。

三是新增水刺非织造材料方面。充分做好非织造材料、干巾卫生产品市场分析。针对非织造材料和干巾卫生产品市场，认真跟踪分析和研究市场，了解市场动态，收集市场信息，了解产品市场需求、分析和预测市场发展趋势，为销售工作提供有效的市场信息。水刺非织造材料生产线一期达产后，做好产销平衡工作，加强与水刺布下游重点客户的战略合作。随着环保理念和可持续发展的需求，水刺无纺布市场呈持续增长趋势，通过与下游重点客户加深对接和战略合作，精准把握水刺无纺布领域市场走势，携手开启优势互补、资源共享、互利互惠的新篇章。

四是医用大健康方面。做好医用口罩销售工作。新冠肺炎疫情在国际上形势依旧严峻，国内时有散发。针对疫情期间市场形势，探索建立全员销售机制，开展员工销售培训，同时积极与政府职能部门、医药公司、对外机构密切沟通，拓展口罩销售渠道。

五是销售配套制度方面。做好订单与生产能力的综合平衡及落实工作。认真做好计划安排和品种结构调整工作，对已下达的生产计划安排要加强和生产沟通，满足客户对交货时间及品质的要求。建设和完善销售队伍分配激励机制。一方面，匹配新增业务，及时完善相应的分配机制，调动真正干工作员工的积极性；另一方面，完善导师带徒制，尽快培养新一代的经营人才。

● **发展提升阶段**（2023—2025 年）

◇ XF集团

一是原料贸易方面。持续加大做强原料贸易业务。适时跟踪调研、把握市场最新动向，有针对性地制定可行的原料贸易举措，加大开发新市场力度，督导销售人员积极联系现有客户，发掘高端客户。

二是售纱方面。加大开发新市场力度，扩大市场占有率。做好市场开拓，衔接高附加值品种，提升品种档次，争取到 2025 年实现 2.5 亿元目标。

三是坯布方面。保持业务稳重有增。保持年增长率在 5% 左右，稳定现有客户，开发新的客户群体，争取到 2025 年实现 6.5 亿元目标。

四是销售配套制度方面。打造 XF 集团拳头品牌，提升品牌市场声誉。成立专项小组评估品牌的现状，制定品牌承诺或价值主张，采取强化战略来增强品牌的生命力，利用多元化媒介提升品牌声誉。优化品种结构，提高产品附加值。制定品种优化方案，逐步增加高毛利率产品生产比重。要继续深挖技术人员和设备潜能，有针对性地开发高附加值系列产品，形成个性化、特色化且流通性强的产品结构体系。稳定老客户，开发新客户群体。进一步改善售后服务质量，继续完善客户分类建档资料，准确定位，定期走访，挖掘潜在高端客户。稳定巩固诸暨市场，加强开发广东针织市场，江苏、河南等现有客户要深度沟通，深入了解客户需求特点，及时掌握和反馈客户信息。构建有效的营销激励机制。科学强化营销考核激励机制，针对不同岗位营销人员采取相应可行的考核和激励措施，完善销售人员考核制度。

◇ WH集团

一是非织造材料方面。加大非织造材料销售工作，努力开发新市场。非织造领域预计到 2025 年也将是全球纺织行业中成长最为迅速、创新最为活跃的领域之一，应该将加大做强非织造材料的销售工作作为发展提升阶段的重点，不断开发新市场，扩大市场占有率。做好二期水刺非织造材料建设项目市场调研与论证工作。要未雨绸缪做好二期水刺非织造材料 4 条生产线建设的论证工作，应制定一套全面系统的方案进行充分的市场调研，确定客户类别、客户需求和市场饱和度以及地域差异，保证二期建成达产后的销售环节平稳高效。

二是医用材料和干巾项目。加大医用卫生大健康产品和干巾的销售工作。在健康中国战略稳步推进下，我国大健康产业市场现状发展态势良好，未来市场份额还在持续扩大，市场前景广阔。

三是销售配套制度。优化营销与生产部门互评管理办法。把互评考核与经济责任制考核和劳动竞赛双先评比相结合，完善互评办法，在互相监督中激发工作动力，有效提升经营部门工作效率。构建有效的营销激励机制。组织业务员积极联系客户，想方设法进一步加大库存纱、布的销售，重点在售纱上下功夫，一方面稳定老客户，另一方面积极开发新客户群体，扩大纱线客户资源，做好售纱的接单和销售工作。

（四）研发与技术创新战略

1. 研发和技术创新战略目标（表3-19）

表3-19　研发技术创新战略

转型升级阶段（2021—2022年）	发展提升阶段（2023—2025年）
1. 2021年筹建并成立纺织研究院。 2. 2022年XF集团、WH集团研发投入各自占其年营业收入的3.5%～4%。 3. XF集团创立省级企业技术中心。 4. XF集团引进高端专业人才1～2名、每年新增1～2名高级专业技术人员、每年新增8～10名院校毕业生及其他专业技术人员、新增1～2名专业硕士研究生；WH集团积极引进并培养非织造生产研发人员、核心技术人员，每年新增1～2名非织造专业院校毕业生及其他专业技术人员、新增1～2名专业硕士研究生。 5. XF集团、WH集团每年开发新产品3个。 6.公司及所属两个集团共同成立大学产学研究基地。 7. XF集团积极对标安徽华茂、无锡一棉等国有纺织企业，延伸产业链	1. XF集团、WH集团的研发投入稳定到年营业收入的4%。 2. WH集团创立省级企业技术中心。 3. XF集团2025年年末建成在行业内具有引领和示范作用的国家认定企业技术中心。 4. XF集团引进高端专业人才2～3名、每年新增2～3名高级专业技术人员、每年新增9～10名院校毕业生及其他专业技术人员、新增1～2名专业硕士研究生；WH集团建成一支高水平的非织造生产研发团队、每年新增2～3名非织造专业院校毕业生及其他专业技术人员、新增1～2名非织造相关专业硕士研究生。 5.每年各自开发新产品4～5个。 6.公司积极争取成立大学博士后流动工作站。 7. XF集团积极开发新产品，并对老产品进行调整

2. 战略措施

● **转型升级阶段**（2021—2022 年）

一是加强研发机构建设，提升技术创新能力。深入推进与 YF 公司的战略合作，在 2021 年筹建并成立公司纺织研究院。结合陕西省工信厅将着力打造“产业创新 + 企业创新”平台体系的契机，XF 集团要全力创立省级企业技术中心。

加强与高等院校、省内外纺织服装行业协会的深度合作，共同成立产学研究基地，加快技术创新的步伐，促进产业转型升级。通过组建市场开发部和新产品开发室，共同进行新产品的设计研发工作。产品开发室负责对信息处理后制订新产品开发计划，并组织新产品的策划、设计、试制、鉴定验收等工作，使产品开发、市场开发和产品销售紧密结合。

二是人才引进。立足企业实际，通过对标国内标杆企业的学习和进行战略合作，开展高级管理人员及技术骨干交流，完善后备干部梯队建设机制体制。按照每年招收大专院校学生计划和引进人才工作目标，主动工作，超额完成人才引进工作任务。

三是延伸产业链。XF 集团应积极对标安徽华茂、无锡一棉等国有纺织企业，在体制机制方面深化改革，深度转换经营机制，在产业链、供应链上与民营企业、龙头企业不断深化合作，解决纺织国企机制活力问题。XF 集团专注棉纺织产品生产与贸易，做优做强，并与不同产业公司进行合作，不断延伸产业链，向家纺、印染行业不断寻求合作。加快形成产业用、化纤原料（纺织新材料）快速发展的产业链和价值链，做大做强纺织服装产业。组织开展以整体承接为主的、多种形式的链式化招商，力争落户一批产业用纺织品、化纤新材料等新业态项目和高水平印染项目，拉长产业链条，提升产业集群水平，出台并落实各项相关配套政策。

● **发展提升阶段**（2023—2025 年）

一是完善公司创新体系。建立以纺研院及 YF 公司等科研机构为依托的国内一流纺织科技研发基地，XF 集团创立国家级企业技术中心，WH 集团在非织造行业创立省级企业技术中心，不断完善“企业为龙头，市场为导向”产学研合作的技术创新体系，对纺织行业的转型升级和纺织强国建设贡献力量。

第一层为纺织科技研发基地和研发中心。以纺研院及 YF 公司为研发核心，围绕功能性面料、特种纤维、产业用纺织品、安全防护等研发方向，聚集知名高校与科研机构，院士、专家教授等优质研发资源与高层次人才，形成创新平台与研发团队，为纺织产业的发展发挥引领作用。

第二层包括纺织板块、服装创意板块、产业用纺织品板块、安全防护用纺织品板块、现代商贸物流服务板块与实验室。依托纺织科技研发基地（研发中心）与总部基地，要结合自身优势，开展技术创新、产品创新与品牌建设，实现科研成果的转化。

第三层为企业的车间及基层技术力量。在产品生产过程中，要重点做好工程师、技术员和技师等基层研发团队的建设、精益化生产、技术革新、质量控制等工作。

二是人才引进。加强功能性面料、特种纤维、产业用纺织品方向人才的引进，多渠道引进“高端领军人才”“骨干稀缺人才”“高级技师”，分层次搭建创新团队，拓展柔性引才。

根据相关政策，建立博士后流动工作站、“人才小高地”等机构，创新人才培养机制，积极尝试“一人一策”及技术入股，导入股权激励制度，形成高绩效的科研团队。

三是构建研发创意和时尚设计产业。第一，打造国内一流纺织服装研发创意中心。以纺研院及YF公司为核心，联合西安工程大学等国内高校和科研机构，聚集纺织服装优质资源，成立战略联盟。

第二，引入国内外优秀设计师，形成高端设计师团队。在安全防护服装、职业装、女装等方面，开展产品设计，孵化自主品牌。同时，注入大西安文化和时尚元素，振兴西安纺织产业。

第三，建立品牌专卖店、品牌体验店、时尚文创店，打通线上线下技术与运营。通过再造传统产业新优势，提升新竞争力，打造国内领先、国际一流的时尚产业基地，力争到2023年形成以家纺、服装、设计、电商、文创为主体的时尚全产业链集群。

四是发展企业新方向。按照“三品战略”要求，不断推进科技研发，推广跨界融合，积极谋求产业用纺织品高质量发展。加快与国内优势企业战略合作，大力发展环保、健康、安全防护等产业用纺织品的研发和生产，积极开展智能制造和绿色制造，加快技术成果转化和推广应用，向高科技、功能性、保健性、绿色环保方向迈进。积极开发新产品和优化调整现有产品结构，提高功能性和新材料比重，提升产品附加值。尤其是要不断深化与YF公司的战略合作，加大YF新产品的落地和转化。加强与纺织印染公司的对接和合作，补齐印染短板。

建设现代商贸物流服务板块，打造现代物流体系，形成现代商贸聚集地。加强与国际港务区合作，利用企业现有的物流和公寓楼房产资源，推动现代物流信息化和现代商贸体系建设。

（五）生产运营战略

1. 生产运营战略目标（表 3-20）

表3-20　生产运营战略

<table>
<tr><th colspan="3" rowspan="2">项目</th><th colspan="2">转型升级阶段
（2021—2022年）</th><th colspan="2">发展提升阶段
（2023—2025年）</th></tr>
<tr><th>XF集团</th><th>WH集团</th><th>XF集团</th><th>WH集团</th></tr>
<tr><td colspan="3">棉纱总产量（吨）</td><td>13500</td><td>3540</td><td>14000</td><td>—</td></tr>
<tr><td colspan="3">棉布总产量（万米）</td><td>6700</td><td>1450</td><td>7000</td><td>—</td></tr>
<tr><td colspan="3">棉纱优一级品率（%）</td><td>98</td><td>97</td><td>98.5</td><td>—</td></tr>
<tr><td colspan="3">布入库一等品率（%）</td><td>99.90</td><td>99.90</td><td>99.90</td><td>—</td></tr>
<tr><td colspan="3">纱机综合效率（%）</td><td>98</td><td>99.90</td><td>99</td><td>—</td></tr>
<tr><td colspan="3">布机综合效率（%）</td><td>96</td><td>96</td><td>97</td><td>—</td></tr>
<tr><td colspan="3">纺部用工（人/万锭）</td><td>45</td><td>50</td><td>30</td><td>—</td></tr>
<tr><td colspan="3">织部用工（人/百台）</td><td>135</td><td>145</td><td>110</td><td>—</td></tr>
<tr><td colspan="3">节棉（吨）</td><td>1700</td><td>1630</td><td>1750</td><td>—</td></tr>
<tr><td colspan="3">节纱（吨）</td><td>450</td><td>430</td><td>480</td><td>—</td></tr>
<tr><td rowspan="5">非织造材料（吨）</td><td rowspan="4">无纺布</td><td>纯棉无纺布</td><td rowspan="5">—</td><td>3000</td><td rowspan="5">—</td><td rowspan="5">产值9亿元</td></tr>
<tr><td>纯黏胶无纺布</td><td>5000</td></tr>
<tr><td>涤/粘混纺</td><td>1500</td></tr>
<tr><td>脱脂棉</td><td>3000</td></tr>
<tr><td colspan="2">熔喷布</td><td>9000</td></tr>
<tr><td colspan="2" rowspan="3">卫生大健康</td><td>口罩（万只）</td><td></td><td>0.36</td><td></td><td rowspan="3">产值3亿元</td></tr>
<tr><td>干湿巾（万包）</td><td></td><td>1000</td><td></td></tr>
<tr><td>其他</td><td></td><td></td><td></td></tr>
</table>

2. 战略措施

- **转型升级阶段**（2021—2022 年）

◇ XF集团

一是产品结构方面。积极试制新产品。未来两年纺纱、织布分厂继续试纺新品种，优化调整产品结构，生产个性化、功能性中高端产品。紧跟市场销售步伐，积极组织品种翻改。

二是生产设备方面。把千锭时断头指标分解落实到设备线全体员工身上，合理安排改台，把改台和设备平、揩车相结合，减少休止锭时；品种跑空时，合理安排粗纱上车，先大后小，避免长时间有空锭跑粗纱。持之以恒抓设备保养与检修工作，强化生产效率过程控制。坚持对工艺部件上车质量、设备状态、坏轴、高断纬及高频次坏车机台重点关注，及时分析影响效率波动的原因，采取有效措施。将机型与品种有机结合，建立车速监控台账，不断提升纱机、布机速度，增加产量，降低生产成本。

三是节棉节纱方面。根据各品种纱线内在质量情况，努力降低各工序落棉率，重点是降低精梳落棉率和梳棉落棉率，降低用棉成本，合理控制品种内在物理指标，在保证达到标准前提下，减少总经根数和纬密，加大对准备恶性坏轴、织造废边、毛边、小纱巴等考核力度，严查整理摺幅的控制，降低成本。通过网络信息，对机物料、机配件、浆料和外购纱大宗采购实行比价采购并制定目标，加强节能管理。

四是产品质量方面。以降低纯涤系列切疵，提高纯涤络筒效率为主线，组织三工序开展工艺试验和质量攻关，全面提升棉纱、棉布质量水平。坚持做好清底品种管装容器的检查力度，严防错支；加强对班中工作质量的检查，做到工序把关责任区域化，全年实现零错支出厂。

对调浆、浆纱起机、浆液流速、浆纱各区张力等影响织轴质量关键管控点重点监控；对影响质量关键点上轴接经质量、布面检查、连续性疵点追踪修复、修织洗漏验质量检查等，安排专人检查。

五是生产信息化建设方面。深入推进“生产智能调度及工艺设计 CAD 系统”的应用，改造升级信息化项目，实现生产的在线监测。逐步完善企业各部门日常运作流程管理功能与 OA 管理功能，实现无纸化办公。

◈ WH集团

一是产品结构方面。加快口罩厂生产经营建章立制工作。在建立应急质量体系的基础上，严把原材料采购关、生产过程质量关和产品出厂检验关；做好省药监局企业延续换证和CE认证工作。做好纱布品种结构优化调整工作，加强市场开发，加大用高新技术改造提升传统纺织产业的力度，提高品种档次和市场竞争力。

二是生产设备方面。建立纱机、布机低效机台攻关制度，从优化工艺到检修引纬部件等方面采取措施，明确责任。强化设备管理，各工序依据本部门实际情况，进一步完善包机制，采取灵活多样的管理手段，确保设备运行良好。推进技术进步，进一步提高机电一体化水平，实现工艺参数的在线监测，以自动化、连续化和智能化替代传统技术装备，推进使用新型高效棉纺织工艺设备。

三是水刺非织造材料方面。确保法国安德里茨水刺生产线、德国特吕茨勒水刺生产线按计划建成投产、达产，做好产销衔接平衡工作。着力开发相关新产品，加大科研力度，争取开发具有企业特色的水刺非织造材料新产品。

四是原料采购方面。切实做好市场分析和判断，把握采购时机，比质比价采购。做好国储棉的竞拍工作，充分利用国储棉价格低这一优势，竞拍国储棉，为染棉花提供资源。做好外购纱的采购，进一步拓宽采购渠道，寻找更多的供货单位，进行择优选择。

五是产品质量方面。围绕质量开展各项工作，对质量问题及时向相关车间反馈信息，使产品质量既能满足客户要求又能降低生产成本。纺部重点在减少成纱弱环锭间差异、保证混棉均匀，降低棉卷和生条不匀率方面开展工作；织部重点优化浆纱上机工艺，稳定浆轴质量，提升织机效率和下机质量，降低等级布。无梭实现在线监控，生产波动一目了然，质量追踪畅通无阻，确保不缺环节，不出监控范围。

● **发展提升阶段**（2023—2025 年）

◈ XF集团

一是产品结构方面。完善产业链，加大印染、色纺、服装的相关产品的研发、生产、销售等环节的发展建设力度。与国内科研院所开展全方位合作，依托合作联盟，借助YF公司等企业的技术优势，优化产品结构，推进产业转型升级，加速产业链的快速提升，打造企业自主品牌。

二是生产质量方面。以攻纱疵、最低强力、管间 CY% 为重点目标，推行质量标准化工程，向国际一流企业看齐，制定相关产品标准。全方位加强质量检测、控制，确立“质量检查、质量保证、质量预防、质量完美”四级阶梯式质管模式，推行“充分授权、质量选创、考核到人、自检确认”质管方法。识别客户需求，对不同客户分别进行规划和质量控制，建立“客户第一”的质量改进意识，实施 ABC 分类管理。

三是设备方面。开展好状态维修，有计划、经常性地为维修人员提供相应的培训学习机会（外派或内部培训）。建立维修人员考核激励机制，实行维修水平、能力、资历等竞争上岗，对不同岗位给予不同津贴，增加工资提升的机会。

四是信息化建设方面。生产制造过程，建立灵活的物料编码方式及 BOM 的表达方式，全面记录生产中的物流和信息流。在此基础上，进一步解决纱、布在生产过程中的信息不确定性，通过条码技术，为每一批纱、布提供专属追溯信息。企业管理方面，建立各职能部门拥有的管理信息系统，实现企业内部管理的电子化和自动化。各个系统之间互连互通，形成统一、互动的整体。办公自动化（OA），建立企业局域网，日常办公以电子数据的形式在企业内部快速流动和交换，提高对信息获取和处理的效率。ERP 系统，建立移动云 ERP 系统实现订单管理、工艺管理、计划与调度、原料管理、库存管理、设备管理、质量管理、作业跟踪、成本管理、OA 管理、人力资源管理、系统管理等功能，并以供应商为核心，串联上下游，将订单—下单—跟单—到货—发货的整个业务流程进行高效的信息集成，采用移动化的信息工具从业务驱动转变为数据驱动。

◇ WH集团

一是水刺非织造材料方面。建设好二期水刺非织造材料 4 条生产线项目。加大与医疗、卫生、美容、包装等领域客商的合作，提高产品档次，打造陕西纺织行业的标杆。深入调查市场需求，在湿巾、干巾、高档面膜、美容美发用品、酒店用品、擦拭用品的生产上继续精益求精。

二是产品结构方面。大力发展高技术高附加值产品，支持发展先进复合材料植入型医疗卫生、安全防护、智能纺织材料等一批科技含量高、性能优越、附加值高的高端产业用纺织品，适应市场需求。确保色纺纱质量持续提高，保持技术可靠与不断更新，从技术上进一步加大研发力，推进产品结构升级。从单一水刺工艺向水刺 + 木浆、水刺 + 纺粘等非织造复合工艺发展，从常规纤维品种向差别化、功能化、绿色环保方面开发创新。

三是新生产线员工培训方面。对新招收大、中专学生有针对性进行操作技能和专业理论知识培训，提高动手能力，达到培养复合型人才的目的。各专业技术人员学习新型设备的工艺原理，达到能灵活制订出合理的工艺，运转工人按工艺熟练操作。

四是原料采购方面。积极利用原料供应的已有优势，与合作厂商建立长远的供货计划，建立可靠的原材料供应渠道，互惠互利，防范风险。

五是信息化建设方面。建立 TIS 远程数据监控系统、MES 生产过程管理系统。

五、战略实施

1. 完善规划编制，加强规划衔接

公司所属企业及有关部门要依据本规划认真组织编制各单位、各业务板块的“十四五”规划，通过“十四五”规划的编制，进一步明确发展方向、发展目标和主要重点工作任务，切实厘清工作思路，并确保与公司规划一致，从而确保公司上下目标一致、行动一致，形成最大合力。

2. 加强组织领导，确保科学组织实施

“十四五”规划是涉及公司未来发展的重大决策和行动纲领，其具体实施情况直接关系到是否能较好实现未来预期发展目标。为确保科学组织实施，公司要成立“十四五”规划实施领导小组，统一领导和推动“十四五”规划的实施。主要任务是统一研究、部署、指导和协调规划的具体实施，确保科学组织和协调推进。各企业要相应成立“十四五”规划实施领导小组，加强对本企业“十四五”规划实施工作的领导，确保组织领导有力。

3. 认真做好规划宣传工作，增强员工信心

公司要积极组织开展形式多样的“十四五”规划宣传教育工作，让全体员工充分认识到编制和实施“十四五”规划的现实意义和深远的历史意义。通过企业中层以上干部大会宣讲解读、专题会议研究讨论、车间班组反复学习、板报期刊

咨询宣传等形式，使广大干部清楚、所有工人知道企业“十四五”时期的总体战略、发展目标、重点任务、工作措施等，达到干事有方向、胸中有目标、工作有信心，提升企业凝聚力，增强员工自豪感。

4. 分解落实规划目标，严格责任细化考核

公司坚持把推进“十四五”规划的组织实施与年度经营业绩和任期经营业绩目标考核充分结合，把“十四五”规划的主要目标和重点工作任务逐一分解落实到各企业的年度经营业绩和任期经营业绩目标考核中，并层层延伸压实责任，做到互为支撑，相互协调，细化考核，确保规划目标及主要重点工作任务落实，责任落实，考核及时到位，推动有力。

5. 严格规划实施的监控，做好督导服务工作

公司要加强对规划具体实施情况进行监测，对规划实施中遇到的重大问题及时研究，制定科学对策，加强督导指导，确保顺利实施。要对规划实施各阶段涉及规划的内外部环境及主要影响因素的变化情况密切跟踪，进行认真分析研究，并根据变化情况及时对规划进行必要调整，以确保规划的科学性、可操作性。

6. 学习研究运用政策，充分发挥政策支持作用

一方面，充分利用已有的政策，发挥政策效用效益；另一方面，要不断学习研究新政策，积极争取政府政策支持，包括税收减免、财政贴息、人员分流、产业转型，以及创新创造等方面向传统纺织行业的扶持倾斜。

“十四五”时期是XA纺织有限公司极其关键的时期。本发展规划描绘了该公司“十四五”时期的发展蓝图，明确了公司的战略方向、发展目标和主要任务。公司上下应在统一领导下，深入贯彻落实市国资委《国资国企改革目标精神和公司高质量发展行动计划》，进一步创新理念，振奋精神，开拓进取，奋力拼搏，齐心协力，为全面完成“十四五”规划目标任务、做强、做优、做大本地区纺织产业而努力奋斗。

第4章 TS纺织有限公司“十四五”规划

随着全球经济环境的不稳定性增加，纺织产业作为传统支柱产业，其稳定发展对我国经济具有重大意义。新疆维吾尔族自治区“十四五”规划中，已将纺织产业列为新一轮传统产业重大技术改造升级工程。纺织企业抓住政策机遇，将纺织业向高端化、智能化、绿色化转型升级，对全省乃至全国都具有重大战略意义。

TS纺织有限公司成立于1980年，是我国纺织行业第一家国有控股中外合资企业，公司产品以羊绒衫及混纺衫为主，在国内外都有市场且以外销为主，是中国著名品牌。TS纺织有限公司在行业发展中有独特优势，首先，公司地处“一带一路”重要节点，公司所在地是全国山羊绒质量最好的产区之一，有天然地理优势；其次，公司已经形成了较为完整的产业体系，其羊绒分梳工艺技术达到了世界领先水平；最后，公司在国内外拥有一定的知名度且生产线丰富，有助于满足不同的市场需求。但同时，由于公司的绿色化、智能化建设落后、经营机制不灵活、品牌运行能力弱、内销市场开拓严重滞后等问题，导致公司的综合竞争能力降低，经营业绩出现下滑。

坚持高质量发展、分步实施、创新驱动、内外销并举、品牌重塑和创新是TS纺织有限公司制定“十四五”规划的指导原则。本章基于“双循环”新格局下的战略环境与新形势分析，对TS纺织有限公司的组织战略、人力资源战略、营销战略、研发与技术创新战略、生产运营战略、信息化与大数据战略、财务及风险管控战略方面进行战略规划，旨在促进该公司适应“双循环”新格局下的经济环境，抓住政策机遇，获得更大发展。

一、公司战略环境与新形势

（一）公司面临的战略环境

当前，世界正经历“百年未有之大变局”，不稳定性、不确定性明显增加，新冠肺炎疫情影响广泛深远，世界经济陷入低迷期，经济全球化遭遇逆流。为了应对全球经济出现的新变化，我国适时提出了“加快形成以国内大循环为主体、国内国际双循环相互促进的新发展格局”的战略。

《国企改革三年行动方案（2020—2022年）》（以下简称《行动方案》）提出，促进股权结构优化，完善员工持股等长期激励措施，创新激励机制，大力推行经理层成员任期制和契约化管理，按照市场化选聘、契约化管理、差异化薪酬、市场化退出原则，加快推行职业经理人制度。全面推进用工市场化，完善市场化薪酬分配机制，推动薪酬分配向作出突出贡献的人才和一线岗位倾斜。《行动方案》对做强做优做大国有经济，增强国有企业活力、提高效率，加快构建新发展格局，以及增强国有经济竞争力、创新力、控制力、影响力和抗风险能力均具有重要意义。

“十四五”时期，发展好纺织产业在全国乃至新疆具有重要的战略意义。新疆维吾尔自治区“十四五”规划中已将纺织产业列为新一轮传统产业重大技术改造升级工程，加快纤维制造产业与纺织工业协同发展，促进产业链向服装等终端产业延伸，推动纺织产业向高端化、智能化、绿色化转型升级。

（二）国内羊绒产品出口与贸易和产业技术发展趋势

1. 国内羊绒产品出口与贸易

我国羊绒行业虽然在纺织行业中占据很小的份额，但是却拥有着全球主要出口市场，在世界高端毛纺织品中占有不可或缺的地位，全球一半以上的羊绒纺织品来自中国。纵观近五年羊绒产品的出口情况，无论是无毛绒、羊绒纱线，还是羊绒衫、羊绒围巾出口数量一直在小幅波动中增长。羊绒产品的出口形势如表 4-1 所示。

表4-1 2016—2020年国内羊绒产品出口量

年份	羊绒纱线（万吨）	羊绒衫（万件）
2016	0.33	1678
2017	0.34	2073
2018	0.43	2021
2019	0.44	2285
2020	0.41	2036

从上表中可以看出，“十三五”期间，我国羊绒纱线、羊绒衫整体保持稳定增长，其中羊绒衫增幅更快。受新冠肺炎疫情影响，2020 年羊绒产品出口量略有下滑，羊绒纱线出口 0.41 万吨，同比下滑 6.8%；羊绒衫出口 2036 万件，同比下滑 10.9%。2021 年上半年，行业出口总量有不同程度恢复。

随着自由贸易和多边贸易体制的深入发展、自由贸易协定（RCEP）的签署，有助于提升我国毛纺织贸易的竞争力，促进毛纺织贸易的便利化，加速产业的有效整合。在后新冠疫情时代，行业和市场也会呈现出新的变化。可持续性发展、自由贸易与多边贸易的深入发展、品牌化经营、产业整合与区域化发展，以及消费市场的逐渐恢复等都将对毛纺织行业产生积极影响。

2. 国内羊绒产业技术发展趋势

2020 年面对疫情冲击，毛纺企业在装备水平等方面也加快调整步伐。根据海关数据，2020 年国内进口毛纺设备的平均价值增长 4%，表明毛纺企业更注重设备的升级。其中，30% 企业表示产能有所增加，50% 以上的毛纺企业表示在 2021 年将新增各类投资，包括智能制造、装备升级、产品开发、创新设计等。毛纺织技术将在四大类即纤维新材料、先进纺织制品、绿色制造和智能制造与先进装备方面重点突破。

二、公司发展基础及优势和主要问题

（一）公司基本情况

1. 概况

TS 纺织有限公司（以下简称“公司”或“TS 纺织公司”）隶属于市金融投资（集团）公司（以下简称“总公司”）的全资子公司，创建于 2014 年，公司位于某市高新工业园区，总投资 2.5 亿元，占地面积 210 亩，2015 年投入运营，具有年加工生产各类羊绒纱及混纺纱 380 吨的设计生产能力，现年产在 250 吨左右，针织具有年加工生产各类羊绒衫及混纺衫 85 万件的设计生产规模，现年产 40 余万件。公司毛纺织产品销售拥有内外销两个市场，以外销为主。外销客户主要分布在欧美及港澳地区，年销售近 40 万件。内销有三个自主品牌“SS”“GTS”“TS”，分别定位于高中档市场以及大众消费群体，系列产品遍布国内 20 多个省市，销售终端及专柜 200 多个，年销售 30 多万件；TS 品牌是中国驰名商标、中国名牌。

2. 组织架构

TS 纺织公司组织架构如图 4-1 所示。

（二）“十三五”期间取得的主要成绩

1. 主要经济指标实现较快增长

“十三五”末，TS 纺织公司资产总额 19.97 亿元，2020 年公司营业收入比 2016 年增长 44.3%，累计实现营业收入 20.35 亿元。

2. 国有企业改革有新进展

强力推进契约化管理和任期制：董事会与经理层签订聘任协议和业绩合同，按照约定严格考核、实施聘任或解聘、兑现；三项制度积极筹划，正在稳步推进：根据总公司下发的实施方案，研究制定 TS 纺织公司深化三项制度改革实施方案，细化具体措施，建立改革任务清单，形成路线图和时间表；混合所有制改革得到推进。

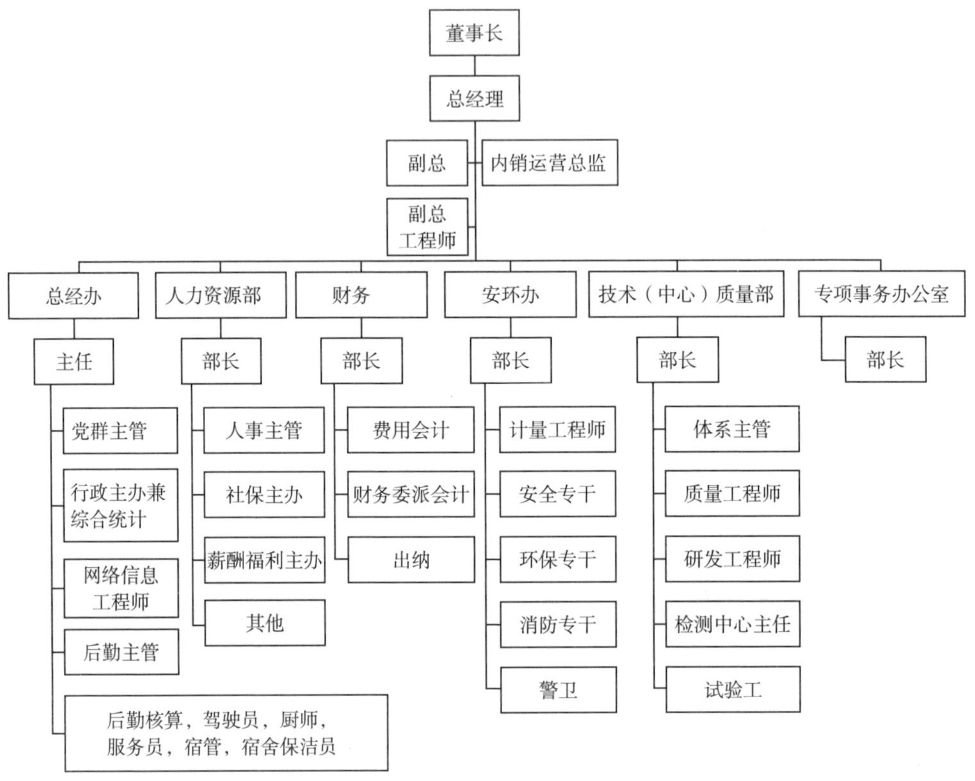

图4-1　TS纺织公司组织架构

3. 产学研项目和技术进步项目稳步实施

设计组织产品，推出了 5 个主题风格，完成自主研发产品 114 款，组合产品 206款，共计320款，近900件产品。分梳毛技术改造在纺织行业具有一定的影响力。

4. 党建工作稳中有序实施

2020 年面对突如其来的新冠肺炎疫情，公司围绕疫情防控和复工复产工作，先后召开了10次党总支会议和31次疫情防控工作会议，组织学习了习近平总书记"关于疫情防控作出的重要指示和重要讲话精神"，以及省市《关于国有企业加强党的领导　坚决打赢疫情防控阻击战有关工作的通知》和上级党委关于疫情防控工作的会议和文件精神等，极大地鼓舞了公司员工践行"双循环"发展新格局战略的士气。

（三）发展基础

1. 公司资源分析

①主要财务状况如表 4-2 所示。

表4-2　TS纺织公司2016—2020年财务状况

单位：万元、%

项目	2016年	2017年	2018年	2019年	2020年
营业收入	10059.47	13372.74	14901.55	15922.35	15395.77
营业成本	9479.34	12939.13	13902.96	14835.17	15359.66
利润总额	1659.57	-1386.90	-959.23	-999.66	-3188.85
净利润	1291.35	-1351.91	-1072.51	-1071.13	-3188.85
资产总额	40304.97	38228.79	41505.19	41026.00	38621.33
所有者权益	35547.37	34195.46	33122.95	32051.82	28362.97
净资产收益率	3.63%	-3.95%	-3.24%	-3.34%	11.24%
资产负债率	11.80%	10.55%	20.20%	21.87%	26.56%

由上表可以看出：2020 年公司营业收入比 2016 年增长 44.3%，但实现利润却比 2016 年增长了 124.3%，这是企业优化品种结构等方面取得的成效。

②公司人力资源情况如表 4-3 所示。

纺织业员工年龄结构普遍为 46 ～ 55 岁，工龄结构中存在大部分高工龄人员，学历结构中高中及以下学历的员工众多，职称结构的中初级占大部分。

截至 2020 年年末，TS 纺织公司在册职工 634 人中，在职 539 人，管理人员 101 人，占总人数的 16%；工人 533 人，占总人数的 84%。女职工 412 人，占总人数的 65%。

表4-3　TS纺织公司2020年年末员工构成情况

在册职工（人）	634
性别结构（%）	男：39 女：65

续表

年龄结构（%）	35岁及以下：16 36～45岁：19 46～55岁：54 56岁及以上：11
工龄结构（%）	不满5年：20 5～9年：4 10～19年：12 20～29年：31 30年以上：33
学历结构（%）	高中及以下：72 专科：20；本科：9；硕士：1
职称结构（人）	初级：21；中级：21；高级：4
管理人员比例（%）	16

由于公司员工队伍年龄结构整体偏大，尤其缺乏年轻员工。加之专业化、高学历层次人才引进乏力，已存在人才梯队断层风险，对公司持续稳定发展有一定的制约。

③公司的员工薪酬情况如表4-4所示。

表4-4 TS纺织公司2020年年末员工薪酬情况

2020年	员工在岗人数（人）	人均年收入（元）	人均月收入（元）
纺织业	662（含临时工）	90766	7564

④装备及信息化。

近两年，TS纺织公司通过优化更新部分生产设备，提升智能化制造水平，以结构先进、技术完善、效率高、耗能少的新设备代替原有老设备，加快推进数字化、智能化、绿色化发展步伐，从而增加产品品种，丰富产品结构，提升产量，提高生产效率和产品质量，同时降低生产成本和劳动强度，实现产能升级，适应消费者对纺织服装服饰新的更高需求。

具体设备更新改造情况如表4-5所示。

表4-5　TS纺织公司2020年年末设备改造升级情况

设备名称	数量（台）
FN6型走架机（644锭4台，576锭2台）	6
分梳车间FU284C磨盖板针布机	1
洗绒车间山羊绒除土机	1
中间库托盘推垛车	1
梳纺车间实验室拆片机汤氏纺机TS008络筒机（6锭）	1
梳纺车间倒纱机汤氏纺机TS008络筒机（24锭）	1
针板清洗机52寸	1
龙星电脑横机LXA-252SC-12G	8
缝盘机（缝神星发民）12针	5
超声波加湿器JYCS-09	1
离心式加湿器JYLX-1A	1

⑤产品结构情况。

优化整合资源配置和技术力量，调整产品产业结构，生产个性化、功能性产品，近两年根据市场需求使得累计纱、粗纺羊绒衫、精纺羊绒衫、粗纺丝绒衫、粗纺混纺衫的生产量逐年降低，如表 4-6 所示。

表4-6　TS纺织公司2020年年末产品结构、产量

产品	单位	2019年	2020年
纱	千克	206520	7895.17
粗纺羊绒衫	件	232030	243768
精纺羊绒衫	件	1265	1046
粗纺丝绒衫	件	4100	18785
粗纺混纺衫	件	81809	43025

⑥ 研发人员情况。

TS纺织公司研发部现有人员12人（在册8人，返聘4人），高级工程师1人，中级工程师1人；研究生学历1人，本科学历3人，大专学历1人，高中学历8人；从事毛纺行业20年以上9人，占部门总人数的75%。

2. 国企改革与目标责任考核

在融入新发展格局、增强产业链供应链自主可控能力上迈上新台阶；在贯彻新发展理念、加快国有经济布局优化上实现新成效；在提升改革综合成效、激发总公司发展活力上实现新突破；在强化创新主体地位、培育高质量发展新动能上取得新进展；在强化监管服务、共建国资监管大格局上再上新水平；在防范化解各类风险、牢牢守住风险底线上得到新加强。

以目标责任考核和薪酬管理为引领，突出创新驱动，引导企业主动加大研发投入，积极加快科技成果转化落地；突出产品结构优化升级调整，引导企业不断优化资本投向和发展新业态，推动产品升级产业转型；突出与国内同行业先进企业、先进水平对标，引导企业提质增效，加快打造国内一流企业；突出发展质量和经济效益考核，引导企业切实改善经营管理，改革创新治理方式，推进企业高质量发展；突出维护企业资产资本安全，引导企业科学、按程序决策，依法合规经营，防范风险，防止国有资产流失。目标责任考核采取签订年度和任期经营业绩目标责任书的方式，实行年度考核与任期考核相结合、结果考核与过程评价相统一、奖惩兑现与工作实绩相挂钩的考核管理制度。

3. 竞争力分析

◇ 发展优势

一是产业优势。近年来，全省纺织服装产业已初步形成了集棉纺织、毛纺织、麻纺、针织、服装、印染、化纤业等于一体的产业体系。公司生产、技术、质量、品牌在毛纺织行业具有较高的声誉。同时，公司是省内国有纺织企业的排头兵。

二是区位优势。公司地处我国西部，是“一带一路”的重要节点，毗邻中亚、欧洲市场，借助独特的区位优势，纺织服装产品在向西出口时相对于内地企业拥有比较优势。

三是原料优势。公司地处全国山羊绒质量最好的产区之一，羊绒资源在我国具有独特的战略地位。作为毛纺织龙头企业，公司拥有优质羊毛、羊绒原料优势，为公司后续的毛纺织业务发展提供了坚实的保障。

四是技术优势。公司的羊绒分梳工艺技术达到了世界领先水平，价值链关键环节有效运行，全产业链推动公司从源头到终端的每个环节进行有效管理并对关键环节进行有效掌控。

五是品牌优势。公司有三大品牌，在省内及国际市场具有知名度且产品线丰富，可以满足客户的不同需求和经营项目的需求。

◇ **核心竞争力**

①公司纺织业通过与国际知名品牌 40 年合作，毛纺织产品在毛针织行业中具有技术和质量明显优势。

②公司是省级企业技术中心、产学研联合开发示范基地。通过了 ISO 9001 质量管理体系、ISO 14000 环境管理体系和 OHSMS 18001 职业健康安全管理体系认证。

③公司各项管理工作处于规范化、制度化、程序化、标准化的保障体系中。

④公司先后在国内外获得过较多荣誉，曾五次被评为全国“十大最佳合资企业”，并获得第一名；全国纺织行业竞争力十强。

⑤公司是省内最大的以山羊绒原料为主体的毛纺织服装企业，是农业产业化龙头企业。

⑥公司生产所需要的山羊绒原料收购与偏远农牧区牧民增收、脱贫致富紧密相连。

⑦公司的经营带动了围绕纺织服装产业的大量人员就业；公司的经营发展对维护社会稳定、长治久安发挥着积极的作用。

4. 存在的主要问题

①服装公司综合竞争力较弱，经营业绩不佳。

②内销市场开拓严重滞后。

③品牌运营能力弱，品牌发展缺乏中长期发展规划，终端销售持续萎缩，渠道及内销拓展薄弱。

④经营机制不活，三项制度建设亟待强化，公司目标管理、经营结果、薪酬管理、绩效考核和个人收入衔接不足，导致激励效果不明显。

⑤数字化、智能化、绿色制造建设滞后，创新能力不足，没有织可穿的装备造成劳动力成本过高。

三、总体战略

（一）指导思想

以习近平新时代中国特色社会主义思想为指导，抓住“一带一路”和省“十四五”规划提出的大力发展纺织产业的战略机遇，积极融入“双循环”新发展格局，秉持纺织行业“科技、时尚、绿色”发展理念，坚持创新驱动和高质量发展，持续整合和优化供应链与价值链，科学制定并全面推进公司的“十四五”战略，实现转型升级和高质量发展。

（二）指导原则

1. 坚持高质量发展原则

“双循环”战略的提出，对我国实现更高质量、更有效率、更加公平、更可持续、更为安全的发展，保证人民高品质生活有重要作用。立足新发展阶段，把新发展理念贯穿于发展全过程和各领域，加快构建新发展格局，切实转变发展方式，坚定技术改造，推进企业转型升级，实现企业高质量发展。

2. 坚持分步实施原则

按照战略引领、布局合理、结构优化、人才为本、价值提升的要求，通过“两步走”打造国内一流的纺织服装研发、生产和贸易基地，确保项目规划稳步推进。第一步，强基增效阶段，到 2022 年通过对标学习补短板，改革创新转机制，达到企业机制活力显著增强，经济效益明显提高；第二步，创新发展阶段，实现人工智能、大数据、区块链等与产业的深度融合，员工收益和公司整体竞争力大幅提升。

3. 坚持创新驱动原则

完善创新体系，构建产学研深度融合的集成创新体系和战略联盟。坚持双轮驱动，推动企业发展过程中技术、管理、生产模式创新的数字化建设，逐步推进智能制造，加大研发设计投入，加快发展、提升公司的国内知名度。同时，积极推动公司管理体制和机制创新，更大力度、更深层次地推进国有企业混合所有制改革、股权激励以及绩效考核管理。

4. 坚持内外销并举的原则

调整经营结构，统筹国内国际两个市场，利用两种资源，由出口为主转向内销外贸并举、国内外市场并重的“两条腿”走路策略，不放弃国外市场的同时深挖内需市场潜力，持续扩大国内市场份额。

5. 坚持品牌重塑和创新原则

充分利用好新疆对发展纺织服装业政策，发挥好新疆高品质山羊绒原料优势，实施“GTS”“SS”和“TS”老品牌振兴战略，重塑品牌价值；加大技术研究、产品开发力度，进一步优化产品结构，整合行业资源，推进智能制造和绿色制造，形成发展新动能，创造竞争新优势。

（三）战略总目标

TS 纺织公司总体战略目标如表 4-7 所示。

表4-7　TS纺织公司总体战略目标

目标		强基增效阶段		创新发展阶段		
		2021年	2022年	2023年	2024年	2025年
纺织业	营业收入（亿元）	1.8	1.9	2.2	2.6	3.0
	增长率（%）	13	8	15	15	15
	净利润（万元）	-1000	5	200	400	600
技术投入比率（%）		1.3				

（四）总体战略

1. 战略定位

拥有卓越品牌价值和高端全产业链的羊绒行业一流企业。

2. 发展目标

①完成深化改革，转型升级目标。推进完成纺织业混合所有制改革，转变企业经营机制和运营管理模式，实现毛纺织业务可持续发展。

②经营规模明显扩大。到 2025 年，年加工生产各类羊绒纱及混纺纱达到 300 吨，各类羊绒衫及混纺衫达到 50 万件；2021—2025 年，主营业务收入年递增 15%，到 2025 年主营业务收入达到 3 亿元，净利润达到 600 万元以上。

③创新能力明显增强，取得国家技术中心认证。围绕毛纺织服装的创意设计、技术创新等方面，培养、引进高端创意创新人才，优化升级关键共性技术，建设技术创新平台，力争形成具有自主知识产权和较大影响的科研成果，申报国家级企业技术中心。

④明显提升品牌优势，保持“TS”产品销售新疆市场占有率第一，进入国内前五。推动振兴老品牌战略，提升品牌价值和效应，增强以质量和信誉为核心的品牌意识，提高品牌市场占有率。

⑤节能环保明显改善，用电能耗下降 10%，生产用水能耗下降 40%，COD、BOD、悬浮物等主要污染物保持国家一级排放标准。通过技术攻关和技术提升，实现主要产品单位能耗持续下降，节能减排、绿色发展水平明显提升，环境保护安全生产保障能力进一步提高。

⑥净资产收益率实现年增长 5%，员工收入年增长 8% ～ 10%。

（五）战略重点

1. 推行经理层任期制和契约化管理，完善考核激励约束机制

推进经理层成员任期制和契约化管理是基于中国特色现代企业制度下的新型经营责任制，是落实董事会职权的突破口。要全面规范实行经理层成员任期管理，科学合理确定业绩考核指标及其具体值，并建立完善指标调整校正的动态机

制，强化薪酬激励约束。

2. 实施内外销并举战略，提升品牌价值

内销建立以经销为主的销售模式，建立反应迅速、及时有效的现代物流配送体系，提高营销策划能力，线上销售实现较大突破。外销建立更为有效的运营架构和运作流程。重点打开内销渠道实施多品牌发展战略，有效提升品牌价值。

3. 坚持人才强企战略，提高创新能力

采取引进职业经理人和领军人物，优化公司人力资源，对一线员工培训教育、选优用强、压实责任、考核激励等措施，为各类人才实现价值提供机会，为企业发展壮大建设一支素质优良、结构合理、效能优先、与公司发展相适应的人才队伍，进一步激发企业活力，提升企业创新力。

四、职能战略

（一）组织战略

1. 组织战略目标（表 4-8）

表4-8 组织战略目标

强基增效阶段（2021—2022 年）	创新发展阶段（2023—2025年）
1.落实经理层成员任期制和契约化管理，尝试引进职业经理人，全面推进现代化管理体系。 2.推进三项制度改革，实现干部能上能下，员工能进能出，收入能增能减。 3.加大混合所有制改革，优化股权结构，推行股权激励计划。 4.构建“政、产、学、研、用”的战略联盟和创新体系。 5.探索适应内外销和O2O的组织架构和运营模式	1.持续推进国有企业改革，构建高水平的现代企业管理制度，做大做强国有企业，力争重新上市。 2.引进战略投资者，促进股权多元化，实现战略合作突破。 3.创新能力显著提高，取得国家技术中心认证。 4.建成高绩效的营销队伍和体系

2. 战略措施

● **强基增效阶段**（2021—2022 年）

（1）积极推进国有企业改革

一是围绕《实施方案》加快建立健全市场化经营机制，建立市场化薪酬分配机制和灵活高效的市场化经营机制。在公司所属企业全面推行经理层任期制和契约化管理。在企业内部供应和销售部门，积极导入授权经营，建立高绩效激励分配机制和营销团队，对超额完成营销目标的人员进行重奖。

二是在体制机制方面深化改革，深度转换经营机制，在产业链、供应链上与民营企业、龙头企业不断深化合作，通过合作、合资、兼并等多种形式完善补充产业链，解决纺织国企机制活力问题。

（2）组织结构调整和资源优化

一是公司将形成总部、生产经营子公司两级管理体系。公司总部是公司的战略决策中心、投资发展中心、资金管控中心和服务中心，同时对公司老园区进行综合开发利用管理；纺织业务板块、矿产业务板块和医疗器械板块是公司的经营管理中心、利润中心；公司总部利用物业服务公司，优化配置纺织业务剥离的资产和人员，以及老园区物业服务、区内外资产的管理；其他公司将积极寻求转型，盘活公司资产，成为公司的利润增长点。

二是组织结构和资源优化要有利于实行三项制度改革，公司要严格任职条件和考核评价，实现管理人员能上能下；要加强劳动用工契约化管理，实现员工能进能出；要推进收入分配市场化改革，实现收入能增能减。

三是组织结构和资源优化要有利于公司内外销和 O2O 水平的提升，内外销和线上线下销售是企业营收的全部渠道，应该努力探索适合内外销和 O2O 的组织架构和运营模式。

（3）完善股权激励机制

一是公司要根据国家和自治区国资委有关文件指导，勇于尝试股权激励办法，建立科学的绩效考核体系（考核体系包括任期考核和岗位考核）。

二是制订员工持股计划方案，鼓励企业高管、关键核心人员持股，形成内部效益效率优先的企业分配制度，不断进行变革与创新性发展，为企业注入全新活力和竞争力。

（4）推进“政、产、学、研、用”一体化协同创新发展

加强科技创新，积极联合相关高校，促进产学研融合，推动企业大力提升技术创新能力。进一步加强与新疆大学和西安工程大学等高校的研发合作，聚集资源，提升对产品的研发与创新，不断开发新产品与新市场，使技术创新能力达到更高水平，提高营业收入。

（5）对标一流，追赶一流，成为一流

将标杆管理方法运用到企业中，积极对标一流企业，补齐短板，强基增效，为全面创新发展打下基础。例如，对标内蒙古鄂尔多斯资源股份有限公司：学习部署ERP系统与周边系统进行高效集成，为生产、销售、库存、物资、财务等生产经营业务提供全过程的系统化管理手段，满足企业精细化、标准化管理需求和快速发展的业务需要；此外，鄂尔多斯资源股份有限公司开展羊绒产业绿色设计技术产业化示范线、羊绒制品加工领域关键绿色加工技术、羊绒产业创新与绿色关键技术研究与示范工程及鄂绒集团信息化建设项目四项技术升级改造项目，完成了对羊绒制品加工领域关键绿色加工技术的研究和推广，实现了绿色资源共建共享，优化了企业整体业务链条。

- **创新发展阶段**（2023—2025年）

（1）解决企业活力问题，做强做大国有企业

抓住国企改革的新一轮机遇，对标先进，在体制机制深化改革、深度转换经营机制，在产业链、供应链上与民营企业、中小企业深度合作，解决纺织国企机制活力等问题。

（2）加快招商引资步伐

坚持将“引进来”与“走出去”并举，推动双向混合。创新招商思路，拓宽引资渠道，优化投资环境，提高引资落实，着力引入高匹配度和协同性战略投资者，充分发挥战略股东在业务合作、改革发展等重大事项决策上的积极作用。公司混合所有制改革在2025年年底取得深度成效，智能化水平争取步入全国先进行列，综合竞争力达到国内行业一流水平；公司通过开展定向、定点招商活动，与战略投资者深层次合作，促进股权多元化，实现战略合作突破。

（3）提升公司创新能力

一是围绕毛纺织服装的创意设计、技术创新等方面，培养、引进高端创意创新人才，优化升级关键共性技术，建设技术创新平台，力争形成具有自主知识产

权和较大影响的科研成果，申报国家级企业技术中心。

二是充分利用"互联网+"、云计算、大数据等新一代信息技术对自身进行改造，积极拓展与科研院所的合作，努力加强与科研院所基础研究的深度互动与融合，从而实现对高端技术的深度开发与有效运用，大幅度提升在产品生产、加工、运营管理、业态创新等方面的水平和质量，更多依靠创新推动高质量发展。

（4）提升智能化水平

一是智能纺织品、消费体验、传统文化元素及低碳绿色制造、智能制造等重点领域的标准制定聚焦前沿基础研究、关键技术领域和标准体系建设等，加强与国外高校、科研机构、企业深度交流合作，在技术研发、资本、人才等创新资源领域加大开放合作，打造国际创新资源开放合作平台，促进关键技术国际转移。

二是提升高性能医疗卫生用纺织品加工技术。研究防水透气、杀菌杀病毒、可重复使用等医卫防护材料。研发工业互联网、大数据、人工智能、工业机器人、区块链等一批面向纺织行业应用的智能制造关键共性技术。进一步提升智能制造产业化技术研发及应用水平，实现关键软硬件系统突破，形成一体化解决方案和全流程智能制造技术集成，建设数字化、智能化示范车间或工厂。

（二）人力资源战略

1. 战略目标

TS 纺织公司人力资源战略目标如表 4-9 所示。

2. 战略措施

● **强基增效阶段**（2021—2022 年）

（1）制定人力资源选拔制度及人才引进规划

一是根据企业战略规划，制定"十四五"人才发展规划，强化规划引领作用。建立健全人力资源管理模式。紧密围绕公司发展目标，优化人力资源配置结构，完善人力资源管理制度，支持企业战略目标实现。通过对标标杆企业管理方式，合理确定企业用工总量，实施动态管理，并建立企业三定方案。

二是推行管理人员选聘竞聘，坚持党管干部原则与市场化选聘相结合，坚持内部选聘与公开竞聘相结合，增强选人用人制度的竞争性，增加市场化选聘比例。以机制创新和制度创新为突破口，实施组织机构创新和人力资源发展战略，建立创新型企业文化。依托国内行业高校和相关培训机构进行产学研联合，加强企业与学校、企业与企业之间的相互学习和交流，培养技术创新型人才队伍。

表4-9　人力资源战略目标

强基增效阶段（2021—2022年）	创新发展阶段（2023—2025年）
1.引入销售和设计、研发的高端人才1～2名（领军人才）。 2.每年新增8～10名院校毕业生及其他专业技术人员。 3.每年举办1～2次专业人员培训。 4.中层管理人员竞聘上岗。 5.推行绩效考核和薪酬改革制度。 6.全面实施三项制度改革。 7. 2021年年底前合理确定用工总量。 8.引进市场经理1名，销售经理1名，品牌产品策划经理1名，设计总监1名，积极引进营销市场高级经理	1.优化管理人员结构，到2025年年末达到行业先进水平。 2.优化一线人员年龄结构，解决结构严重不合理和断层的问题。 3.引进2～3名行业领军人才。 4.招聘3～5品牌设计和运营专门人才。 5.导入股权激励制度。 6.人均收入年均增加6%～10%。 7.建立工人技术等级评价体系，包括相应的考核和薪酬方案。 8.建立专业技术人员职称聘任及考核管理制度

三是重视人才引进、储备和培养，提供高质量人力资源配置。建立系统的人员需求统计和人才储备、培育机制，制订人才引进及培养计划，把“引进来”和“走出去”紧密结合起来，加强校企合作，通过“引进来”，每年安排高校不同专业人员到公司进行专业知识培训，提高员工的知识水平，通过“走出去”，每年组织一部分人员到高校进修，提高员工的学历水平。在内部加强部门和岗位间的协调沟通，在人员调配中通过协作和轮岗，培养一专多能的人才，充分利用公司人力资源的优势和潜力，为公司培养多元化的人才。开展高级管理人员及技术骨干进行交流，完善公司后备干部梯队建设机制体制，每年新增 8 ～ 10 名院校毕业生及其他专业技术人员，优化员工年龄及管理人员结构。根据公司发展情况，适当引进销售管理人才，强化销售和供应人员的积极性。

（2）建立市场化的激励约束机制

一是围绕《实施方案》加快建立健全市场化经营机制，根据《总公司落实国企改革三年行动计划》（总公司〔2021〕17 号）建立市场化薪酬分配机制和灵活高效的市场化经营机制，深化三项制度改革。构建工资体系和绩效考核系统有机结合的激励机制。完善薪酬及福利管理制度，制定绩效考核与薪酬激励挂钩方案，出台关键人才激励办法、员工考取职称及资格奖励办法、工作合理化建议奖励办法等激励政策；在企业内部供应和销售部门，积极导入授权经营方式，通过有效的激励分配机制建立高绩效营销团队，对超额完成营销目标的人员进行重奖；使薪酬体系达到“外有竞争力，内有公平性”的良好状态，以“利”的形态，激励、促使员工个人目标与企业目标达成统一，实现双赢。

二是健全完善公司目标责任绩效考核激励管理办法。以绩效贡献为导向，推行全员绩效考核，员工工资与工作业绩和实际贡献紧密挂钩，做到收入能增能减；推行年度预算工资总额与生产经营实际和业务变化情况相挂钩的机制，健全有效的责、权、利对等的动态考核约束激励机制。鼓励“多劳多得”，切实体现“多劳多得，按劳取酬”的分配原则，保证各项经营管理目标的实现，制定《市场化目标责任绩效考核激励管理办法》；引入市场化经营及用人机制。从市场化经营机制调整入手，激活经营，在岗位价值评估的基础上，合理拉开工资分配差距。

三是全面推行市场化薪酬改革。建立以按劳分配为主、效率优先、兼顾公平的薪酬体系；全面规范工资项目、建立以岗位工资为基础、绩效工资为核心的薪酬模式，依法合规增加浮动工资的比例；建立员工薪酬与市场（相同行业、相同工种）水平对标机制，合理确定员工薪酬，提高与绩效挂钩的浮动薪酬比重，推行一岗一薪、易岗易薪，合理拉开同一层级不同岗位管理人员及员工的收入分配差距，破除“平均主义”和“高水平大锅饭”，逐步提高核心骨干员工薪酬的市场竞争力。

（3）完善留人机制

一是感情留人：在人才工作上以情感人。对新的人才而言，通过生活工作环境的提升，使他们感到就像回到家里一样温暖；通过举办新人教育，帮助他们了解公司的老传统、新成就；支持帮助他们参加学习、进修，成为业务技术骨干。公司对知识人才的尊重、爱护，从而使人员安下心来，立足本职岗位，乐于为公司效力，发扬“团结拼搏、实干善创”的精神，成为一个真正热爱公司的员工。

二是待遇留人：把有限的资源和财富，倾斜性地向知识人才配置、分配，逐步提高其待遇，使专业技术人才有付出并有相应的回报，愿意为企业生存、发展做贡献。在提拔、入党、立功创模等政治待遇上向技术业务人才倾斜政策，鼓励他们为企业添砖加瓦、建功立业。使他们深感企业的器重，以此为新的起点，更加努力地发挥技术和管理骨干作用。

三是制度留人：建立、健全一系列吸引、使用人才的规章制度，自始至终都以制度的确定性来开展人才工作，因人、因时、因地而异，最终使人才工作成为企业管理工作的有机组成部分。公司需通过制定明确的发展战略目标，让员工切身感受到他们的工作与实现企业的发展目标息息相关，使他们深感公司有吸引力、凝聚力，乐于为公司效力，在公司安居乐业。

四是事业留人：引进国外的先进设备和技术、管理方法，使员工开眼界、长见识，同时为他们提供了交流、切磋、历练、进步的平台。公司可以开展责任感、紧迫感、光荣感的“三感教育”，根据职工、尤其是青年技术人员所学专业，安排他们到合适的岗位或关键技术和管理岗位，有意识地激发其光荣感、紧迫感和责任感。注重企业文化的建设，增强员工的归属感；构建良好的沟通系统，让员工了解和参与公司的管理与决策，提高员工的参与感与认同感。

● **创新发展阶段**（2023—2025 年）

（1）进一步完善优化人力资源选拔制度及人才引进规划

公司应按岗位要求和实际需要高薪聘请或引进高端专业人才，创新理念，从“招、用、育、留”各个环节完善制度体系，补充新鲜血液，按服饰性品牌发展的要求，丰富和优化设计队伍，引入国际、国内优秀设计师，按品牌的市场定位划分设计小组，建立国际通行的设计工作流程，规范设计工作，降低设计成本，提高公司设计能力。建立后备干部人才梯队。要建立以人为中心的市场化人才选育用留机制，坚持市场化导向，全面规范劳动合同管理，全面建立以绩效为核心的人才晋升、调岗、降级、淘汰机制，不断优化人岗适配水平，将最合适的人匹配到对企业发展最有价值的岗位，提高劳动生产率，强化人才对企业发展的支撑力。建立工人技术等级评价体系，包括相应的考核和薪酬方案，探索在公司内建立以职业技能为核心、以工作业绩为重点，注重职业道德和职业知识水平，符合公司生产经营特点，科学简便、客观公正的工人技术等级评价体系。建立专业技术人员职称聘任及考核管理制度。为做好公司专业技术人员管理工作，充分调动专业技术人员工作的主动性和积极性，建立健全竞争激励机制，根据国家关于企事业单位实行专业技术职务评聘分开工作的有关文件精神，结合公司情况的情况，科学直观地建立健全专业技术人员职称聘任及考核管理制度。

（2）制定并推动中长期的激励工作

公司应继续加强干部管理工作，做好干部选、用、评，建立科学机制，优胜劣汰，不断优化干部和员工队伍。坚持短期激励与长期激励相结合，促进企业可持续发展；坚持激励与约束相统一，促进收入分配公正、透明，行为规范；探索差异化的中长期激励方式，强化薪酬的激励性；提供员工参与企业管理的机会，组织开展员工技能系列竞赛活动，对先进工作者和表现突出者予以重奖，发挥以点带面效应。

（3）持续完善留人机制

全面推行企业与员工坦诚的双向沟通机制，使员工感受到自己是企业的一员，增加企业的凝聚力，增强员工的责任感和对企业的关注、信心。同时，公司要借鉴国内相关的成功案例，实施员工持股计划，导入股权激励制度，使员工个人利益与公司发展紧密联系在一起，建立健全各种行之有效的激励褒奖、人才成长规章制度，使优秀人才脱颖而出。

（三）营销战略

1. 营销战略目标（表 4-10、表 4-11）

表4-10　营销战略具体目标

单位：万元、%

<table>
<tr><td colspan="5" rowspan="2">项目</td><td>强基增效阶段
（2021—2022年）</td><td>创新发展阶段
（2023—2025年）</td></tr>
<tr><td>2022年总目标</td><td>2025年总目标</td></tr>
<tr><td rowspan="9">营业收入</td><td rowspan="7">内销</td><td rowspan="6">国内成衣销售</td><td rowspan="2">传统渠道</td><td>羊绒</td><td>3000</td><td>5000</td></tr>
<tr><td>羊毛</td><td>600</td><td>1000</td></tr>
<tr><td rowspan="2">线上销售</td><td>基础款</td><td>350</td><td>3000</td></tr>
<tr><td>设计款</td><td>150</td><td>2000</td></tr>
<tr><td rowspan="2">线下新零售</td><td>组合服饰化产品</td><td>1000</td><td>2000</td></tr>
<tr><td>批发产品</td><td>1400</td><td>2000</td></tr>
<tr><td colspan="3">国内纱线销售</td><td>4500</td><td>5000</td></tr>
<tr><td colspan="4">外销</td><td>8000</td><td>10000</td></tr>
<tr><td colspan="4">小计</td><td>19000</td><td>30000</td></tr>
<tr><td colspan="5">收入增长率</td><td>5.6</td><td>15</td></tr>
</table>

表4-11 营销战略目标

强基增效阶段（2021—2022年）	创新发展阶段（2023—2025年）
1.加强品牌发展，创建服饰化品牌。 2.扩大内销，优化线上线下销售渠道。 3.多渠道发力线上营销。 4.巩固现有外贸客户，利用跨境电商，加大国际市场开拓力度。 5.数字化赋能。 6.加强供应链一体化整合营销	1.增强品牌国际影响力。 2.引进高水平品牌设计团队。 3.国内营销规模进一步加大，线上、线下营销渠道成熟，实现内销2亿元。 4.深化渠道融通发展，构建线上、线下双向融合的全渠道、全时段、全链路的新零售模式。 5.加深数字化营销。 6.提升供应链价值链合作数量和质量

2. 战略措施

- **强基增效阶段**（2021—2022 年）

（1）品牌发展方面

一是以创建服饰化品牌为目标，整合社会资源，提高产品的研发水平，推行品牌经理制，建立有效的品牌运营体系，开发新的差异化产品。在现有产品品类的基础上，拓宽产品线，发展个性化定制产品，形成服饰化、时尚化全系列产品风格，提高品牌形象和品牌竞争力。对标之禾等一流品牌，切实改进产品设计、陈列、渠道拓展、网络营销等关键环节。

二是进行品牌资源整合和升级。丰富品牌文化内涵，提升产业时尚创造力。重新定位品牌内涵，错位发展，搭建合理的品牌结构体系，满足客户不同层次需求，增强客户联结与黏性。

三是品牌孵化和配套服务模式创新。深度挖掘市场需求，增加花色、款式设计水平，建立统一的企业形象系统，提高品牌好感和认知度。建立线上线下相互融合的营销体系，线下继续维护已开发的市场与客户，加强沟通和联系，改进店面设计和陈列，线上进军电商行业，利用丰富的多媒体、生动化数字化方式，整合传播和推广品牌。

四是加强产业链纵向一体化整合运营管理，延伸品牌产业链，建立紧密合作的供应链体系，从设计、销售等外部环节整合资源，努力降低成本和实现快速反应增加竞争力，增强销售力和竞争能力。

五是团队建设。大力发展销售人才队伍，根据年度营销计划分解绩效目标，制定合理有效的激励制度，激发销售队伍活力；强化销售话术和沟通培训，提升团队整体素质和战斗力。

（2）国内市场营销方面

建立现代营销管理体系，线下建立以经销为主的销售渠道网络，规范直播、社群、平台等新零售模式发展，建立及时有效的现代物流配送体系，提高营销策划能力，内销达到 1.1 亿元。

一是国内线下渠道格局调整和优化。优化销售布局，维护传统优势销售区域乌市和南北疆客户，维护区外青海、甘肃等原有市场，积极开拓华东等新市场。

二是经销商客户进行差异化的分级关系管理，坚持二八原则，在销售支持和客户服务方面重点倾斜，鼓励经销商配合企业进行品牌升级。扩大销售渠道网络，完成销售任务。

三是调整和优化产品结构，加速产品创新，围绕市场需求进行产品品类组合设计，多批次补充开发，促进品牌升级。

四是加大国内售纱比例，推进品种结构优化工作，开拓新市场，开发新用户，创造新需求。

五是调整和优化销售制度，构建高效的激励机制，平衡激励和压力的关系，保持销售队伍稳定，激发销售人员活力。

六是积极开发新零售新模式、网络营销新突破。探索开展直播电商、小程序电商、网红电商、社群营销等运营方式拓宽线上新零售渠道，以社交网络等数字化手段与消费者建立多维联结。

七是数字化赋能。运用 AI、大数据分析等新技术赋能产品和零售终端，通过线上商城的不断上新和引流，初步构建线上线下协同发展的全渠道零售体系。数字化技术赋能，使得渠道环节由以商品、品牌为中心转向以用户运营为中心，通过搭建直接面对消费者的在线化链接，营销体系由以人为主体变为以数据运营为主体。

八是引进销售经理 1 名，市场经理 1 名，品牌产品策划经理 1 名，积极引进职业经理人和高水平营销人员，构建优秀营销团队。

（3）国际市场营销方面

一是巩固现有的欧洲和美洲大客户，在销售和服务环节全力保障客户要求，稳定外贸基础销售量。

二是借助地缘优势发展新疆周边，研究中亚市场的进入方式、运营模式，选择进入时机，实现“一带一路”沿线国家市场销售。

三是加大国际市场开拓力度，充分利用 RCEP 协议。重点拓展日本、韩国等国市场，开拓新的外销客户和市场。

四是尝试导入跨境电商业务。通过制度创新、管理创新、服务创新来实现跨境电子商务的自由化、便利化、规范化发展。通过跨境电商提升网上销售收入，加大国外订单量。

五是充分利用多种网络资源，如网上展会、进博会、网络宣传视频会、线下线上展会，从而进行产品宣传。

（4）供应链体系整合计划

一是进一步巩固、扩大世界羊绒制造商的核心定位，整合新疆的羊绒资源，以公司现有核心生产厂为龙头。

二是加快外围生产能力的整合，梳理内部生产流程，建立高效、快捷、有效的供应链体系，稳定产品质量，降低生产成本。

三是积极利用外部的设计资源。在设计方面引入外部设计资源，利用社会知名的市场展示机会，提升产品设计的质量，有效地吸引客户，促进品牌传播，扩大销售。

四是积极利用合作扩大销售资源。借服饰化的销售趋势，充分利用外部合作机会，优势整合，扩大销售。

（5）销售配套制度方面

一是定时集中对内部营销人员进行专业培训，提升经销商和销售人员的专业销售技能，提升单店销售量。

二是制定高效合理的销售激励政策，加大销售的绩效考核改变销售惰性，激发销售活力。

三是完善信息化销售支持系统，利用数据分析为线下和线上运营提供决策支持。

四是协调企业内部价值链，在生产、质量控制、发货等方面支持销售业务的扩大和调整。

● **创新发展阶段**（2023—2025 年）

（1）品牌发展方面

一是重塑 TS 品牌和国际市场影响力。加强品牌的消费引领能力建设，推动企业与独立设计师开展时尚供给、创意设计与渠道建设等合作，提高国际影响力。

二是形成高水平的品牌设计师团队，具备鲜明的设计思路和持续的产品设计输出能力。

三是建立完整的品牌支撑体系。构建技术制造体系，提升制造体系响应细分市场的需求能力；构建技术研发体系，成为构建产品强势品牌的最关键支撑要素；构建个性服务体系，以差异化服务策略和独特服务能力赢得市场。

四是品牌建设高端化，与国内一线品牌商建立合作，尝试高端订制模式。

（2）国内市场营销方面

一是渠道控制力加强，国内线下渠道格局纵深发展，进一步开拓西北、华北、东北、西南、华东市场，产销率达到 70% 以上，年销售额达到 2 亿元。

二是售纱方面，加大开发新市场力度，扩大市场占有率。做好市场开拓，衔接高附加值品种，提升品种档次。

三是深化渠道融通发展，推动商业模式升级。企业在推进直播经济、平台经济、共享经济、社群经济等新业态、新模式的同时，进一步提升线下体验设计能力和数字化应用水平，加速构建以实体店智能化、电子商务体验化双向融合的全渠道、全时段、全链路的新零售模式。

四是根据业务和客户情况进一步调整销售制度，加大销售人员考核和奖励力度，科学合理管理经销商和销售人员。

（3）国际市场营销方面

一是扩大国外经销商、代理商，促进国际市场的进一步开拓。巩固已有出口市场，积极开拓新兴市场，充分利用国家扩大对外开发的政策机遇，掌握市场主动权和话语权。

二是降低来料加工比例，加大自主品牌建设。

三是打造国际合作和竞争新优势。适应国际供应链布局新调整，全面开拓多元市场格局。加深跨境电商销售，构建直达消费者的国际流通体系。

（4）销售配套制度方面

一是建立经销商、品牌商客户分级系统，智能分析客户质量，灵活调整客情维护，扩大供应链、价值链合作伙伴数量，构建更为牢固的伙伴关系。

二是价值链各环节衔接紧密，在保证质量的情况下，进行小批量、灵活性生产适应市场需求。

三是建立智能化、信息化营销支持系统，及时匹配消费端需求，实现精准化营销。

（四）研发与技术创新战略

1. 研发与技术创新战略目标（表 4-12）

表4-12 研发与技术创新战略目标

强基增效阶段 （2021—2022年）	创新发展阶段 （2023—2025年）
1.年技术投入比率1.3%，2021年年底，技术投入比率达到企业同行业平均水平。 2.形成具有自主知识产权或发明专利的核心技术，每年申报专利1～2件，专利质量和专利成果应用取得实效。 3.每年科技立项及科技项目成果应用转化1～2件。探索利用信息化高效发展，推动做好“两化融合”、数字转型、绿色制造。 4.加强关键设备、工序的技术改造升级，提升针织自动化水平，结合生产制造、项目建设，应用新技术、新工艺、新材料，开展质量创新和质量提升。 5.提升企业自主创新能力、企业产品设计研发创新水平，积极引入国内优秀设计师1～2名、新增1～2名高级专业技术人员、新增8～10名院校毕业生及其他专业技术人员、毕业生及其他专业技术人员、新增1～2名专业硕士研究生。 6.节能环保明显改善，用电能耗下降10%，生产用水能耗下降40%，COD、BOD、悬浮物等主要污染物保持国家一级排放标准	1. 2025年技术投入比率稳定在3%。 2.申请国家级企业技术中心。 3.每年申报专利2～3件。 4.每年科技立项及科技项目成果应用转化2～3件。信息化高效运作，“两化融合”深入发展，数字转型、绿色制造成效显著。 5.建立产学研联合自主创新体系。 6.每年开发新产品4～5个。 7.积极引入国际、国内优秀设计师2～3名，引进2～3名行业领军人才，新增2～3名高级专业技术人员，新增9～10名院校毕业生及其他专业技术人员、新增2～3名专业硕士研究生。 8.在强基增效的基础上，用电耗能再下降5%，生产用水能耗再下降15%，COD、BOD悬浮物等主要污染物领先国家一级排放标准

2. 战略措施

- **强基增效阶段**（2021—2022 年）

（1）稳步提升自主创新能力

在产品设计研发上下功夫，将设计研发、工艺技术和市场营销紧密结合，加强彼此间的相互协作，将设计师、工艺师和营销管理团队充分衔接、有效整合、及时沟通交流彼此信息，快速提升企业产品设计研发创新水平；新产品开发注重新型纺织原料和仿羊绒原料的使用，积极开发环保型纤维与绒、毛混纺产品；建立新原料推介、试销以及推广应用的工作体系，优化更新一批生产设备，完善配套技术标准，丰富产品结构，增加产品品类，适应消费者对纺织服装服饰新的更高需求。

（2）人才引进

按服饰性品牌发展的要求，丰富和优化设计队伍，引入国际、国内优秀设计师，按品牌的市场定位划分设计小组，建立国际通行的设计工作流程，规范设计工作，降低设计成本，提高公司设计能力。

（3）可持续发展能力显著增强

通过技术攻关和技术提升，实现主要产品单位能耗持续下降，节能减排、绿色发展水平明显提升，环境保护安全生产保障能力进一步提高；一是在降低用水能耗上下功夫，通过纺织印染矿化染色技术以及环保助剂、冷水洗绒工艺的应用，实现用水节能目标。二是提高设备技术装备水平，采用新设备新技术新工艺，加快推进数字化、智能化、绿色化发展步伐。三是进一步加大环境保护，积极履行社会责任，实现各利益相关方的和谐发展。

● **创新发展阶段**（2023—2025 年）

（1）完善公司创新体系

依托国内行业高校和相关培训机构进行产学研联合，加强企业与学校、企业与企业之间的相互学习和交流，培养技术创新型人才队伍。进一步加大与西安工程大学、新疆大学等科研院所、院校的深度合作；要结合自身优势，开展技术创新、产品创新与品牌建设，实现科研成果的转化。在公司创新能力明显增强的同时优化升级关键共性技术，建设技术创新平台，力争形成具有自主知识产权和较大影响的科研成果，积极申报国家级企业技术中心。

（2）人才引进

根据《乌鲁木齐市中长期科技人才队伍建设规划（2011—2020 年）》《乌鲁木齐市创新创业领军人才引进培育工程实施方案》和《乌鲁木齐市"人才工程"重点培养对象培养及管理办法》的规定，加快聚集各类人才。重点采用"内引＋外联"的人才引进模式，招揽集聚各领域紧缺人才为乌鲁木齐服务。围绕社会稳定、城市发展、重点产业和重点行业需要，多渠道引进"高端领军人才""骨干稀缺人才”“高级技师”，分层次搭建创新团队，拓展柔性引才。

（3）构建研发创意和时尚设计产业

围绕毛纺织服装的创意设计、技术创新等方面，培养、引进高端创意创新人才，开发新的差异化产品，在现有产品品类的基础上，拓宽产品线，形成服饰化时尚化全系列产品风格，提高品牌形象和品牌竞争力。

（4）发展企业新方向

坚持创新发展理念，提高产品设计研发、技术进步、快速提高品牌创新价值，积极开发环保型产品，把绿色毛纺织品、生态服装、可持续发展等作为国内外销售新增长点。

（五）生产运营战略

1. 生产运营战略目标（表 4-13）

表4-13　生产运营战略目标

单位：吨、万件、%

项目	强基增效阶段（2022年）	创新发展阶段（2025年）
各类羊绒纱及混纺纱	260	300
各类羊绒衫及混纺衫	35	50
纱线一等品率	99.5	99.7
衫一等品率	99.5	99.7

2. 战略措施

● **强基增效阶段**（2021—2022 年）

（1）完善纺纱工艺流程，严格品质管控体系

加强生产流程管理，在原料选用、色温控制、和毛、梳毛、细纱、筒并捻生产过程中，根据订单与市场需求，合理选用原料的品种与比例，采用低温染色法，提高纱线的色牢度和制成率，减少梳理过程中短纤的消耗，使纱线和羊绒衫产品的一等品率由 2022 年的 99.5% 提升至 2025 年的 99.7%。

（2）优化调整产品结构，增加产品品类

积极开展新品试制工作，提高配色精度，生产个性化中高端产品，适应营销战略举措，积极组织品种翻改。同时，丰富产品结构，增加产品品类，适应消费者对纺织服装服饰新的更高要求。

（3）梳理生产管理流程，实施生产体系ERP信息系统

建立基于准时制和敏捷生产的管理体系，减少管理层次，生产周期缩短10%，打板及其他客户服务工作的周期做到及时反映，周期缩短20%，为顾客提供及时有效的服务。

（4）坚持绿色发展、节能减排，提升内生动力

全面推进绿色制造体系建设，强化产品全生命周期绿色管理，持续推进产业链协同治理，打造绿色供应链、生态产业链，把绿色发展、节能减排作为企业高质量、可持续发展的内生动力。一是在降低用水能耗上下功夫，通过纺织印染矿化染色技术以及环保助剂、冷水洗绒工艺的应用，实现用水节能目标，提高毛纺生产全过程绿色低碳发展水平。二是提高设备技术装备水平，采用新设备、新技术、新工艺，加快推进数字化、智能化、绿色化发展步伐。三是进一步加大环境保护，积极履行社会责任，实现各利益相关方的和谐发展。

（5）建立具有行业特点的安全管理体系，全面实施企业安全生产标准化

结合公司生产经营实际，形成安全生产管理长效机制，构建成具有自身特点的安全管理体系。一是落实企业安全生产主体责任，强化安全生产管理机构，配足安全管理人员；加大对安全生产费用投入力度；狠抓安全生产和职业健康教育培训；强化安全生产作业管理；切实做好危险源辨识和风险控制工作；认真开展安全自查自纠、隐患整改工作；加强对应急预案的演练，适应特定情况下的需要。二是健全安全生产管理制度。查缺补漏，使安全生产的各项管理制度符合国家新颁布的相关法律法规要求，适用企业安全生产管理的需要。三是严格安全生产责任制考核与责任追究，加大安全生产工作的考核权重，严格落实“一票否决”制度，强化各级人员履职尽责的意识。四是大力营造安全文化氛围，从思想、意识形态上去教育引导，传递“以人为本、安全第一”“行为源于认识，预防胜于处罚，责任重于泰山”的安全价值观，形成“人人重视安全、人人为安全尽责”的良好氛围。

● **创新发展阶段**（2023—2025 年）

（1）加大技术投入比

充分利用信息化技术，对现有设备进行智能改造，加大设计研发投入，不断推出新产品品类。

（2）适应营收规模提升要求，增加生产人员数量，追加生产配套能力，增加针织产能

按照公司“十四五”规划确定的，到 2025 年公司实现营收 3 亿元的战略目标。因此，需要在现有在册生产人员 634 名的基础上，新增 200 人左右，方可实现上述目标。但是，面对“招工难、用工贵”的现实状况，可以考虑扩大外协加工能力或新增针织产能，以适应与毛纺生产产能的合理配套。

（3）数字化赋能，打造企业数智化指数指标体系，推动企业提质增效

“十四五”时期，公司应围绕“数字化”的运营管理模式，构建企业数字资产、数字信用和数字商业积分体系，打造全面“数字化”的高效软、硬件体系，具体涉及内部管理增效的“数字化”软、硬件体系；市场销售增效的“数字化”软、硬件体系。通过数字化技术（互联网、大数据、云技术、人工智能等），赋能企业研发、设计、生产、运营新产品，推动企业提质增效。

此外，适时构建企业数智化指数框架，主要包括数字化战略、数智化组织、数智化基础设施、数智化业务和数智化绩效 5 个主要方面。

（六）信息化与大数据战略

1. 信息化与大数据战略目标（表 4-14）

表4-14 信息化与大数据战略目标

强基增效阶段 （2021—2022年）	创新发展阶段 （2023—2025年）
1.升级完善公司ERP信息系统。 2.集成并灵活运用生产和销售系统数据实现数据驱动业务创新。 3.初步实现供产销数据协同	1.构建大数据应用体系。 2.升级、引进智能化生产设备。 3.实现关键设备、生产线、车间和仓储的智能化

2. 战略措施

● **强基增效阶段**（2021—2022 年）

（1）改进公司 ERP 信息系统

进一步加强系统优化和深度集成，从经营管理全局角度出发，全面梳理财务、生产、供应链等管理领域业务流程，优化专业线条的业务链，提升系统功能应用，建立基于准时制和敏捷生产的管理体系，整体提高经营管理平台的集成共享水平。例如，可以学习鄂尔多斯，部署 ERP 系统与周边系统进行高效集成，为生产、销售、库存、物资、财务等生产经营业务提供全过程的系统化管理手段，满足企业精细化、标准化管理需求和快速发展的业务需要。

（2）运用大数据驱动业务创新并且初步实现供产销协同

随着大数据技术与行业融合的不断深入，大数据的定义正在被不断地改写和提升。目前的大数据更加专注于业务创新，通过与业务的深度融合实现大数据价值变现。

公司应充分运用大数据分析实现供产销兄。供产销协同是自上而下企业战略经营目标转化为具体销售指标的层层分解过程。大数据分析在产供销协同的价值：①通过真实的数据呈现问题和风险点；②通过数据下钻分析，定位问题源点；③通过数据科学，对将来时间点的业绩结果进行预估。产供销协同的大数据分析，其思路是通过一个“导航仪”来浏览整体情况，然后分产、供、销逐层分解，挖掘出风险点，为实际管理提供支撑。

● **创新发展阶段**（2023—2025 年）

（1）构建大数据应用体系

严格按照构建大数据应用体系的 6 个步骤进行并且已经建立起来规范运用：①数据基础平台包含数据平台建设；②数据报表及可视化；③产品运营分析；④精细化运营平台：主要的平台逻辑多数是进行用户细分，商品和服务细分，通过多种推荐算法的组合优化进行商品和服务的个性化推荐；⑤形成数据产品；⑥战略分析决策：更多的是与很多传统的战略分析、经营分析层面的方法论相似，最大的差异是数据来自于大数据。

（2）升级并引进智能化生产设备

提高设备技术装备水平，采用新设备、新技术、新工艺，加快推进数字化、智能化、绿色化发展步伐。优化更新一批生产设备，丰富产品结构，增加产品品类，提高配色精度，适应消费者对纺织服装服饰新的更高需求。

（3）实现关键设备、生产线、车间和仓储的智能化

积极申请国家数字化转型资金，努力建设智慧工厂管理系统，实现关键设备、生产线、车间和仓储的智能化。智慧工厂是现代工厂信息化发展的新阶段，是在数字化工厂的基础上，利用物联网技术和设备监控技术加强信息管理和服务，可以清楚掌握产销流程、提高生产过程的可控性、减少生产线上人工干预、即时正确地采集生产线数据，以及合理的生产计画编排与生产进度，再加上绿色智能手段和智能系统等新兴技术，是一个高效节能的、绿色环保的、环境舒适的人性化工厂。

（七）财务及风险管控战略

1. 财务及风险管控战略目标（表4-15）

表4-15　财务及风险管控战略目标

强基增效阶段 （2021—2022年）	创新发展阶段 （2023—2025）
1.确保主营业务收入增长率不低于年度基准值6%和任期基准值21%的经营目标。 2.确保2021年减亏1000万元以内，2022年实现盈利5万元。 3.保障总资产周转率基准值达到0.25次。 4.保证国有资本保值增值率不低于基准值101%	1.确保主营业务收入年增长率不低于21%。 2.确保2025年年末实现盈利600万元。 3.2025年年末总资产周转率达到基准值0.3次。 4.保证国有资本保值增值率不低于基准值101%

2. 战略措施

● **强基增效阶段**（2021—2022年）

一是继续加深与华夏银行、乌鲁木齐银行等四家金融机构的合作，保障公司现金流的稳定。

二是进一步优化对所属子公司办理借款及担保手续的过程和制度，到期债务的及时清偿，以降低财务费用。

三是配套相关财务人员持续跟进与凯迪投资发行的债券。

四是加强对新天豪公司等子公司财务制度执行的监督力度，降低企业经营风险，推进企业降本增效良好发展。

五是设置专人对接上海天毛纺织服装业务后续相关工作。

六是合理调配财务部门分权和集权的工作模式，通过下放部分权力来减轻母公司负担，提高企业工作效率和财务管理水平。

七是构建财务风险防范管理体系，保障在投资过程中形成合理的规划，确保顾全所有部门的信息数据，为决策层提供有价值的参考依据，最终做出正确的决策，提高企业资金的使用率。

八是企业结合纺织行业的特点，从筹资结构、投资决策、资金运营策略、销售量持续下降等方面，宣讲有关财务风险带来的危害，让员工意识到自身在各自岗位上的价值，促使员工树立主人翁意识，使其关注企业的发展动态，快速找出财务风险存在的安全隐患，进而有效防范财务风险。

九是加强财务预算，严格财务决算，管好用好资金，有效提升总资产周转率、国有资本保值增值率。

- **创新发展阶段**（2023—2025 年）

一是不断完善资产明细账和实物管理台账的信息核对，提高资产的使用效率，实现资本资产的保值增值率。

二是构建财务风险预警机制。基于对企业所有财务信息进行全面收集与分析，及时发现可能导致财务风险的相关因素，加强财务预警。

三是借助 ERP 信息管理系统和大数据，分析利用好供产销数据，是管理更加科学化，增强分析结果的准确性。

四是做好内控风险的监管、检测、预警以及风险问题的化解，防止可能的财务风险发生。

五是开展资本运营，积极寻求新的利润增长点。

六是设置管理会计岗，加强本量利分析，积极发挥管理会计的作用。

七是强化审计作用，持续优化财务工作，不断提升会计质量信息。

五、战略实施

1. 成立专项领导小组，推进公司战略目标的顺利实施

“十四五”规划是涉及公司未来发展的重大决策和行动纲领，其具体实施情况直接关系到是否能较好实现未来预期发展目标。

为确保总战略目标和战略重点的实现，公司要成立由主要领导牵头的“十四五”规划推进领导小组，加强对本公司“十四五”规划实施工作的领导，确保组织领导有力，推动“十四五”规划的实施。主要任务是统一研究、部署、指导和协调规划的具体实施，确保科学组织和协调推进。

2. 落实规划目标，严格任期考核

坚持把推进“十四五”规划的组织实施与年度经营业绩和任期经营业绩目标考核充分结合，把“十四五”规划的主要目标和重点工作任务逐一分解落实到各经营单位的年度经营业绩和任期经营业绩目标考核中，并层层延伸压实责任，细化考核，制订好绩效考核方案，确保规划目标及主要重点工作任务落实，责任落实，考核及时到位，推动有力。

3. 建立规划实施的动态监控机制，做好督导服务工作

要加强对规划具体实施情况进行监测，对规划实施中遇到的重大问题及时研究，制定科学对策，加强督导和协调，确保顺利实施。要对规划实施各阶段涉及规划的内外部环境及主要影响因素的变化情况密切跟踪，进行认真分析研究，并根据变化情况及时对规划进行必要调整，以确保规划的科学性、可操作性。“十四五”时期是公司实现扭亏、创新发展的关键时期，公司党委要深入贯彻落实自治区国资委国资和金投公司的国企改革目标精神和三年行动方案，进一步创新理念，振奋精神，开拓进取，奋力拼搏，齐心协力，为全面完成“十四五”规划目标任务、做强、做优、做大新疆羊绒产业而不懈努力。

4. 做好规划宣传工作，发挥规划引领作用

要积极组织开展形式多样的“十四五”规划宣传教育工作，让全体员工充分

认识到编制和实施"十四五"规划的现实意义和深远的历史意义。坚持把企业文化建设放在突出位置，引导广大干部职工积极参与群众性活动，激发员工工作的积极性、主动性和创造性。通过公司中层以上干部大会宣讲解读、专题会议研究讨论和解读等形式，使全体员工了解"十四五"时期的总体战略、发展目标、重点任务、工作措施等，实现做事有方向、胸中有目标、工作有信心，提升企业凝聚力，增强员工责任感。

5. 研究相关新政策、新制度、新格局，主动适应新形势、新变化、新要求

一方面充分利用已有的政策，发挥政策效用；另一方面要紧密关注、分析、学习、研究政府及行业出台的相关新政策，积极争取政策支持，包括税收减免、财政贴息、人员分流、产业转型，以及创新创造等政策。同时结合公司实际，开展前瞻性谋划布局工作，强化财务税收、科研技改筹划能力，推动科研技改项目实施，有效防范控制财务风险，为将公司打造成拥有卓越品牌价值和高端全产业链的羊绒行业一流企业而奋斗。

第5章 TSFZ服装有限公司战略绩效管理方案

TSFZ有限公司地处我国西部新疆乌鲁木齐市，成立于1980年，是一家以生产高档羊绒衫、高档羊毛衫为主的现代化股份制纺织企业。从创立之初，公司就以中国首批、全国纺织行业和新疆维吾尔自治区第一家的地位载入我国中外合资企业史册，先后五次跻身全国“十大最佳合资企业”之列，并曾荣登榜首；被国务院企业评价中心评为“全国500家经济效益最佳企业”“纺织行业十强”“新疆纺织行业第一名”。

2013年10月，公司完成资产重组，通过优良资产的注入，实现了结构调整、资产调整和主业调整，由单一的毛纺织业转变为矿业、毛纺织业双主业模式经营的集团化公司。2016年9月，TSFZ服装有限公司承接TSFZ股份有限公司纺织服装业务板块的资产、人员与业务，从事集服装设计、产品研发、羊绒收购、分梳、染色、纺纱、针织加工、国内外市场销售于一体的毛纺织专业生产。重组后，公司迎来了新的一轮发展机遇，按照“新规划、新战略、新目标和新要求”做精做优毛纺织业，巩固现有国际国内市场，扩大市场份额，使公司毛纺织业又快又好地发展。

2021年，根据新疆维吾尔族自治区“十四五”规划，纺织产业成为新一轮传统产业重大技术改造升级工程。TSFZ服装有限公司抓住政策机遇制定公司“十四五”战略规划，通过贯彻落实新疆金投公司全面深化改革总体部署，坚持问题导向和市场化方向，以提高效率效益为目标，按照业务驱动、机制牵引、政策配套、协同推进、考核评价、激发活力的基本思路，建立能上能下的选人用人机制、畅通灵活的市场化用工机制、导向清晰的全员绩效考核机制、绩效挂钩的薪酬分配激励机制和严格有效的考核评价机制，以此提高全员创效动力和企业市场竞争实力，为建设国内一流毛纺织企业提供人力资源支撑。

本章以 TSFZ 服装有限公司为例，介绍纺织服装企业如何围绕企业战略规划进行绩效管理。TSFZ 服装有限公司战略绩效管理实践表明，契合公司战略的绩效管理，将极大地调动员工的工作积极性，为组织战略目标的实现建立明确的指向标。

一、TSFZ服装有限公司战略绩效管理流程

（一）战略与绩效管理关系

绩效管理可谓是驱动企业前进的“引擎”，是企业战略目标达成的有效管理工具。对于企业而言，战略是体现企业蓝图、创造企业价值的过程。绩效管理是在企业总体战略的指引下，基于组织平台的支持，通过系统有效地运行实现战略落地的方法。

战略是企业形成与发展的指引和方向，核心竞争力是企业发展方向中的竞争优势和核心竞争能力差异，确定了企业发展方向和核心竞争力，需要通过组织构建和体系运行进行保证。组织是战略实施的主体，绩效管理是保障落地的系统，通过对企业战略的明确、分解，并及时跟进、反馈、调整、改进，落实到具体部门和岗位、员工，形成合力，保障企业健康发展。

绩效管理有利于实现企业经营目标及战略。绩效管理的目标是根据企业发展战略来制定的，通过将企业的战略目标层层分解变为部门和员工的目标，在此基础上确定部门和个人的绩效目标，通过绩效评价对员工工作结果进行反馈，及时发现工作中存在的问题并进行修正，通过提升员工的业绩从而达成企业的业绩，实现企业战略目标。

笔者以 TSFZ 服装有限公司战略绩效管理为例进行介绍。

（二）绩效管理的层次

绩效管理发挥效果的机制是对组织或个人设定合理目标，建立有效的激励约束机制，使员工向着组织期望的方向努力从而提高个人和组织绩效；通过定期有效的绩效评估，肯定成绩、指出不足，对组织目标达成有贡献的行为和结果进行奖励，对不符合组织发展目标的行为和结果进行一定的约束；通过这样的激励机制促使员工自我开发提高能力素质，改进工作方法从而达到更高的个人和组织绩效水平。

在企业的绩效管理实践过程中，绩效管理是分层级进行的，层级不同，绩效管理的责任主体不同。具体对应情况如图 5-1 所示。

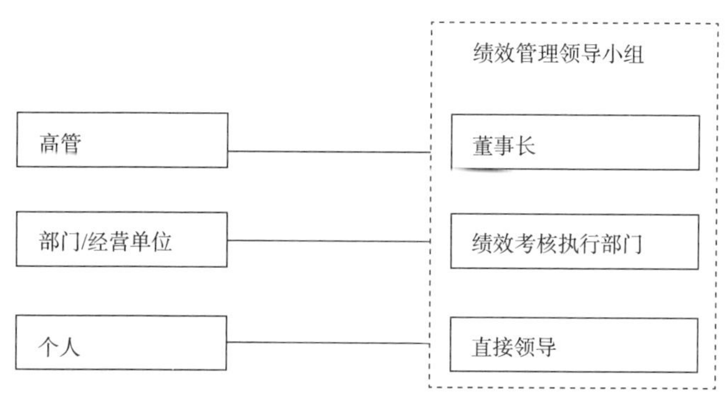

图5-1　不同层级绩效管理责任主体

上图中，高管的绩效管理由董事长负责，也可由企业设立的绩效管理领导小组具体执行机构代为执行，董事长审批。部门和经营单位的绩效管理一般由绩效考核执行部门负责，TSFZ 纺织服装公司是由人力资源部具体执行。个人层面的绩效管理主要是指普通员工，一般由个人所在部门的直接领导负责。

（三）TSFZ 纺织服装公司绩效管理流程

绩效管理是各级管理者和员工为了实现组织目标，共同参与的绩效计划制订、绩效辅导沟通、绩效考核评价、绩效结果应用、绩效目标提升的持续循环过程。绩效管理的目的是持续提升个人、部门和组织的绩效。在企业的实际操作过程中，可以将绩效计划制订和辅导沟通合并进行，称为绩效指标制定。

如上所述，由于不同层次的绩效管理有不同责任主体，绩效管理及相关考核和反馈的责任主体不同，因此，笔者以部门的绩效管理流程为例进行介绍。图 5-2 为 TSFZ 纺织服装公司职能部门绩效管理流程。

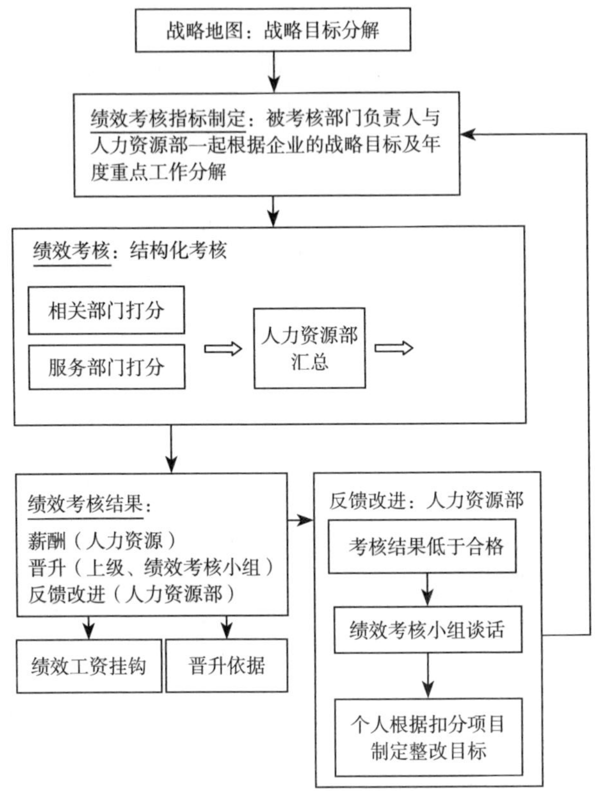

图5-2　TSFZ纺织服装公司职能部门绩效管理流程

1. 绩效指标制定

①战略目标分解：被考核部门与人力资源部根据总经理战略目标分解结果进行部门战略目标分解。

②年度重点工作分解：被考核部门根据总经理战略目标分解结果进行部门重点工作分解。

③绩效考核指标制定：人力资源部在被考核人的协助下根据部门战略目标和部门重点工作分解结果，制定部门绩效考核指标并形成绩效考核表。

④审批：总经理对部门绩效考核指标进行审批，若通过则进行绩效考核，若不通过则重新制定部门绩效考核指标。

2. 绩效考核

①相关部门评价：与被考核部门相关的部门对被考核部门进行年度评价。

②绩效考核：人力资源部根据被考核部门的上级、员工、相关部门的评价结果进行绩效考核。

③绩效考核结果：人力资源部依据绩效考核情况形成绩效考核结果。

3. 绩效考核结果执行及反馈

①执行：人力资源部执行部门绩效考核结果。

②绩效工资：人力资源部根据部门绩效考核结果对部门负责人兑现绩效工资。

③晋升：总经理将部门绩效考核结果作为部门负责人的晋升依据。

④不合格：将部门绩效考核结果不合格的部门作为谈话及反馈对象。

⑤考评小组谈话：考评小组对绩效考核结果不合格的部门进行谈话。

⑥制定整改目标：被考核部门根据考评小组谈话内容及自身不合格的工作内容，制定整改目标，并将该整改目标作为下一年度重点工作内容。

（四）TSFZ 纺织服装公司战略目标量化分解

1. 企业战略目标设计

企业绩效考核目标是由企业的发展战略决定的，绩效目标要体现企业发展战略导向。在确定企业发展战略的前提下，厘清企业业务成功的衡量标准，在此基础上形成较完善的指标考核体系；再制定相应的奖惩措施予以保障指标考核体系的实施，从而确保企业战略的达成。

企业在对外部环境、市场状况、竞争对手等分析的基础上，结合企业的运营状况，对企业现状和能力进行评估，明确企业下一步的发展方向，制定出符合组织发展的战略目标。

战略目标是对企业全局的一种总体设想，是企业整体发展的总任务和总要求；它着眼于未来和长远，明确企业长期的发展方向，是企业员工经过相当长时间的努力才能实现。因此，战略目标是一种中长期目标，并具有相对稳定性。

战略目标作为一种总目标、总任务和总要求，是可以分解成某些具体目标、具体任务和具体要求的。这种分解可以在空间上把总目标分解成诸多方面的具体目标和具体任务。例如，可以围绕盈利能力、市场、产品结构、资金、设备、研发、人力资源和组织等方面设计战略目标，并分解到部门、岗位。又可以在时间上把长期目标分解成一个又一个阶段的具体目标和具体任务，如公司战略年度计划、月度计划等。

2. 企业战略目标量化分解

在分解目标时，充分考虑了部门间指标横向分解的协调性与公平性，以及战略目标自上而下分解指标时的一致性。例如，财务部涉及编制年度预算、测算相关财务预算指标、制定财务制度、财务决算等工作；人力资源部负责制定人力资源发展规划、完善招聘流程与制度、确定岗位职责和任职要求、建立公司绩效考评体系、工资薪酬福利管理；总经办涉及统筹目标管理、行政管理、信息管理、后勤服务；安环办负责安全生产、综治维稳、职业健康管理、督促落实本单位生产安全整改措施、建立安全生产制度等工作；技术（中心）质量部主要负责科研开发管理、质量 / 环境管理 / 职业健康安全管理体系的建立、实施和保持，如图 5-3 所示。

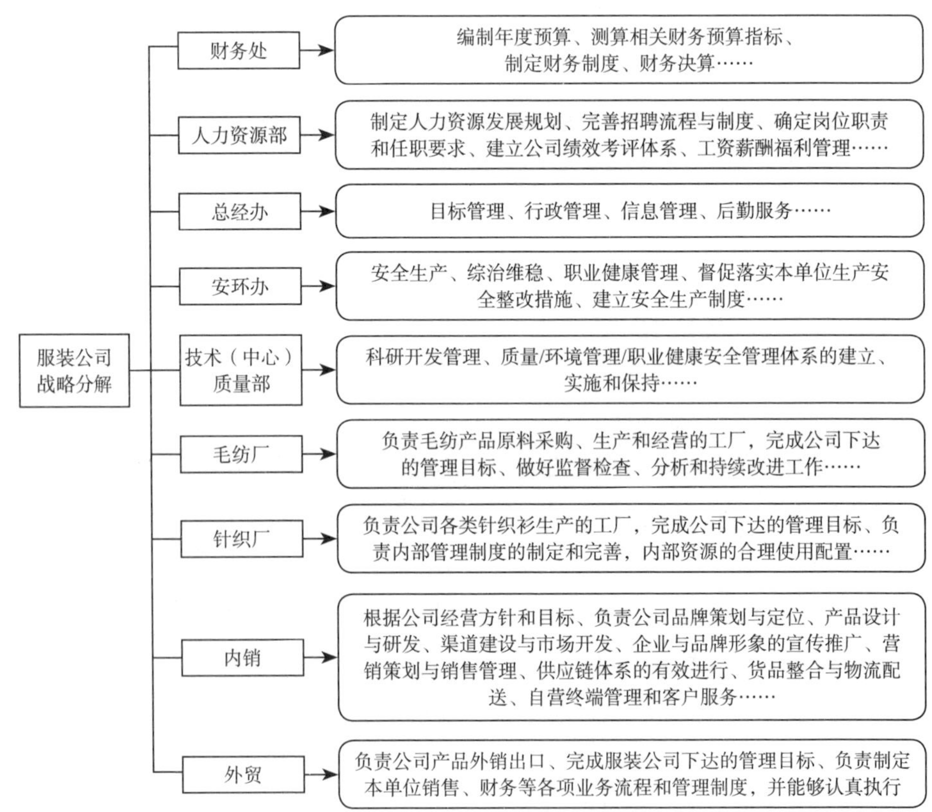

图5-3　TSFZ服装公司战略目标量化分解

上图中，TSFZ 服装公司战略目标量化分解主要是根据公司战略，自上而下，分解到职能部门和经营单位。其中，公司高管根据自己分管的工作，承担相应的考核指标和内容。

以下分别介绍公司高管、经营单位（生产和销售）、职能部门的绩效考核相关内容。

二、TSFZ服装有限公司高管绩效考核方案

（一）考核流程

高管考核流程如图 5-4 所示，各部门根据高管目标责任书提供相关考核数据；人力资源部对收集的高管目标责任书相关考核数据进行汇总整理；董事长根据汇总数据对高管打分。

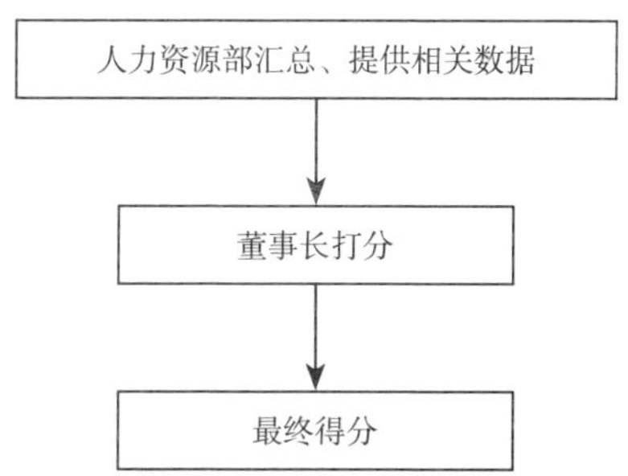

图5-4 TSFZ服装有限公司高管考核流程

（二）年度考核指标

根据《TSFZ 股份有限公司所属公司经营业绩考核管理办法》确定净利润、主营业务收入、总资产周转率以及国企改革重点亏损子企业专项治理为董事长考

核指标。相应地，其余高管的考核指标为各项专项指标。

（三）绩效结果及薪酬

（1）年度经营业绩考核综合得分 =（∑指标考核得分）+ 奖励加分 – 考核扣分

（2）年度薪酬 = 基本年薪 + 绩效年薪 × 年度考核系数 + 绩效奖励（绩效年薪 × 年度奖励系数）

（3）绩效奖励：

年度考核系数 = 年度考核得分 /100

绩效年薪分两种情况：

① 70 分（不包括超额加分）£ 年度考核得分 £100 分

绩效年薪 = 绩效年薪 × 年度考核系数

②年度考核得分 >100 分时，有绩效奖励，否则无绩效奖励。

绩效奖励 = 绩效年薪 ×（年度考核系数 –1），绩效奖励最高不超过绩效年薪的 1.5 倍

三、TSFZ服装有限公司经营单位绩效考核方案

（一）生产考核

1. 考核周期

生产单位是按照计件和计时进行考核，因而生产单位除了分解战略目标中相应承担的指标之外，还需要每月进行考核。

（1）月度考核

1）每月 1 日前各部门对公司经营业绩以及各经营单位主要考核指标完成情况予以确认，并将信息反馈至人力资源部。

2）人力资源部负责月度薪酬分配考核激励的计算，形成“月度薪酬分配考核结算表”，并将考核结果报主管领导审核，总经理审批。

3）每月 3 日前人力资源部将审批后的月度考核结果通报公司各职能部门及各经营单位。

4）每月 5 日前各部门和经营单位完成内部薪酬分配，并将分配结果反馈人力资源部，审核后按月发放。

（2）年度考核

年度考核周期为 1 月 1 日至 12 月 31 日。年度绩效考核结果，将与评优及年度绩效、激励性收入挂钩。

2. 考核方式

对经营单位的考核实行月度经营计件薪酬考核激励结算，分别由月度计件产量工资结算总额、月度目标考核得分，其他考核奖励构成，得出最后工资收入。

毛纺厂：采用全员岗位绩效计件工资制，主要以毛纺厂拣绒、洗绒、分梳、散染和纺纱 5 个工序月度实际完成计件产量进行结算。

针织厂：采用全员岗位绩效计件工资制，主要以针织厂电脑横机、缝挑、成品和工艺制作 4 个工序月度实际完成计件工时进行结算。

年度考核在考核产量、质量的同时，还考虑经营单位对销售额、利润实现的贡献。

3. 考核流程示意

TSFZ 服装有限公司生产绩效考核流程如图 5-5 所示。

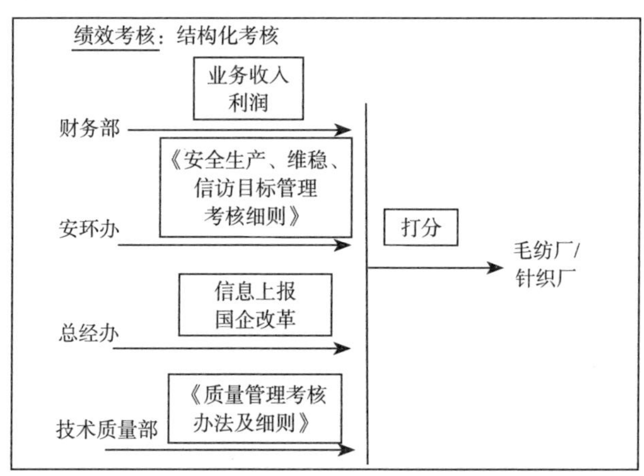

图5-5　TSFZ服装有限公司生产绩效考核流程

上图中，生产的考核为结构化考核，分别由财务部、技术质量部、总经办、安环办等部门根据相关指标打分；人力资源部根据结构化得分形成毛纺厂绩效考核结果；绩效领导小组对部门绩效考核结果进行审核。

4. 职责梳理及绩效考核打分表

（1）毛纺厂职责梳理及绩效考核打分表

对毛纺厂职责梳理如表 5-1 所示。

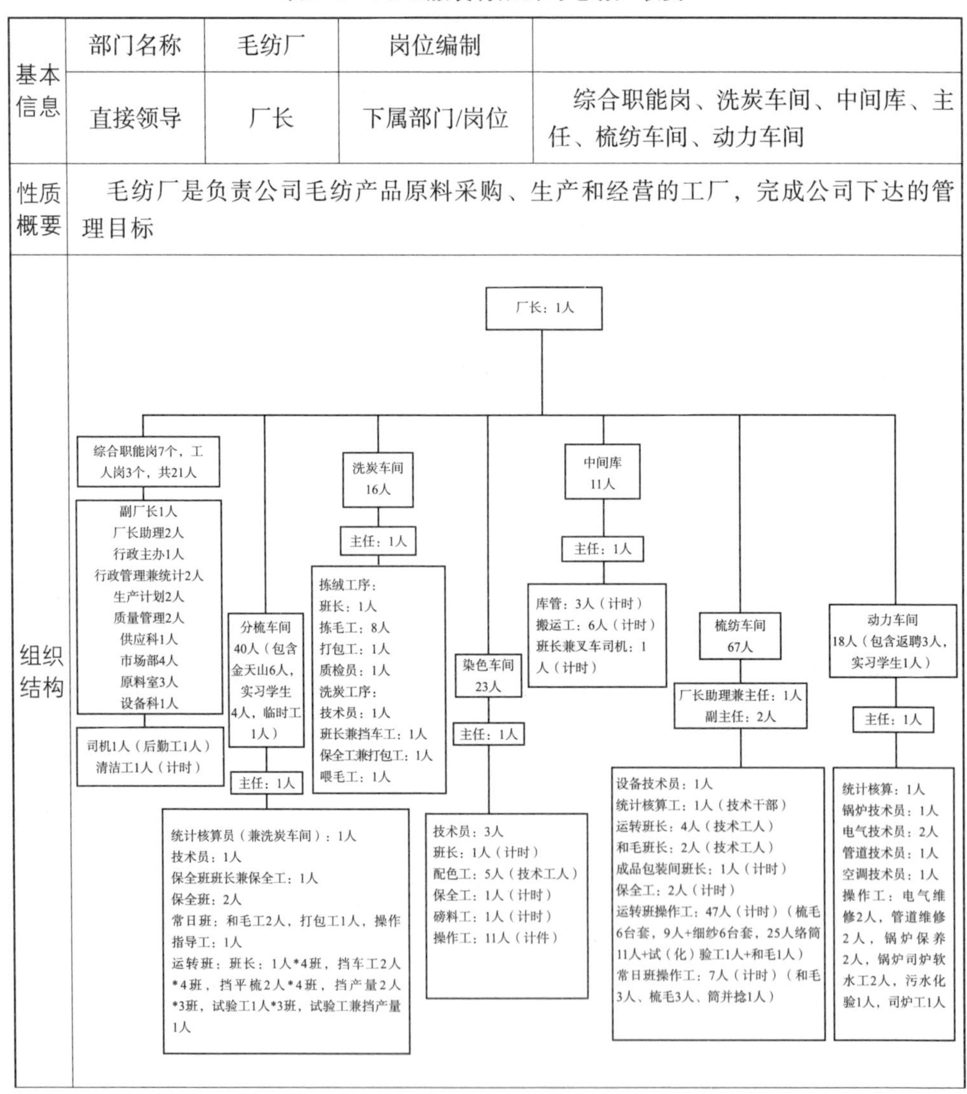

表5-1　TSFZ服装有限公司毛纺厂职责

基本信息	部门名称	毛纺厂	岗位编制	
	直接领导	厂长	下属部门/岗位	综合职能岗、洗炭车间、中间库、主任、梳纺车间、动力车间
性质概要	毛纺厂是负责公司毛纺产品原料采购、生产和经营的工厂，完成公司下达的管理目标			
组织结构	（见下图）			

续表

主要职责	
基础管理	1.信息处理。 1.1计划的规整与存档。 1.2价格记录的存档备案。 1.2.1询价比价记录及存档。 1.2.2招标资料的整理及存档。 1.3采购物料台账（原辅材料及办公用品）和采购物料月度汇总表，各类台账。 1.4采购合同、运输合同、进口棉货物代理合同和采购订单档案。 1.5供应商档案。 2.计划总结。 2.1负责制订采供部年/月工作计划。 2.2撰写《月度总结》和《年度总结》。 3.制度管理。 3.1制定本部门管理制度并贯彻执行。 4.规范文件。 4.1制定本部门工作流程，并制定本部门职能和岗位职责，确保文件时效性
业务管理	1.依据公司经营计划，制定本单位的管理目标和控制计划并组织实施，做好监督检查、分析和持续改进工作。 2.按管理体系文件的规定开展工作，确保管理体系的有效运行。 3.负责生产中所需原绒、无毛绒、毛条、桑绵球等原料以及机物料、化工料和辅助生产材料的采购工作。 4.负责组织纱线生产，对生产过程及产品质量、交期和成本进行控制。 5.负责内部管理制度的制定、完善，内部资源的合理使用和调配。 6.根据市场需求，负责毛纺新材料、新技术、新工艺研发项目的策划、立项、实施、验证以及应用推广工作。 7. 负责产品实现过程中的工艺技术改进和品质改善工作。 8. 负责公司毛纺设备的管理，技术创新和改造工作。 9. 负责公司能源供应和消耗的具体管理工作。 10.负责本厂基础设施和设备的使用和维护。 11.负责分包方的管理工作。 12.负责国内品牌纱线的销售工作。 13.负责毛纺厂库房的管理工作。 14.负责本厂监视、测量设备的管理
部门人力资源管理	1.参与本部门的人员招聘、面试工作。 2.做好本部门人员的工作分配。 3.做好本部门人员日常考核。 4.对本部门人员实施业务培训。 5.及时进行必要的思想教育工作，充分发挥部门员工的工作积极性

续表

领导交办的临时任务	

根据毛纺厂职责，提取的量化考核项目如图 5-6 所示。

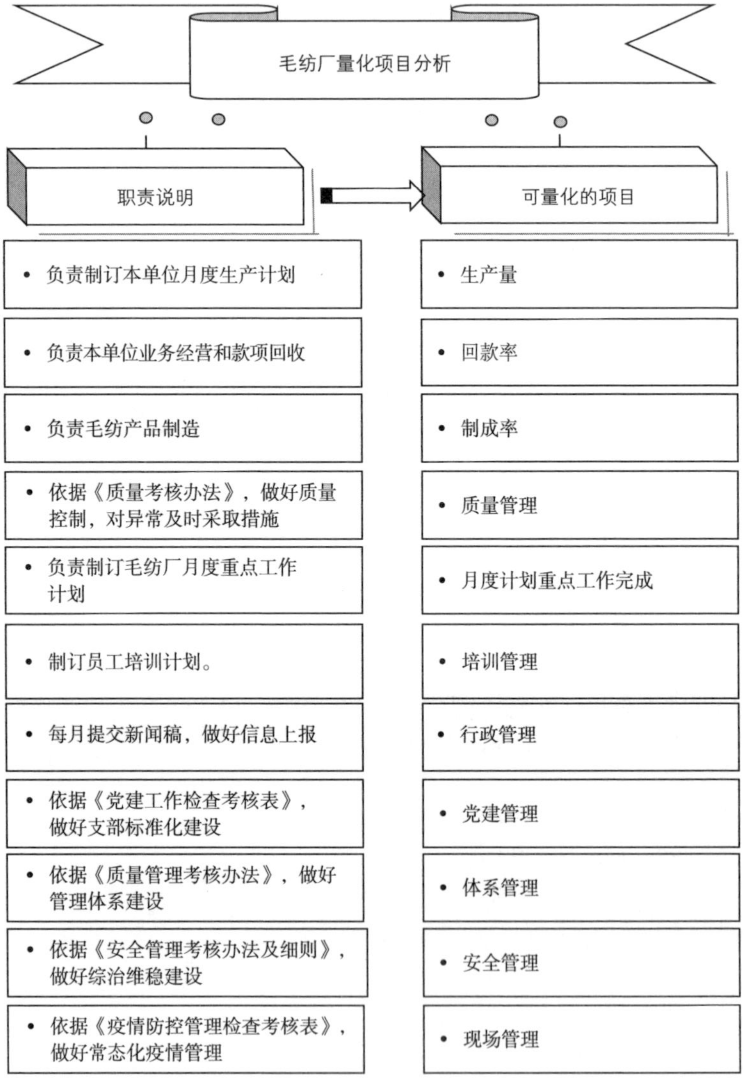

毛纺厂量化项目分析

职责说明	可量化的项目
• 负责制订本单位月度生产计划	• 生产量
• 负责本单位业务经营和款项回收	• 回款率
• 负责毛纺产品制造	• 制成率
• 依据《质量考核办法》，做好质量控制，对异常及时采取措施	• 质量管理
• 负责制订毛纺厂月度重点工作计划	• 月度计划重点工作完成
• 制订员工培训计划。	• 培训管理
• 每月提交新闻稿，做好信息上报	• 行政管理
• 依据《党建工作检查考核表》，做好支部标准化建设	• 党建管理
• 依据《质量管理考核办法》，做好管理体系建设	• 体系管理
• 依据《安全管理考核办法及细则》，做好综治维稳建设	• 安全管理
• 依据《疫情防控管理检查考核表》，做好常态化疫情管理	• 现场管理

图5-6　TSFZ服装有限公司毛纺厂可量化项目分析

根据毛纺厂职责及战略目标可量化的项目分解，梳理出毛纺厂的考核指标，制定绩效考核打分表，如表 5-2 所示。

表5-2　TSFZ服装有限公司毛纺厂　________年绩效考核打分表

被考核单位：毛纺厂　　　　　　　　　　　　　　　　　　年　　月　　日

考核项目	考核指标	分值	目标值	评价标准	打分
经营指标（65%）	净利润	20	300万元	完成净利润≥100%，净利润较目标值每增加5万元，加1分，最多加20分；净利润较目标值每减少5万元，扣2分，最多扣20分	
	业务收入总额	40	8300万元	主营业务收入目标完成率=完成主营业务收入总额/主营业务收入总额目标值*100%；目标完成率≥100%，每增加25万元，加1分；超5800万元以上每增加10万元再累加1分；80%≤目标完成率＜100%，按实际完成百分比计算得分；目标完成率＜80%，得0分	
	应收账款回款率	5	100%	2020年度应收账款回款率完成100%，未完成扣2.5分；2021年度账期内应收账款回款率100%，未完成扣2.5分	
专项指标（15%）	以前年度存货下降	5	50%	根据2018年库存纱消化率计分，库存消化率=2021年年末2018年及以前年度库存纱（期初数量-期末数量）/2021年年初2018年及以前年度库存纱期初数量/*100%；库存消化率≥50%，得满分；40%≤库存消化率＜50%，按实际完成百分比计算得分；库存消化率＜40%，得0分	
	技术投入金额	5	60万元	目标完成率=技术投入金额/技术投入金额目标值*100%；目标完成率≥100%，得满分；目标完成率＜100%，按实际完成比例得分，最多扣5分	
	制成率	5	97%	每提高0.1%加0.2分，每降低0.1%扣0.1分	

续表

考核项目	考核指标	分值	目标值	评价标准	打分
管理目标（15%）	贯彻落实总目标	5	年考	以《安全生产、维稳、信访目标管理考核细则》《网络安全考核细则》为考核依据，采用百分制，90分以上为优秀，75～90分为良好，60～75分为合格，60分以下为不合格；以各项考核细则累加实际得分计算考核得分，最高5分	
	国企改革	5	年考	100%完成国企改革各项工作措施。按TS纺织对国企改革评估结果为考核依据，采用百分制，90分以上为优秀，80分以上为合格，80分以下为不合格；以考核得分按比例计分，最高得5分；考核小于80分，整项得分为0分	
	质量管理体系有效运行	2.5	年考	依据技术质量部《质量管理考核办法及细则》进行相应扣分	
	信息上报	2.5	年考	以各部门综合评分为依据，采用百分制，90分以上为优秀，75～90分为良好，60～75分为合格，60分以下为不合格，以考核细则实际得分计算考核得分，最高得5分；细则考核小于60分，整项得分为0分	
民主评议指标（5%）	能力与态度360度考核	5		依据公司《能力与态度360度考核表》，以公司年终考评结果的平均分确定	
否决指标	安全生产		年考	一票否决	
	防腐廉政				
	环境保护				
	综治维稳				
利润提成奖励			-1000万元	公司完成年度利润目标，提取超额年度利润目标的10%，对盈利单位负责人按盈利单位完成公司超额利润的占比给予超额利润提成奖	
合计		100			

（2）针织厂职责梳理及绩效考核打分表

对针织厂职责梳理如表 5-3 所示。

表5-3　TSFZ服装有限公司针织厂职责

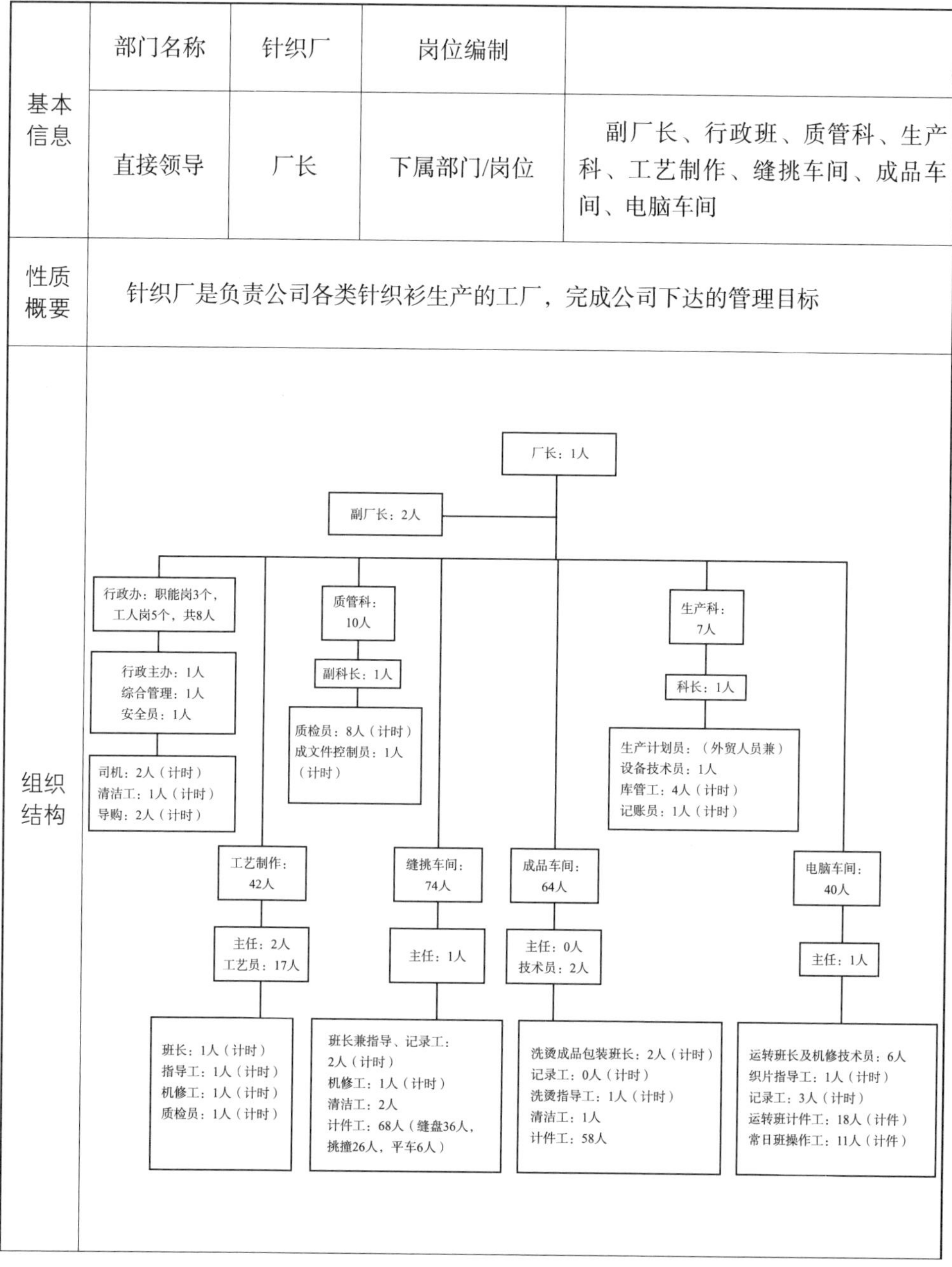

基本信息	部门名称	针织厂	岗位编制	
	直接领导	厂长	下属部门/岗位	副厂长、行政班、质管科、生产科、工艺制作、缝挑车间、成品车间、电脑车间
性质概要	针织厂是负责公司各类针织衫生产的工厂，完成公司下达的管理目标			
组织结构	（见下图）			

续表

主要职责	
基础管理	1.信息处理。 1.1计划的规整与存档。 1.2价格记录的存档备案。 1.2.1询价比价记录及存档。 1.2.2招标资料的整理及存档。 1.3采购物料台账（原辅材料及办公用品）和采购物料月度汇总表（原辅材料及办公用品），各类台账。 1.4采购合同、运输合同、进口棉货物代理合同和采购订单档。 1.5供应商档案。 2.计划总结。 2.1负责制订采供部年/月工作计划。 2.2撰写《月度总结》和《年度总结》。 3.制度管理。 3.1制定本部门管理制度并贯彻执行。 4.规范文件。 4.1制定本部门工作流程，并制定本部门职能和岗位职责，确保文件时效性
业务管理	1.依据公司经营计划，制定本部门的管理目标和控制计划并组织实施，做好监督检查、分析和持续改进工作。 2.负责按管理体系文件的规定开展工作，确保管理体系的有效运行。 3.负责本厂生产过程的组织和管理，负责产品质量、交期和成本的控制。 4.负责内部管理制度的制定、完善，内部资源的合理使用和调配。 5.负责针织生产工艺技术研究和改进，针织设备的技术创新和改进工作。 6.负责针织生产所需的助剂、机物料等采购和顾客辅料及包装物的使用和管理工作。 7.负责分包方的管理工作。 8.负责本厂基础设施和设备的使用和维护。 9.负责本厂监视、测量设备的管理
部门人力资源管理	1.参与本部门的人员招聘、面试工作。 2.做好本部门人员的工作分配。 3.做好本部门人员日常考核。 4.对本部门人员实施业务培训。 5.及时进行必要的思想教育工作，充分发挥部门员工的工作积极性
领导交办的临时任务	

根据针织厂职责，提取的量化考核项目如图 5-7 所示。

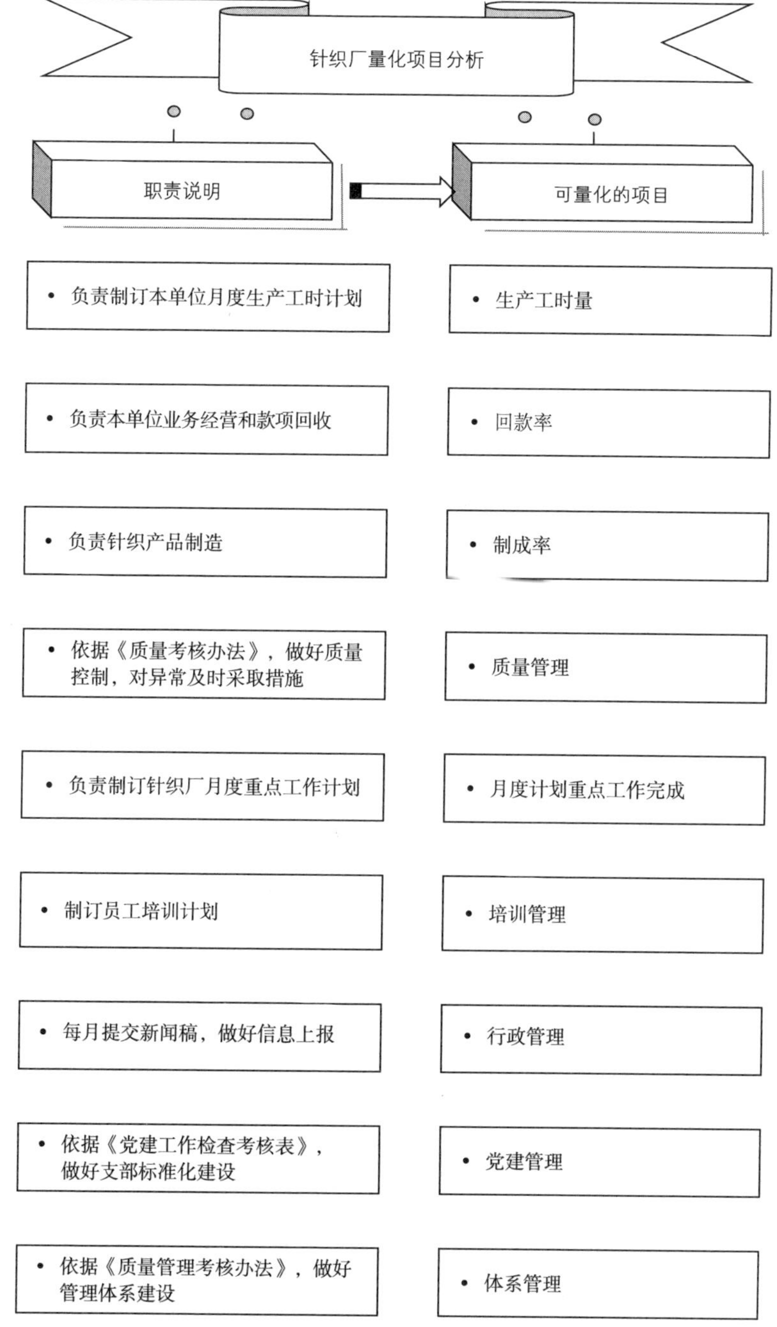

图5-7　TSFZ服装有限公司针织厂可量化项目分析

根据针织厂职责及战略目标可量化的项目分解，梳理出针织厂的考核指标，制定绩效考核打分表，如表 5-4 所示。

表5-4　TSFZ服装有限公司针织厂 ________年绩效考核打分表

被考核单位：针织厂　　　　　　　　　　　　　　　　　　　年　　月　　日

考核项目	考核指标	分值	目标值	评价标准	打分
经营指标（55%）	净利润	30	-800万元	完成净利润≥100%，净利润较目标值每减亏5万元，加1分，最多加20分；净利润较目标值每增亏5万元，扣2分，最多扣30分	
	业务收入总额	20	300万元	主营业务收入目标完成率=完成主营业务收入总额/主营业务收入总额目标值*100%；目标完成率≥100%，每增加25万元，加1分，最多加20分；80%≤目标完成率＜100%，按实际完成百分比计算得分；目标完成率＜80%，得0分	
	应收账款回款率	5	100%	2020年度应收账款回款率完成100%，未完成扣2.5分；2021年度账期内应收账款回款率100%，未完成扣2.5分	
专项指标（25%）	生产量完成率	10	26万件	完成率低于目标值时，按比例计算得分；完成率超出100%时，每上升2%加1分	
	以前年度存货下降	5	100%	根据2018年库存衫消化率计分，库存消化率=2021年年末2018年及以前年度库存衫（期初数量-期末数量）/2021年年初2018年及以前年度库存衫期初数量*100%；库存消化率≥100%，得满分；80%≤库存消化率＜100%，按实际完成百分比计算得分；库存消化率＜80%，得0分	
	技术投入金额	5	300万元	目标完成率=技术投入金额/技术投入金额目标值*100%;目标完成率≥100%，得满分；目标完成率＜100%,按实际完成比例得分，最多扣5分	
	制成率	5	95%	每提高0.1%加0.2分，每降低0.1%扣0.1分	

续表

考核项目	考核指标	分值	目标值	评价标准	打分
管理目标（15%）	贯彻落实总目标	5	年考	以《安全生产、维稳、信访目标管理考核细则》《网络安全考核细则》为考核依据，采用百分制，90分以上为优秀，75～90分为良好，60～75分为合格，60分以下为不合格；以各项考核细则累加实际得分计算考核得分，最高5分	
	国企改革	5	年考	100%完成国企业改革各项工作措施。按TS纺织对国企业改革评估结果为考核依据，采用百分制，90分以上为优秀，80分以上为合格，80分以下为不合格；以考核得分按比例计分，最高得5分；考核小于80分，整项得分为0分	
	质量管理体系有效运行	2.5	年考	依据技术质量部《质量管理考核办法及细则》进行相应扣分	
	信息上报	2.5	年考	以各部门综合评分为依据，采用百分制，90分以上为优秀，75～90分为良好，60～75分为合格，60分以下为不合格，以考核细则实际得分计算考核得分，最高得5分；细则考核小于60分，整项得分为0分	
民主评议指标（5%）	能力与态度360度考核	5		依据公司《能力与态度360度考核表》，以公司年终考评结果的平均分确定	
否决指标	安全生产		年考	一票否决	
	防腐廉政				
	环境保护				
	综治维稳				

续表

考核项目	考核指标	分值	目标值	评价标准	打分
利润提成奖励			-1000万元	公司完成年度利润目标，提取超额年度利润目标的10%，对盈利单位负责人按盈利单位完成公司超额利润的占比给予超额利润提成奖	
合计		100			

（二）TSFZ 服装有限公司销售单位绩效考核方案

1. 考核周期

销售部门的考核也分为月度考核和年度考核。

（1）月度考核

1）每月 1 日前各部门对公司经营业绩及各经营单位主要考核指标完成情况予以确认，并将信息反馈至人力资源部。

2）人力资源部负责月度薪酬分配考核激励的计算，形成“月度薪酬分配考核结算表”，并将考核结果报主管领导审核，总经理审批。

3）每月 3 日前人力资源部将审批后的月度考核结果通报公司各职能部门及各经营单位。

4）每月 5 日前各部门和经营单位完成内部薪酬分配，并将分配结果反馈至人力资源部，审核后按月发放。

（2）年度考核

年度考核周期为 1 月 1 日至 12 月 31 日。年度绩效考核结果，将与评优及年度绩效、激励性收入挂钩。

2. 考核方式

内销公司：采用全员岗位绩效计件工资制，主要以内销公司月度销售收入结算工资总额。

外贸公司：采用全员岗位绩效计件工资制，主要以外贸公司月度销售人民币结算销售收入之和进行工资总额结算。

3. 绩效考核流程

如图 5-8 所示，销售部门绩效考核为结构化考核。由其服务的相关部门打分、内部服务满意度调查相关内容得分。并参考否决指标，若存在，则一票否决，考核结果为不合格。

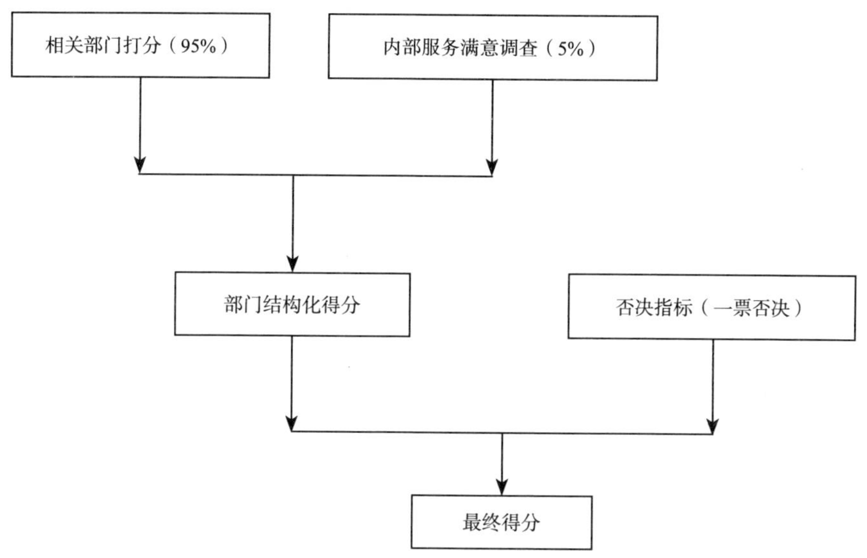

图5-8 TSFZ服装有限公司销售部门考核流程

4. 职责梳理及绩效考核打分表

（1）内销公司

如表 5-5 所示为内销公司职责梳理。根据内销公司的职责分析可量化项目，并制定考核指标。

表5-5 TSFZ服装有限公司内销公司职责

基本信息	部门名称	内销公司	岗位编制	
	直接领导	内销运营总监	下属部门/岗位	设计部、生产部、电商部、销售部、行政部
性质概要	根据公司的经营方针和目标，负责公司品牌策划与定位、产品设计与研发、渠道建设与市场开发、企业与品牌形象的宣传推广、营销策略与销售管理、供应链体系的有效运行、货品整合与物流配送、自营终端管理和客户服务等			

续表

组织结构	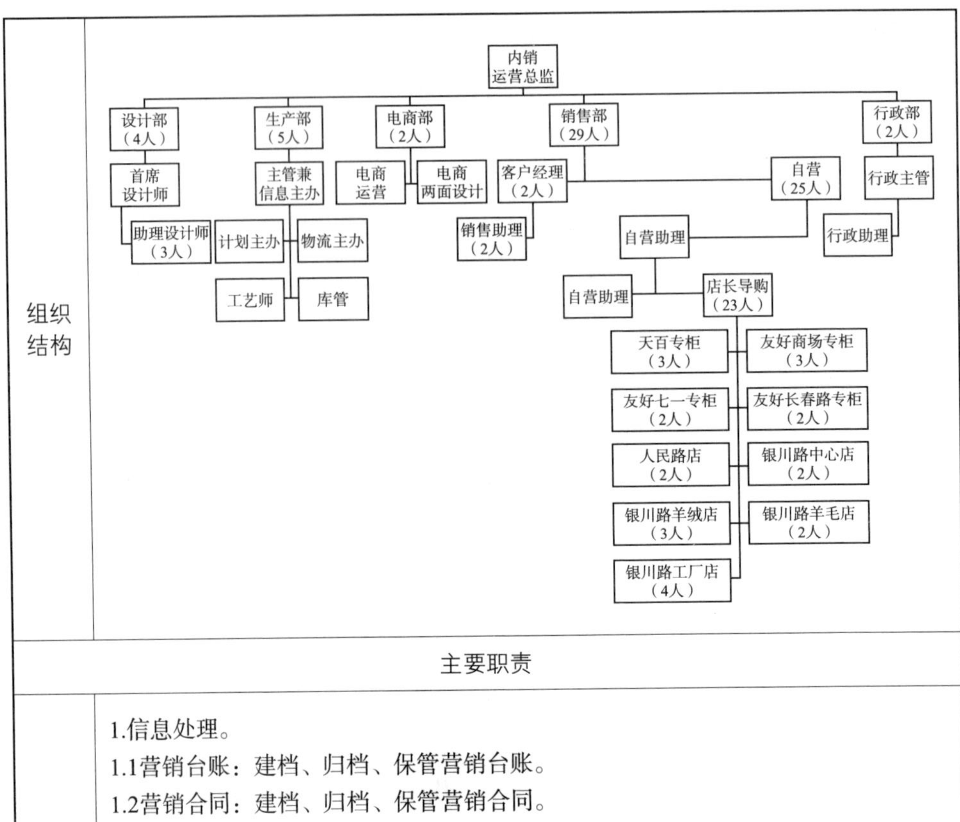
主要职责	
基础管理	1.信息处理。 1.1营销台账：建档、归档、保管营销台账。 1.2营销合同：建档、归档、保管营销合同。 1.3客户档案：建档、归档、保管客户档案。 1.4年/季/月汇总表：建档、归档、保管年/季/月汇总表。 1.5部门内审/外审文件：建档、归档、保管部门内审/外审文件。 1.6仓库档案：建档、归档、保管仓库档案。 1.7回款台账：建档、归档、保管回款台账。 1.8物流档案：建档、归档、保管物流档案。 2.计划总结。 2.1负责制订年/月工作计划。 2.2负责编制年/月工作总结。 3.制度管理。 3.1制定公司级管理制度并贯彻执行。 3.2制定部门级管理制度并贯彻执行。 4.规范文件。 4.1制定公司级流程并贯彻执行。 4.2制定部门级流程并贯彻执行。 4.3制定部门职能。 4.4制定岗位职责。

续表

业务管理	1.信息收集。 1.1信息收集与分析。 1.1.1负责国家宏观政策信息收集与分析。 1.1.2负责行业信息收集与分析。 1.1.3负责客户信息收集与分析。 1.1.4负责竞争对手信息收集与分析。 1.1.5负责信息汇总与分析。 1.2市场调查。 1.2.1负责组织市场调查。负责组织市场调查和预测，制定市场策略及销售计划，具体落实招商、合作客户开发等业务。 1.2.2负责实施市场调查。 1.2.3负责编制市场调查报告。 2.设计部。 2.1进行流行要素确定及流行趋势研究。 2.2根据调研结果，进行纺织面料的开发和设计，对开发的产品定位。 2.3对开发纺织面料图案内涵、风格作必要说明，编写产品设计文案。 2.4对纺织面料进行后续跟踪，如跟踪试生产、市场反应情况等。 3.销售。 3.1制订每月、季度、年度销售计划，进行目标分解，并执行实施。 3.2销售人员每周、每月、季度销售任务制定与监督。 3.3设立、管理、监督、督促销售部正常工作运转，正常业务运作。 3.4建立各级顾客资料档案，保持与顾客之间的双向沟通。 3.5合理进行销售部的预算控制。 3.6负责专柜、中心店的管理。 4.电商部。 4.1负责网店日常维护，优化店铺和商品排名。 4.2负责网络站内站外推广工作，策划店铺促销活动方案。 4.3负责站内流量分析，制定主推款和关键词，分析数据。 4.4负责了解线上产品趋势，及时做好网店的整体布局与规划，以增加店铺的竞争力。 4.5根据年度、季度和月度的销售计划制定相应的营销策划方案及推广方案。 4.6负责制定并完善客户关系管理及相关服务工作要求。建立老顾客群，对客户做出相应的维护；分析在客户关系处理中的问题，提出有效改善意见，对店里顾客不定期的回访；节日前向老顾客发祝福。 4.7及时专业地解答客户对产品的疑问，推荐恰当的产品，能独立完成网上购物售前、售中、售后工作。 4.8按要求拆分/合并订单、修改邮费/价格/收货地址/产品属性等，及时添加订单备注；跟进订单，解决客户物流查件、催单并进行登记、反馈和跟进。 4.9建立客户档案、质量跟踪记录等售后服务信息管理系统。 4.10负责官网的维护与修改。

续表

业务管理	4.11负责网店装修、改版、上架、图片拍摄与平面处理。 4.12负责在线客服和售后服务。 4.13负责物流准时准款的发货。 4.14负责网络正常运营与管理。 5.行政。 5.1负责销售后期跟踪，及时解决顾客问题。 5.2负责内销部门行政事务。 5.3营销合同。 5.3.1拟订营销合同。 5.3.2谈判营销合同。 5.3.3签订营销合同。 5.3.4实施营销合同。 5.4销售回款。 5.4.1核实汇总销售回款。 5.4.2负责监督销售回款。 5.4.3负责临时销售回款管理。 5.5发票管理。 5.5.1负责发票 ERP上传。 5.5.2负责发票核对。 5.5.3负责发票作废。 5.5.4负责发票邮寄。 6.品牌策略。 6.1负责公司品牌建立推广和维护。依照公司发展战略，制订品牌发展规划，并负责组织实施。 6.2负责产品品牌建立推广和维护。 6.3负责公司品牌运作，产品策划、设计与开发的评审、验证和确认工作。 6.4负责羊绒产品品牌年度宣传推广计划的制订与落实工作。 7.市场策略。 7.1负责新老市场的开发和维护。 7.2负责重点、新兴市场开发。 7.3推广策略。 7.3.1制定实施推广策略。 7.3.2客户交流。组织并实施客户交流。 8.其他。 8.1负责组织产品选样订货以及辅料的采购工作，监督、检查生产计划的落实情况，保证产品的储运、保管与配送。 8.2负责制定本单位销售、财务等各项业务流程和管理制度，以及产品销售过程中所需资源的配置到位，做到统一管理制度、统一销售价格。 8.3 制订人员培养规划和培训计划并组织实施，及时对出现的问题进行改进和修订

续表

部门人力资源管理	1.参与本部门的人员招聘、面试工作。 2.做好本部门人员的工作分配。 3.做好本部门人员日常考核。 4.对本部门人员实施业务培训。 5.及时进行必要的思想教育工作，充分发挥部门员工的工作积性
领导交办的临时任务	

根据内销公司职责，提取的量化考核项目如图 5-9 所示。

根据战略分解及可量化项目分析，制定内销公司绩效考核打分表，如表 5-6 所示。

表5-6 TSFZ服装有限公司内销公司 ________年绩效考核打分

被考核单位：内销公司　　　　年　月　日

考核项目	考核指标	分值	目标值	评分标准	打分
经营指标（70%）	净利润	20	500万元	完成净利润≥100%，净利润较目标值每增加5万元，加1分，最多加20分；净利润较目标值每增亏5万元，扣2分，最多扣20分	
	业务收入总额	40	3300万元	主营业务收入目标完成率=完成主营业务收入总额/主营业务收入总额目标值*100%；目标完成率≥100%，每增加25万元，加1分；超3800万元每增加10万元再累加1分；80%≤目标完成率＜100%，按实际完成百分比计算得分；目标完成率＜80%，得0分	
	应收账款回款率	10	100%	2020年度应收账款回款率完成100%，未完成扣2.5分；2021年度账期内应收账款回款率100%，未完成扣5分	
专项指标（10%）	以前年度存货下降	5	100%	根据2018年库存衫消化率计分，库存消化率=2021年年末2018年及以前年度库存衫（期初数量-期末数量）/2021年年初2018年及以前年度库存衫期初数量*100%；库存消化率≥100%，得满分；80%≤库存消化率＜100%，按实际完成百分比计算得分；库存消化率＜80%，得0分	

续表

考核项目	考核指标	分值	目标值	评分标准	打分
专项指标（10%）	适销率	5	55%	完成适销率≥55%，较目标值每增加1%，加1分，最多加5分	
管理指标（15%）	贯彻落实总目标	5	年考	以《安全生产、维稳、信访目标管理考核细则》《网络安全考核细则》为考核依据，采用百分制，90分以上为优秀，75～90分为良好，60～75分为合格，60分以下为不合格；以各项考核细则累加实际得分计算考核得分，最高5分	
	国企改革	5	年考	100%完成国企改革各项工作措施。按TS纺织对国企改革评估结果为考核依据，采用百分制，90分以上为优秀，80分以上为合格，80分以下为不合格；以考核得分按比例计分，最高得5分；考核小于80分，整项得分为0分	
	质量管理体系有效运行	2.5	年考	依据技术质量部《质量管理考核办法及细则》进行相应扣分	
	信息上报	2.5	年考	以各部门综合评分为依据，采用百分制，90分以上为优秀，75～90分为良好，60～75分为合格，60分以下为不合格，以考核细则实际得分计算考核得分，最高得5分；细则考核小于60分，整项得分为0分	
民主评议指标（5%）	能力与态度360度考核	5		依据公司《能力与态度360度考核表》，以公司年终考评结果的平均分确定	
否决指标	安全生产		年考	一票否决	
	防腐廉政				
	环境保护				
	综治维稳				
利润提成奖励			-1000万元	公司完成年度利润目标，提取超额年度利润目标的10%，对盈利单位负责人按盈利单位完成公司超额利润的占比给予超额利润提成奖	
合计		100			

图5-9　TSFZ服装有限公司内销公司可量化项目分析

（2）外贸公司

如表 5-7 所示为外贸公司职责梳理。根据外贸公司的职责分析可量化项目，并制定考核指标。

表5-7　TSFZ服装有限公司外贸公司职责

<table>
<tr><td rowspan="2">基本信息</td><td>部门名称</td><td>外贸公司</td><td>岗位编制</td><td></td></tr>
<tr><td>直接领导</td><td>外贸经理</td><td>下属部门/岗位</td><td>管理人员、营业经理、外销纱库、外贸店长、库管、店员</td></tr>
<tr><td>性质概要</td><td colspan="4">根据公司的经营方针和目标，负责公司品牌策划与定位、产品设计与研发、渠道建设与市场开发、企业与品牌形象的宣传推广、营销策略与销售管理、供应链体系的有效运行、货品整合与物流配送、自营终端管理和客户服务等</td></tr>
<tr><td>组织结构</td><td colspan="4">外贸经理：1人
管理人员：3人
毛纺计划：1人
针织计划：1人
核算记账：1人
营业经理：8人
欧洲一组：3人
欧洲二组：2人
豪商组：3人
外销纱库：2人
库管：2人
外贸店：3人
店长：1人
店员：2人</td></tr>
<tr><td colspan="5">主要职责</td></tr>
<tr><td>基础管理</td><td colspan="4">1.信息处理。
1.1营销台账：建档、归档、保管营销账。
1.2营销合同：建档、归档、保管营销合同。
1.3客户档案：建档、归档、保管客户档案。
1.4年/季/月汇总表：建档、归档、保管年/季/月汇总表。
1.5部门内审/外审文件：建档、归档、保管部门内审/外审文件。
1.6仓库档案：建档、归档、保管仓库档案。
1.7回款台账：建档、归档、保管回款台账。
1.8物流档案：建档、归档、保管物流档案。
2.计划总结。
2.1负责制订年/月工作计划。
2.2负责编制年/月工作总结。
3.制度管理。
3.1制定公司级管理制度并贯彻执行。
4.规范文件。
4.1制定公司级流程并贯彻执行。
4.2制定部门级流程并贯彻执行。
4.3制定部门职能。
4.4制定岗位职责</td></tr>
</table>

续表

业务管理	1.销售职责。 1.1负责制订本单位年度经营计划和预算工作，并组织实施，做好监督、检查、分析和改进工作。 1.2负责公司产品在国外市场的开拓、推广、物流、销售及售后服务工作。 1.3 负责外销老客户的稳定及新客户的开拓工作，扩大接单。 1.4负责外销订单的洽谈，样板和色样委托的制作，合同的评审、签署，下单、跟单，客户检验、报关和结汇等工作。 1.5通过竞标选择有资质的辅料供应商、货运公司、报关公司为公司外销服务。 1.6负责建立客户（顾客）信息沟通机制，处理客户投诉，识别客户期望，确定客户的现实需求和潜在需求，不断改善客户满意度。 1.7协助外商验厂工作。 1.8收集和整理市场情报并反馈给公司有关部门，及时跟踪产品质量情况并反馈给公司有关部门。 1.9负责制定并完善销售管理制度，保证服务质量。 2.市场运作。 2.1.负责制订年度营销计划并督促销售部门贯彻执行。 2.2制定公司品牌、产品推广和公关策划方案并组织实施。 2.3实施客户满意率调查和经销商满意率调查，并作相应处理收集、汇总市场信息，进行市场调研，并递交相关报告。 2.4负责产品规划、新产品开发建议，提出市场推广建议，并负责实施市场推广方案。 2.5负责公司的品牌及注册商标的管理与保护。 2.6公司对外网站内容的更新和管理。 2.7负责接收经销商投诉电话，组织协调相应部门解决；负责销售合同履行的全过程协调工作，确保合同履行。 2.8安排货物运输、配载，办理单证、报关手续。 2.9业务相关数据统计并报送有关部门，制定并完善各项市场运作和业务支持相关制度。 2.10收集、整理并完善供应市场信息。 3.其他。 3.1负责制订本单位销售、财务等各项业务流程和管理制度，并认真执行。 3.2参与产品质量事故分析与解决。 3.3外销纱库管理
部门人力资源管理	1.参与本部门的人员招聘、面试工作。 2.做好本部门人员的工作分配。 3.做好本部门人员日常考核。 4.对本部门人员实施业务培训。 5.及时进行必要的思想教育工作，充分发挥部门员工的工作积极性

续表

领导交办的临时任务	

根据外贸公司职责，提取的量化考核项目如图 5-10 所示。

外贸公司量化项目分析

职责说明	可量化的项目
• 负责制订公司月度销售计划	• 销售收入
• 负责公司业务经营和款项回收	• 销售回款
• 负责国外大客户的开发，并负责跟踪服务以及大客户的满意度调查	• 国外大客户开发率
• 负责客户投诉的接收、传递与结果的处理与反馈，提升顾客满意度	• 顾客投诉（销售服务）
• 负责制订内销公司月度重点工作计划	• 月度计划重点工作完成
• 制订员工培训计划	• 培训管理
• 每月提交新闻稿，做好信息上报	• 行政管理
• 依据《党建工作检查考核表》，做好支部标准化建设	• 党建管理
• 依据《质量管理考核办法》，做好管理体系建设	• 体系管理
• 依据《安全管理考核办法及细则》，做好安全和综治维稳建设	• 安全管理
• 依据《疫情防控管理检查考核表》，做好常态化疫情管理	• 现场管理
• 提出新产品开发建议，拓展国外新市场	• 新产品与国外新市场开发

图5-10　TSFZ服装有限公司外贸公司可量化项目分析

根据外贸公司职责及战略目标可量化的项目分解，梳理出外贸公司的考核指标，制定绩效考核打分表，如表 5-8 所示。

表5-8　TSFZ服装有限公司外贸公司　________年绩效考核打分表

被考核单位：外贸公司　　　　　　　　　　　　　　　　年　　月　　日

考核项目	考核指标	分值	目标值	评价标准	打分
经营指标（75%）	净利润	20	500万元	完成净利润≥100%，净利润较目标值每增加5万元，加1分，最多加20分；净利润较目标值每增亏5万元，扣2分，最多扣20分	
	业务收入总额	45	6100万元	主营业务收入目标完成率=完成主营业务收入总额/主营业务收入总额目标值*100%；目标完成率≥100%，每增加25万元，加1分；超6600万元每增加10万元再累加1分；80%≤目标完成率<100%，按实际完成百分比计算得分；目标完成率<80%，得0分	
	应收账款回款率	10	100%	2020年度应收账款回款率完成100%，未完成扣2.5分；2021年度账期内应收账款回款率100%，未完成扣7.5分。	
专项指标（5%）	以前年度存货下降	5	100%	根据2018年库存衫消化率计分，库存消化率=2021年年末2018年及以前年度库存衫（期初数量-期末数量）/2021年年初2018年及以前年度库存衫期初数量*100%；库存消化率≥100%，得满分；80%≤库存消化率<100%，按实际完成百分比计算得分；库存消化率<80%，得0分	
管理指标（15%）	贯彻落实总目标	5	年考	以《安全生产、维稳、信访目标管理考核细则》《网络安全考核细则》为考核依据，采用百分制，90分以上为优秀，75～90分为良好，60～75分为合格，60分以下为不合格；以各项考核细则累加实际得分计算考核得分，最高5分	

续表

考核项目	考核指标	分值	目标值	评价标准	打分
管理指标（15%）	国企改革	5	年考	100%完成国企改革各项工作措施。按TS纺织对国企改革评估结果为考核依据，采用百分制，90分以上为优秀，80分以上为合格，80分以下为不合格；以考核得分按比例计分，最高得5分；考核小于80分，整项得分为0分	
	质量管理体系有效运行	2.5	年考	依据技术质量部《质量管理考核办法及细则》进行相应扣分	
	信息上报	2.5	年考	以各部门综合评分为依据，采用百分制，90分以上为优秀，75～90分为良好，60～75分为合格，60分以下为不合格，以考核细则实际得分计算考核得分，最高得5分；细则考核小于60分，整项得分为0分	
民主评议指标（5%）	能力与态度360度考核	5		依据公司《能力与态度360度考核表》，以公司年终考评结果的平均分确定	
否决指标	安全生产		年考	一票否决	
	防腐廉政				
	环境保护				
	综治维稳				
利润提成奖励			-1000万元	公司完成年度利润目标，提取超额年度利润目标的10%，对盈利单位负责人按盈利单位完成公司超额利润的占比给予超额利润提成奖	
合计		100			

四、TSFZ服装有限公司职能部门绩效考核方案

（一）考核制度

部门考核分为月度考核和年度考核。

1. 月度考核

①每月 1 日前各部门对公司经营业绩及各经营单位主要考核指标完成情况予以确认，并将信息反馈至人力资源部。

②人力资源部负责月度薪酬分配考核激励的计算，形成“月度薪酬分配考核结算表”，并将考核结果报主管领导审核，总经理审批。

③每月 3 日前人力资源部将审批后的月度考核结果通报公司各职能部门及各经营单位。

④每月 5 日前各部门和经营单位完成内部薪酬分配，并将分配结果反馈人力资源部，审核后按月发放。

2. 年度考核

年度考核周期为 1 月 1 日至 12 月 31 日。年度绩效考核结果，将与评优及年度绩效、激励性收入挂钩。

（二）流程和说明

如图 5-11 所示，职能部门绩效考核为结构化考核。由其服务的相关部门打分、内部服务满意度调查两部分组成。并由绩效领导小组根据《创新打分细则》进行加分，最后汇总为考核总分。

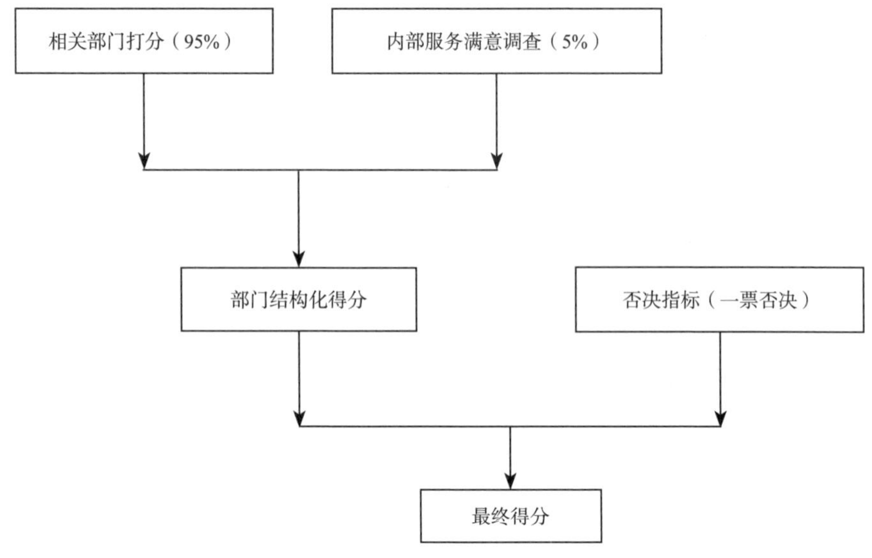

图5-11　TSFZ服装有限公司职能部门考核流程

（三）部门职责梳理及绩效考核打分表

1. 总经办职责梳理及绩效考核打分表

对总经办职责梳理如表 5-9 所示。

表5-9　TSFZ服装有限公司总经办职责

<table>
<tr><td rowspan="2">基本信息</td><td>部门名称</td><td>总经办</td><td>岗位编制</td><td></td></tr>
<tr><td>直接领导</td><td>总经理</td><td>下属部门/岗位</td><td>主任、党群主管、行政主办、网络信息工程师、后勤主管、后勤核算、驾驶员、厨师、服务员、宿管、宿舍保洁</td></tr>
<tr><td>性质概要</td><td colspan="4">总经理办公室是公司目标管理、行政管理、信息管理，以及后勤服务的归口管理部门。在总经理领导下，负责企业内部流程、制度建设及管理体系的监督运行、计划执行的监督，负责绩效考核及对上争取工作</td></tr>
</table>

续表

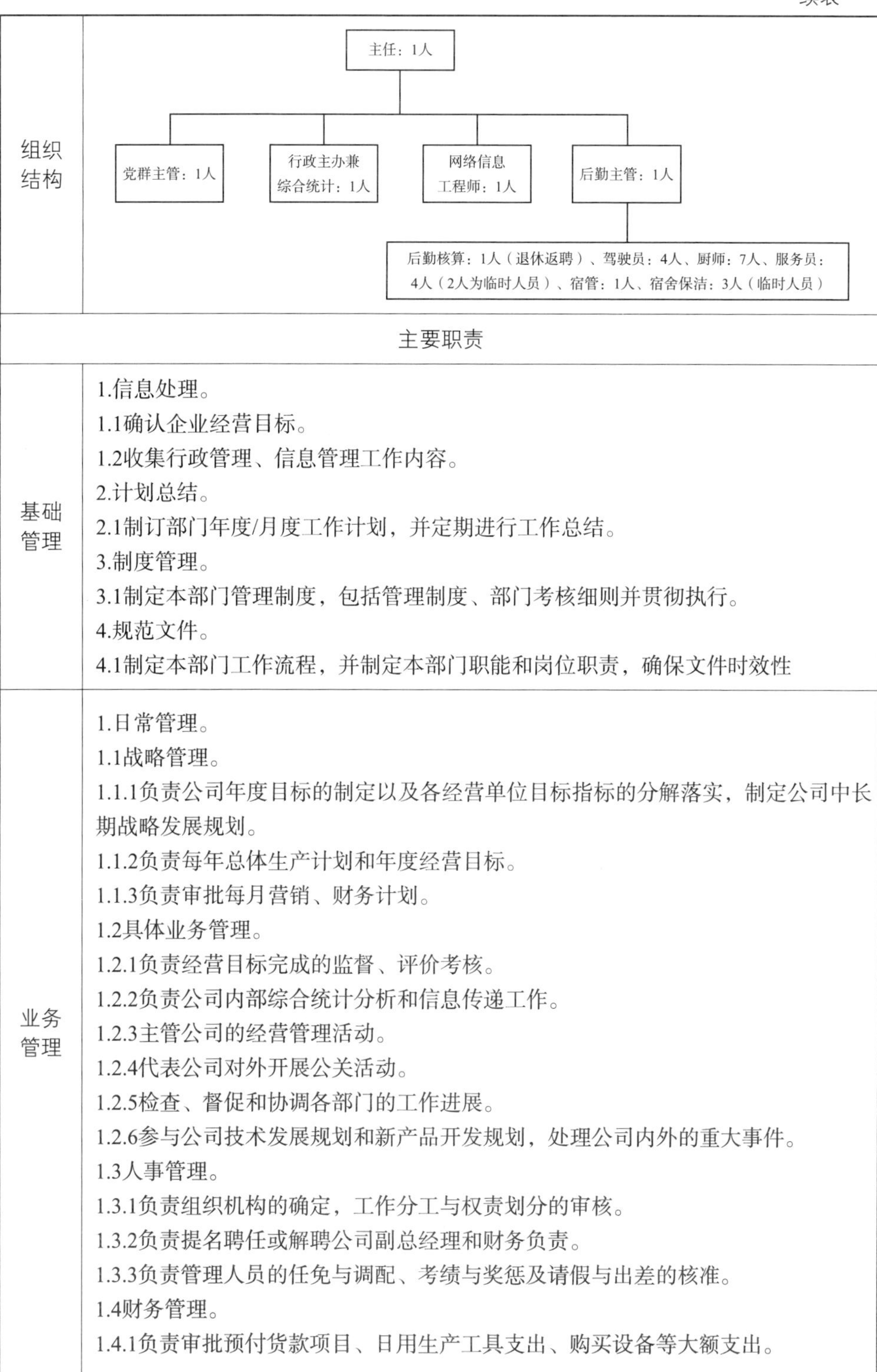

组织结构	主任：1人 党群主管：1人；行政主办兼综合统计：1人；网络信息工程师：1人；后勤主管：1人 后勤核算：1人（退休返聘）、驾驶员：4人、厨师：7人、服务员：4人（2人为临时人员）、宿管：1人、宿舍保洁：3人（临时人员）
主要职责	
基础管理	1.信息处理。 1.1确认企业经营目标。 1.2收集行政管理、信息管理工作内容。 2.计划总结。 2.1制订部门年度/月度工作计划，并定期进行工作总结。 3.制度管理。 3.1制定本部门管理制度，包括管理制度、部门考核细则并贯彻执行。 4.规范文件。 4.1制定本部门工作流程，并制定本部门职能和岗位职责，确保文件时效性
业务管理	1.日常管理。 1.1战略管理。 1.1.1负责公司年度目标的制定以及各经营单位目标指标的分解落实，制定公司中长期战略发展规划。 1.1.2负责每年总体生产计划和年度经营目标。 1.1.3负责审批每月营销、财务计划。 1.2具体业务管理。 1.2.1负责经营目标完成的监督、评价考核。 1.2.2负责公司内部综合统计分析和信息传递工作。 1.2.3主管公司的经营管理活动。 1.2.4代表公司对外开展公关活动。 1.2.5检查、督促和协调各部门的工作进展。 1.2.6参与公司技术发展规划和新产品开发规划，处理公司内外的重大事件。 1.3人事管理。 1.3.1负责组织机构的确定，工作分工与权责划分的审核。 1.3.2负责提名聘任或解聘公司副总经理和财务负责。 1.3.3负责管理人员的任免与调配、考绩与奖惩及请假与出差的核准。 1.4财务管理。 1.4.1负责审批预付货款项目、日用生产工具支出、购买设备等大额支出。

续表

<table>
<tr><td rowspan="1">业务管理</td><td>1.4.2负责资金的筹措与运用。
1.4.3审批部门提交的经营预算和费用预算。
1.4.4负责产成品、办公设备和运输工具等固定资产的报废审批。
1.5日常经营管理。
1.5.1负责各项重要管理制度、文件的审核。
1.5.2负责各项合同的审批。
1.5.3负责召集和主持公司重大会议。
1.5.4审批各部主管工作计划与总结。
1.5.5负责公司的印章管理、工商登记等事务。
2.人力资源方面。
2.1制度建设与管理。
2.1.1制订公司中长期人才战略规划。
2.1.2制定公司人力资源管理制度，制定公司的人事管理权限与工作流程，并组织、协调、监督制度和流程的落实。
2.1.3核定公司年度人员需求计划、确定各机构年度人员编制计划。
2.1.4定期进行市场薪酬水平调研，提供决策参考依据。
2.1.5指导、协助员工做好职业生涯规划。
2.2组织机构管理。
2.2.1配合相关部门，做好人才储备、筹备设立等方面的工作。
2.2.2协助公司处理各部门的设置、合并、更名、撤销等过程中的人力资源管理工作。
2.3薪酬福利管理。
2.3.1核算公司系统薪酬成本及预算，并在公司批准后监控、执行。
2.3.2核定公司员工试用期工资、基本工资，并为核定、发放工资提供人员考勤情况。
2.3.3拟定公司员工福利政策，并在公司批准后实施。
2.3.4根据国家及公司制度，向员工宣传、办理各项社会保险，并根据政府部门的要求定期提供相关报表。
2.3.5依据国家法规及公司制度，与员工办理相关劳动关系，处理因劳资问题而出现的矛盾，确保企业的正常运转。
3.行政管理。
3.1企业文化建设。
包括核心价值观、企业精神、企业道德、经营理念、企业设计（章程、简介、统一标识）、公司大事记、员工手册、员工活动组织、节日福利物资组织与发放等。
3.2行政管理工作。
3.2.1日常行政事务。
3.2.2接听电话来访。
3.2.3例会组织与纪要。
3.2.4负责公司行政档案和合同管理。</td></tr>
</table>

续表

业务管理	3.2.5负责公司制度体系建设、行政管理及后勤保障。 3.3外联工作。 3.3.1负责公司工商登记等事务。 3.3.2证照年检及资质审核。 3.3.3外部事务管理
领导交办的临时任务	

根据总经办的职责，提取的量化考核项目如图 5-12 所示。

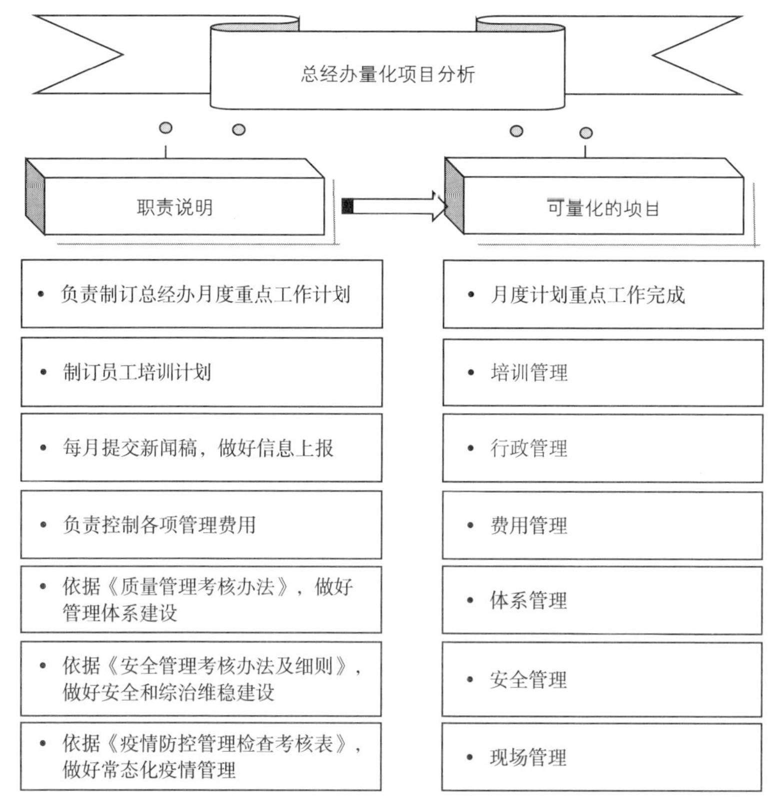

图5-12　TSFZ服装有限公司总经办可量化项目分析

根据企业战略目标分解及总经办可量化项目分析，制定总经办绩效考核打分表，如表 5-10 所示。

表5-10 TSFZ服装有限公司总经办 ________年绩效考核打分表

被考核单位：总经办 年 月 日

考核项目	考核指标	分值	评价标准	数据信息来源	打分
经营指标（15%）	《TS毛纺织公司年度目标责任书》	15	总公司考核总分*15%	总公司	
管理指标（5%）	费用控制率	5	费用控制率≤100%，得满分，100%<费用控制率≤110%，每增加一个百分点扣0.5分，费用控制率>110%，不得分	财务部	
管理目标（70%）	党建及党风廉政	6	1.对上级党委及公司党委有关工作安排部署有落实（3分），对贯彻措施不力，每发生一次扣1分，最多扣3分。 2.如发生党员违反党章党纪、规章制度等行为，造成影响，每发现一起，扣1分，最多扣3分	公司党委/公司领导及检查考核小组	
	行政管理	10	1.制订年度工作计划（1分）。 2.按时组织“三会”召开工作（1分），征集会议议案，筹备相关资料会后及时形成决议（1分），督办执行决议完成率（1分），未按计划执行，出现公司不符合法人治理或公司章程规定并造成影响，扣1分；由于工作质量影响计划时间延迟、目标未完成，根据严重程度，扣1～3分。 3.按督办事项完成情况考核，满分为2分，未按要求完成，每发生1次扣0.5分，最高不超过3分。 4.参与组织公司制度流程的修改、细化、优化工作，规范管理公司制度文件（1分）。 5.对公司开展的各项审计整改项建立台账（1分），并按要求进行整改、跟踪督办（2分），每发生一项未按要求整改扣1分		
	组织绩效管理	6	1.按年度经营计划及组织绩效考核目标组织考核工作（3分）。 2.按期对公司各部门目标计划进行跟踪、分析及检查、评价（3分）		

续表

考核项目	考核指标	分值	评价标准	数据信息来源	打分
管理目标（70%）	网络安全	5	1.确保信息管理系统运行正常（1分），每发生一起信息管理系统运行异常影响业务正常运行扣1分。 2.网络安全管理零事故（3分），发生网络安全事件后，未及时采取相关有效措施，造成较大及以上网络安全事故的，视情节严重程度扣1～3分，发生网络安全事件后，出现瞒报、漏报、迟报等情况的，扣3分。 3.制定完善应急预案开展网络安全应急演练（1分）	公司党委/公司领导及检查考核小组	
	信访工作	3	1.坚持信访隐患排查常态化，对没有排查出来就发生了信访事件，发生一次扣1分。 2.每发生1次越级上访事件扣1分；发生5人以上群体性上访事件1次扣1～3分；如处理不得当，造成社会影响，政府相关部门介入，发生一次扣3分，严重事件不得此分		
	年度考核	35	2个月平均考核得分*权重；如当月发生上级通报项，每发生一项问题建议项当月扣2分	考核小组	
	国企改革	5	根据国企改革要求完成本部门各项改革工作措施（5分），未按措施完成的一次扣0.5分，最高不超过5分		
综合指标（10%）	内部服务满意度	10	内部服务满意度调查表满分为100分。此项实际得分=调查表分数*10%	公司各部门	
合计		100			

2. 安环办职责梳理及绩效考核打分表

对安环办职责梳理如表 5-11 所示。

表5-11　TSFZ服装有限公司安环办职责

基本信息	部门名称	安环办	岗位编制	
	直接领导	安环办部长	下属部门/岗位	计量工程师、安全专干、环保专干、消防专干、警卫
性质概要	负责公司安全生产，综治维稳，职业健康安全管理			
组织结构	安环办部长：1人 计量工程师：1人 安全专干：1人 环保专干：1人 消防专干：1人 警卫：10人（3人退休返聘）			
主要职责				
基础管理	1.信息处理。 1.1建立安全环保台账，做好各项安全环保信息记录和信息收集。 1.2及时、准确、真实地反馈安全环保工作信息。 2.计划总结。 2.1负责制订各单位年/月安全环保工作计划，明确各岗位安全生产管理职责。 2.2组织开展对各单位安全、环保工作的考核、评比奖惩兑现。 2.3撰写《月度总结》和《年度总结》。 3.制度管理。 3.1制定本部门管理制度并贯彻执行，协助有关部门制定或修改技术方案、操作规程、预防措施。 4.规范文件。 4.1制定本部门工作流程，并制定本部门职能和岗位职责，确保文件时效性			
业务管理	1.安全生产。 1.1制度编制。 1.1.1协助企业领导组织推动生产中的安全工作，贯彻执行国家及有关部门制定的方针、政策、法规，以及本企业的安全生产管理制度和安全技术规程。 1.1.2组织制定、修订本企业的安全管理制度、安全技术标准和安全技术规程，并监督执行。 1.1.3负责公司安全生产责任制的建立。 1.1.4制订实施年度安全计划。 1.1.5制定临时性危险作业的安全措施。 1.1.6负责落实安全专项资金的使用和管理，组织并督促做好劳动保护工作，制定劳保用品、保健津贴的发放标准并监督执行。			

续表

业务管理	1.1.7负责贯彻企业安全生产标准化，负责公司安全标准化体系日常维护，根据标准化要求对企业安全管理现状进行整改和反馈。 1.2教育培训。 1.2.1组织和参与安全生产教育和培训，如实记录安全生产教育和培训情况。 1.2.2组织参与本单位应急救援演练。 1.2.3对新员工进行安全教育培训和考试，增强员工安全意识。 1.3应急预案及事故管理。 1.3.1参与公司安全生产应急预案规则并组织定期演练，以及事故状态下的应急救援工作。 1.3.2参与组织安全事故调查分析、处理，及时制定防范措施，预防事故扩大和重复发生。 1.4生产安全。 1.4.1组织参加企业安全大检查，监督不安全因素整改措施落实和按期完成。 1.4.2督促落实本单位重大危险源的安全管理措。 1.4.3检查泵单位安全生产状况，及时排除生产安全事故隐患，提出改进安全。 1.4.4制止和纠正违章指挥、强令冒险作业、违反操作规程的行为。 1.4.5督促落实本单位安全生产整改措施。 1.4.6参加新建、扩建、改建工程及新产品设计、施工、试车、投产验收工作。 1.4.7加强对公司现场安全设施、安全标志、安全用电、安全通道的检查。 1.5消防安全。 1.5.1贯彻落实国家相关消防法律法规，严格执行防火救灾职责。 1.5.2负责公司的防火制度、防火预案等的编制以及消防设施的使用、维护、保养、检修工作。 1.5.3组织制订年度消防安全工作计划，组织实施日常消防安全管理工作。 1.5.4确定重点防火部位及制定灭火应急疏散预案，同时定期组织演练。 1.5.5组织实施消防设施、灭火器材和消防安全标志的维护保养，确保其完好有效，确保疏散通道和安全出口的畅通。 1.5.6发生火警、火灾时，组织实施应急预案，组织扑救初期火灾。 1.5.7参加火警、火灾事故的调查处理，并对有关事故责任者履行处理手续。 1.6治安保卫。 1.6.1贯彻执行治安保卫有关规定，严格执行规章制度，维护公司治安秩序。 1.6.2负责做好来客登记工作，对车辆、物资进出公司以及员工所带包裹等严格检查并核实。 1.6.3协助上级公安机关，处理公司内的治安、刑事等案件的查处工作。 1.6.4负责公司各要害部位的治安备勤巡逻工作，确保各场所的治安秩序稳定。 1.6.5对公司各部门的安全保卫工作进行巡查，发现内部的安保隐患，督促限期整改，并汇报。 1.6.6对公司发生的治安刑事案件及安全生产事故，及时向公司领导报告。

续表

<table>
<tr><td>业务管理</td><td>1.6.7积极参与事故抢修工作，保护好现场，协助事故调查。
1.6.8对信件、报刊等邮件、货样要妥善保管，并及时通知或送达有关人员，发现可疑情况及时上报公司领导。
2.环境保护。
2.1制度编制。
2.1.1根据《中华人民共和国环境保护法》等相关法律法规，制定环境保护管理制度。
2.2教育培训。
2.2.1明确各单位责任人，并对负责人进行教育培训。
2.2.2对新进员工，相关工作人员进行培训教育。
2.3审核检查。
2.3.1贯彻落实国家相关环保法律法规，严格执行环保工作职责。
2.3.2审核批准环保措施实施计划，并检查落实完成情况。
2.3.3严格执行公司的各项环境保护管理制度，并坚决执行环保考核制。
2.4应急预案及事故管理。
2.4.1参与公司环境保护应急预案定期演练，以及事故状态下的应急救援工作。
2.4.2参与组织环保事故调查分析、处理，及时制定防范措施，预防事故扩大和重复发生，并及时对应急预案进行补充完善。
2.5贯彻执行。
2.5.1贯彻执行国家、上级和有关环境保护工作的法令、政策和标准，制订、修订并完善各项环境保护制度和措施。
2.5.2按照上级主管部门文件精神及各项工作要求做好环保工作，并做到上传下达，推动环保工作执行。
3.风险防控。
3.1负责公司安全风险识别、评价和防控</td></tr>
<tr><td>领导交办的临时任务</td><td></td></tr>
</table>

根据安环办职责，提取的量化考核项目如图 5-13 所示。

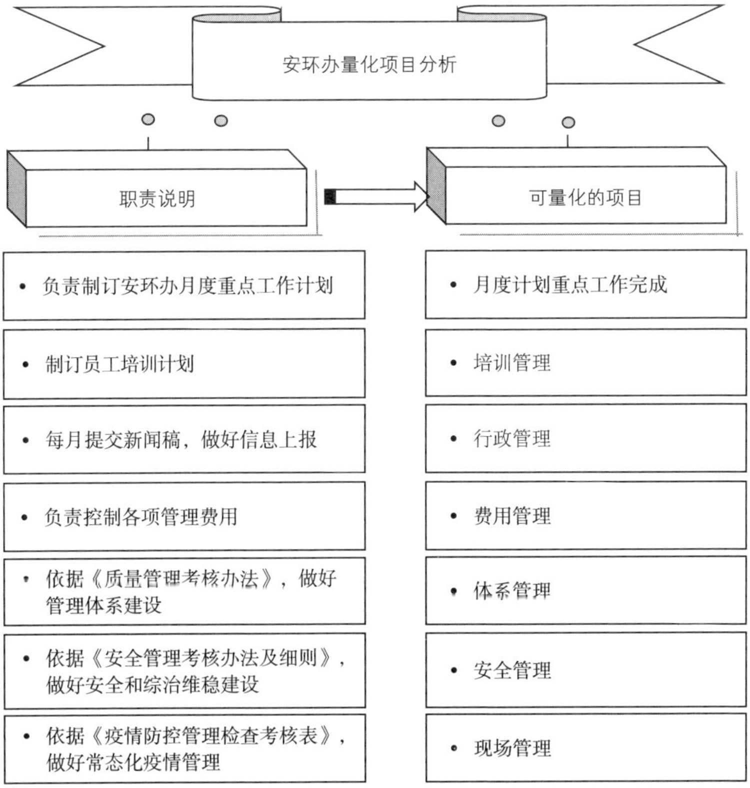

安环办量化项目分析

职责说明	可量化的项目
• 负责制订安环办月度重点工作计划	• 月度计划重点工作完成
• 制订员工培训计划	• 培训管理
• 每月提交新闻稿，做好信息上报	• 行政管理
• 负责控制各项管理费用	• 费用管理
• 依据《质量管理考核办法》，做好管理体系建设	• 体系管理
• 依据《安全管理考核办法及细则》，做好安全和综治维稳建设	• 安全管理
• 依据《疫情防控管理检查考核表》，做好常态化疫情管理	• 现场管理

图5-13　安环办可量化项目分析

根据企业战略目标分解及安环办可量化项目分析，制定安环办绩效考核打分表，如表 5-12 所示。

表5-12　TSFZ服装有限公司安环办 ________年绩效考核打分表

被考核单位：安环办　　　　　　　　　　　　　　年　　月　　日

考核项目	考核指标	分值	评价标准	数据信息来源	打分
经营指标（15%）	《TS毛纺织公司年度目标责任书》	15	总公司考核总分*15%	总公司	

续表

考核项目	考核指标	分值	评价标准	数据信息来源	打分
管理指标（75%）	费用控制率	5	费用控制率≤100%，得满分，100%＜费用控制率≤110%，每增加一个百分点扣0.5分，费用控制率 >110%，不得分	财务部	
	安全管理	10	1.健全完善安全生产各项管理制度占（3分），如发生上级单位检查制度不健全，每发生一项，扣1分； 2.制订公司本部及所属公司安全生产管理计划（2分），按计划组织落实占（5分）； 3.对安全整改后安全隐患跟踪检查（5分），如发生政府安全生产检查通报，每发生1次，扣1分，如总公司检查通报，每发生一次问题项，扣0.2分；未造成社会影响的公司内部安全生产事件（工伤发生6级以上或造成经济损失等），每发生一起扣1分，最高扣5分	公司领导及检查考核小组	
	综治维稳	10	1.严格落实安全生产24小时应急值守和领导带班制度（3分）。公司如发生一起未严格落实值班制度，被上级通报的，每发生一次，扣1分； 2.每发生1次综治维稳类上级通报事件扣1分；发生5人以上群体性上访事件1次扣1～3分；如处理不得当，造成社会影响，政府相关部门介入，发生一次扣5分，严重事件不得此分		
	安全生产管理体系建设	10	制定企业安全生产应急预案（综合预案、专项预案、现场处置方案），确保各级、各类预案的有效衔接，构建完善的预案文本体系。 1.未制订安全生产应急管理体系建设工作计划（扣1分）；未按节点完成工作任务（4分），每项扣1分，最多扣4分； 2.未按期完成各类预案编制（4分），每项扣1分，最多扣4分；各类预案未有效衔接（扣1分）		
	年度考核	35	12个月平均考核得分*权重；如当月发生上级通报项，每发生一项问题建议项当月扣2分	总经办	
	国企改革	5	根据国企改革要求完成本部门各项改革工作措施（5分），未按措施完成的一次扣0.5分，最高不超过5分		

续表

考核项目	考核指标	分值	评价标准	数据信息来源	打分
综合指标（10%）	内部服务满意度	10	内部服务满意度调查表满分为100分，此项实际得分=调查表分数*10%	公司各部门	
合计		100			

3. 人力资源部职责梳理及绩效考核打分表

对人力资源部职责梳理如表 5-13 所示。

表5-13　TSFZ服装有限公司人力资源部职责

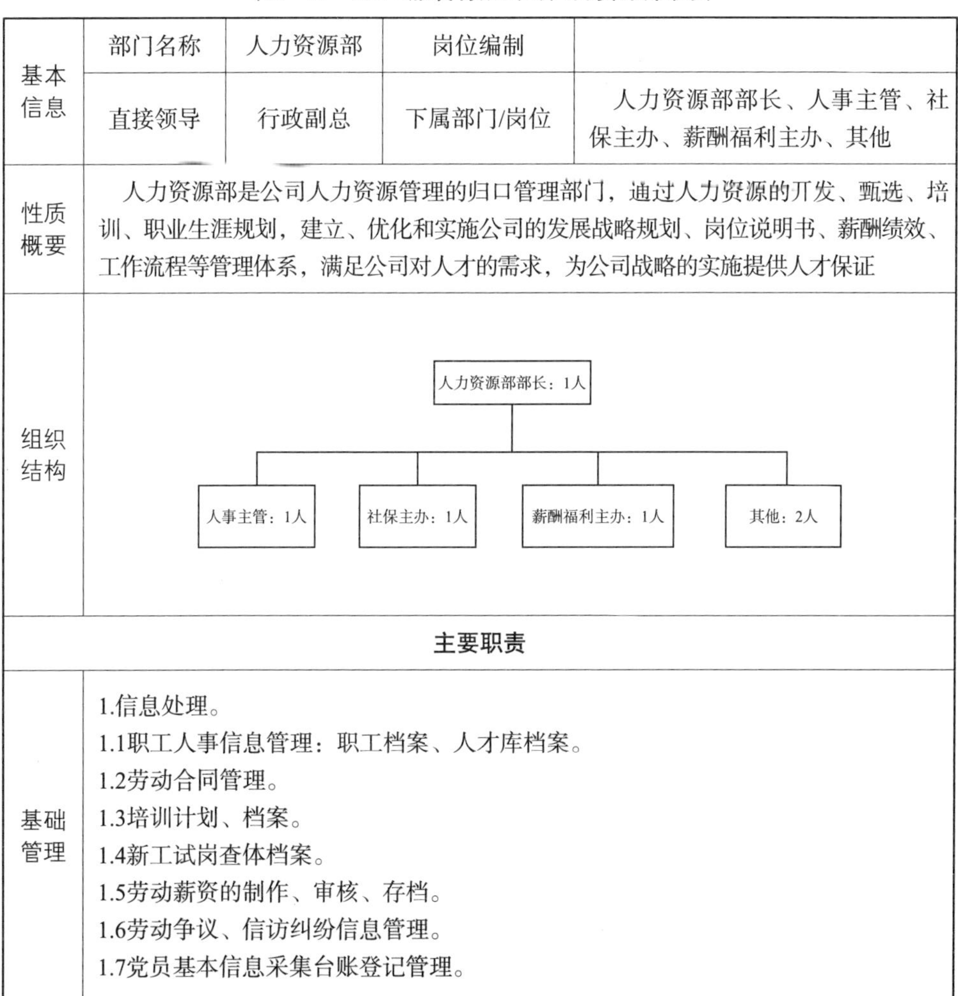

<table>
<tr><td rowspan="2">基本信息</td><td>部门名称</td><td>人力资源部</td><td>岗位编制</td><td></td></tr>
<tr><td>直接领导</td><td>行政副总</td><td>下属部门/岗位</td><td>人力资源部部长、人事主管、社保主办、薪酬福利主办、其他</td></tr>
<tr><td>性质概要</td><td colspan="4">人力资源部是公司人力资源管理的归口管理部门，通过人力资源的开发、甄选、培训、职业生涯规划，建立、优化和实施公司的发展战略规划、岗位说明书、薪酬绩效、工作流程等管理体系，满足公司对人才的需求，为公司战略的实施提供人才保证</td></tr>
<tr><td>组织结构</td><td colspan="4">人力资源部部长：1人
人事主管：1人　社保主办：1人　薪酬福利主办：1人　其他：2人</td></tr>
<tr><td colspan="5">主要职责</td></tr>
<tr><td>基础管理</td><td colspan="4">1.信息处理。
1.1职工人事信息管理：职工档案、人才库档案。
1.2劳动合同管理。
1.3培训计划、档案。
1.4新工试岗查体档案。
1.5劳动薪资的制作、审核、存档。
1.6劳动争议、信访纠纷信息管理。
1.7党员基本信息采集台账登记管理。</td></tr>
</table>

续表

基础管理	1.7.1党费收缴台账登记。 1.7.2 “三会一课”记录。 1.8员工入党申请登记。 1.9发展党员考察表。 1.10工会会员登记表。 1.11职工代表信息登记表。 1.12合理化建议汇总。 1.13团员信息登记表。 1.14团费收缴登记表。 1.15女工信息登记表。 1.16计划生育信息登记表。 1.17计划生育月报表。 1.18已婚育龄妇女查体登记表。 1.19党风廉政建设档案。 2.计划总结。 2.1负责制订人力资源部年度/月度/周工作计划，并定期进行工作总结。 2.2负责制订党工团、计划生育工作年度工作计划，并定期进行工作总结。 3.制度管理。 3.1制定薪酬、绩效、福利、培训、淘汰等人力资源管理制度并贯彻执行。 3.2负责工作目标的跟踪考核执行。制定本部门工作管理制度并遵照贯彻执行。 4.规范文件。 4.1制定本部门工作流程，并制定本部门职能和岗位职责，确保文件时效性
业务管理	1.人力资源规划。 1.1负责制定公司人力资源发展规划，完善招聘管理流程与制度，制订、审核公司年度招聘计划；分析公司人员结构，了解各部门人员需求情况。 1.2编制公司人力资源规划及具体的实施方法。 1.3分析人力资源流动情况。 1.4预测和规划未来人力资源的供给状况及需求趋势。 1.5制定有关解决人力资源需求的措施。 2.招聘管理。 2.1 根据各部室、车间人员需求，制订招聘计划。 2.2确定人员招聘类别、招聘数量、招聘渠道等。 2.3发布招聘信息，组织进行人员招聘与岗位调配。 2.4提出人员配置意见，实行人员动态监控管理。 2.5评价招聘结果，总结、完善招聘工作。 3.培训管理。 3.1 根据不同层次、岗位员工进行培训需求调查和分析。 3.2与公司各部门、车间负责人就培训需求进行沟通。

续表

<table>
<tr><td>业务管理</td><td>3.3制订年度和月度培训计划，包括培训时间、地点、师资、内容、对象、预算培训经费等。
3.4组织实施培训计。
3.4.1组织内训课程师资、培训主题与具体实施方案。
3.4.2外训课程的组织与安排。
3.4.3对新进员工进行岗前培训。
3.4.4监督、指导和协助各业务部门实施业务培训。
3.4.5 进行培训效果的评估，并做出评估报告。
3.4.6负责制定员工行为准则、确定岗位职责和任职要求。
4.绩效管理。
4.1根据公司的目标和要求进行目标分解，建立完善的绩效管理体系。
4.2负责对公司职能部门和各经营单位组织分配、考核和激励，考核结果报公司领导小组审定。
4.3对绩效评价过程进行监督指导，实施绩效考评，并进行跟踪检查。
4.4评定考评等级，进行绩效反馈与面谈。
4.5 制订并落实绩效改进计划，并将考评结果作为晋升和提薪的依据。
5.薪酬管理。
5.1建立薪酬分配体系。
5.2薪酬的核定与核算。
5.3薪酬分级和定薪。
5.4薪酬制度的控制和管理。
6.劳动关系管理。
6.1建立人事管理档案。
6.2负责办理员工的入职、晋升、调动、降职、离职等手续。
6.3组织员工职称与技术等级评聘。
6.4劳动合同管理。
6.4.1办理员工劳动合同的签订、条款变更、续签、终止、解除手续。
6.4.2劳动合同资料的存档管理。
6.5员工社会保险、辞职管理、退休管理、户籍管理
6.6提供人力资源服务和咨询，加强与各部门的工作沟通与协调
7.党建工作。
7.1开展好党员学习教育活动，定期组织党员进行党的理论学习，传达学习公司战略思想，贯彻执行公司发展决策。
7.2各支部坚持开好“三会一课”制度，协助党委定期召开民主生活会，总结组织及个人存在问题并修正。充分发挥党员先锋岗、党员责任区的模范带头作用。开展好党员的推先树优活动。
7.3按照党员发展程序，协助党委做好党员纳新工作。
8.纪委工作。
8.1组织制定党风廉政建设方案，开展党风廉政教育。</td></tr>
</table>

续表

业务管理	8.2组织开展党内民主生活会，做好述职述廉工作。 9.工会工作。 9.1充分发挥职代会的民主管理作用，半年召开一次职代会。 9.2定期召开工会委员会议，研究制订工会阶段工作计划。 9.3发挥员工民主生活管理委员会的工作职责，为员工做好后勤保障工作。 9.4以各种文体活动为载体，促进公司企业文化建设。 9.5合理化建议的收集、整理、传递。 10.共青团工作。 10.1组织团员开展各种文体活动，丰富团员青年的业余文化生活。 10.2按时收缴团费。 10.3《华兴青年》的出版发行。 11.计划生育工作。 11.1按照国家计划生育管理政策，做好公司计划生育管理工作，对育龄女职工，托清底子，掌握情况。 11.2组织好已婚育龄女职工查体工作，杜绝计划外生育、计划外怀孕现象。 12.女工工作。 12.1开展女职工巾帼建功活动，树立女工岗位成才的信念。 12.2关注女工健康，定期对女工进行健康查体
部门人力资源管理	1.参与本部门的人员招聘、面试工作。 2.做好本部门人员的工作分配。 3.做好本部门人员日常考核。 4.对本部门人员实施业务培训。 5.及时进行必要的思想教育工作，充分发挥部门员工的工作积极性
领导交办的临时任务	

根据人力资源部的职责，提取的量化考核项目如图 5-14 所示。

人力资源部量化项目分析

职责说明	可量化的项目
• 负责制订人力资源部月度重点工作计划	• 月度计划重点工作完成
• 制订员工培训计划	• 培训管理
• 每月提交新闻稿，做好信息上报	• 行政管理
• 负责控制各项管理费用	• 费用管理
• 依据《质量管理考核办法》，做好管理体系建设	• 体系管理
• 依据《安全管理考核办法及细则》，做好安全和综治维稳建设	• 安全管理
• 依据《疫情防控管理检查考核表》，做好常态化疫情管理	• 现场管理
• 根据各部门情况制订招聘计划，并进行招聘总结	• 招聘管理
• 制定员工入职、晋升、调动、降职、离职等手续，职称评定	• 劳动关系
• 建立薪酬分配体系，进行薪酬的核定、分级及薪酬制度的控制管理	• 薪酬管理
• 负责部门招聘、工作分配、日常考核、业务培训及思想教育工作	• 团队建设

图5-14　TSFZ服装有限公司人力资源部可量化项目分析

根据企业战略目标分解及人力资源部可量化项目分析，制定人力资源部绩效考核打分表，如表 5-14 所示。

表5-14 TSFZ服装有限公司人力资源部 ________年绩效考核打分表

被考核单位：人力资源部　　　　年　月　日

考核项目	考核指标	分值	评价标准	数据信息来源	打分
综合指标（15%）	《TS毛纺织公司年度目标责任书》	15	总公司考核总分*15%	总公司	
管理指标（75%）	费用控制率	5	费用控制率≤100%，得满分，100%＜费用控制率≤110%，每增加一个百分点扣0.5分，费用控制率＞110%，不得分	财务部	
	全面推进用工市场化	10	1.制定实施方案（2分）。 2.制订招聘计划（1分），根据公司招聘计划及实际缺员情况并开展招聘工作（2分）。 3.推行公开招聘、管理人员竞争上岗、末等调整和不胜任退出等市场化用工机制（2分），根据完成情况考核，未按要求完成扣0.5分，最高不超过2分。 4.建立健全管理和专业双通道晋升机制（2分）	公司领导及检查考核小组	
	市场化薪酬分配机制	10	1.建立完善公司目标责任薪酬管理办法（5分）。 2.全面完成公司全员绩效考核管理（5分）		
	员工培训	5	1.建立培训台账，培训计划完成率100%（3分），完成率每减少5%扣0.5分。 2.未进行培训效果评价或培训总结低于80%（2分，每下降20%扣1分）		
	员工管理	5	及时与员工签订劳动合同；规范管理员工档案；发生对工资发放、劳动合同和个人档案管理问题或收到员工投诉，每发生一次扣0.5分，最高扣5分（历史遗留问题除外）		
	年度考核	35	12个月平均考核得分*权重；如当月发生上级通报项，每发生一项问题建议项当月扣2分	总经办	
	国企改革	5	根据国企改革要求完成本部门各项改革工作措施（5分），未按措施完成的一次扣0.5分，最高不超过5分		
综合指标（10%）	内部服务满意度	10	内部服务满意度调查表满分为100分。此项实际得分=调查表分数*10%	公司各部门	
合计		100			

4. 技术质量部职责梳理及绩效考核打分表

对技术质量部职责梳理如表 5-15 所示。

表5-15　TSFZ服装有限公司技术质量部职责

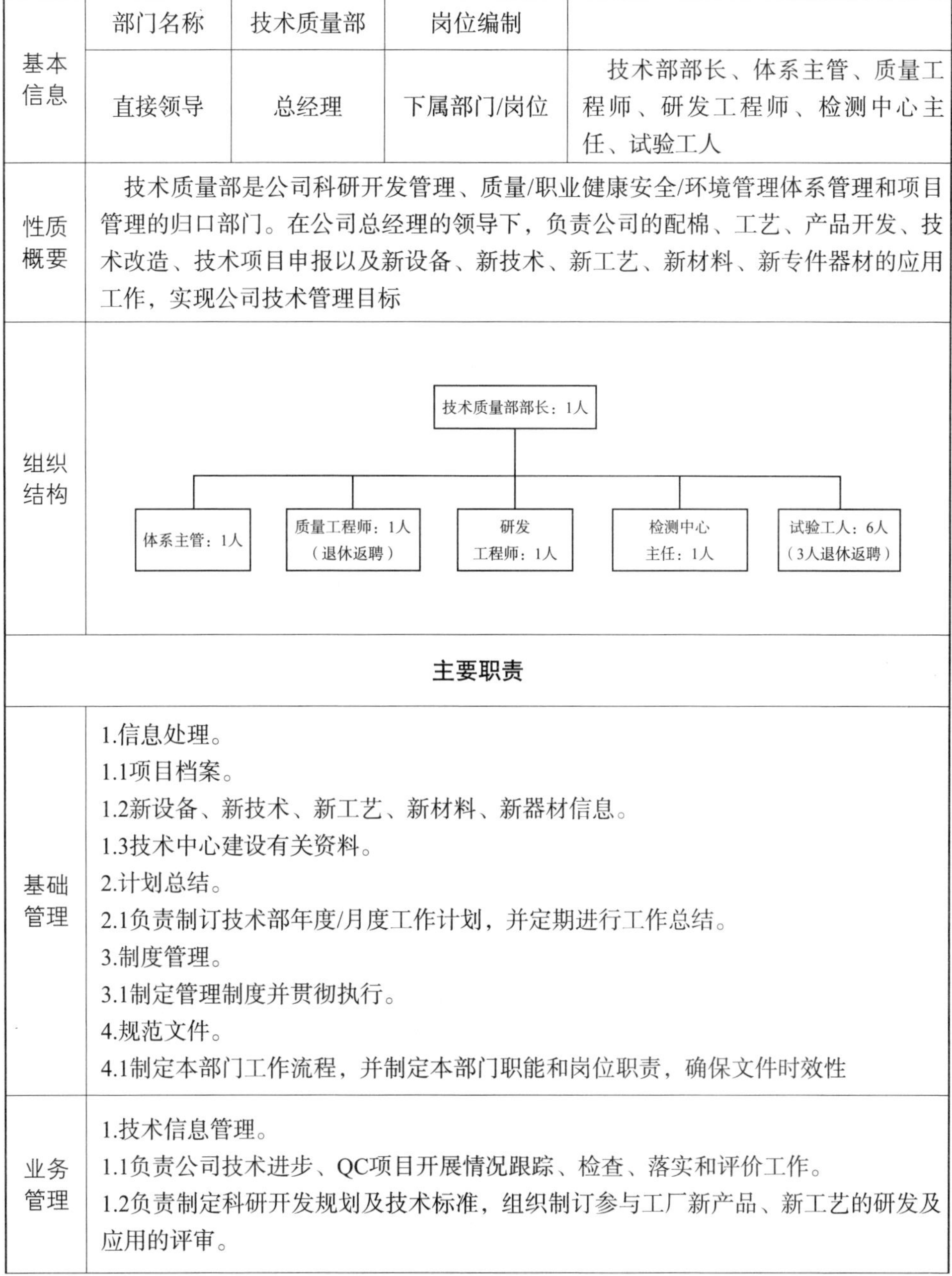

基本信息	部门名称	技术质量部	岗位编制	
	直接领导	总经理	下属部门/岗位	技术部部长、体系主管、质量工程师、研发工程师、检测中心主任、试验工人
性质概要	技术质量部是公司科研开发管理、质量/职业健康安全/环境管理体系管理和项目管理的归口部门。在公司总经理的领导下，负责公司的配棉、工艺、产品开发、技术改造、技术项目申报以及新设备、新技术、新工艺、新材料、新专件器材的应用工作，实现公司技术管理目标			
组织结构	技术质量部部长：1人；体系主管：1人；质量工程师：1人（退休返聘）；研发工程师：1人；检测中心主任：1人；试验工人：6人（3人退休返聘）			
主要职责				
基础管理	1.信息处理。 1.1项目档案。 1.2新设备、新技术、新工艺、新材料、新器材信息。 1.3技术中心建设有关资料。 2.计划总结。 2.1负责制订技术部年度/月度工作计划，并定期进行工作总结。 3.制度管理。 3.1制定管理制度并贯彻执行。 4.规范文件。 4.1制定本部门工作流程，并制定本部门职能和岗位职责，确保文件时效性			
业务管理	1.技术信息管理。 1.1负责公司技术进步、QC项目开展情况跟踪、检查、落实和评价工作。 1.2负责制定科研开发规划及技术标准，组织制订参与工厂新产品、新工艺的研发及应用的评审。			

续表

业务管理	1.3负责收集行业技术发展趋势、国家产业政策等方面的信息。 1.4负责收集市场方面的信息。 2.技术项目管理。 2.1负责公司项目申报及收集、汇总、归档工作。《用料情况及下脚料统计表》、《原棉回潮率试验报告单》《原棉逐包检验记录表》《车间用棉通知单》《配棉成分混棉表》《月度原棉投入汇总表》《各等级原棉库存量及可使用天数》和《不合格品统计表》的填报及归档工作。 2.2负责公司新项目方面的技术可行性分析。 2.3负责制定重大技术改造项目方案，并组织实施。 2.4负责编制技术类项目申报技术文件。 3.产学研管理。 3.1负责同科研院所产学研合作。 3.2负责产学研项目转化论证工作。 4.新产品开发。 4.1负责根据公司战略规划制定公司技术发展规划。 4.2根据公司营销部订单或技术发展规划制订新产品开发计划。 4.3组织对新产品开发计划进行评审。 4.4编写新产品开发方案，经领导审批后，会同生产管理部、品管部一起执行。 4.5提报新产品所用材料采购需求申请。 4.6组织试制。 4.7对试制情况进行总结分析，编写试制总结报告。 4.8建立新产品开发档案。 5.工艺管理。 5.1编制工艺文件，并下达相关部门。 5.2负责工艺纪律检查。 5.3负责工艺变更及工艺优化。 5.4建立工艺技术档案，做好工艺文件的归档、保管工作。 5.5负责小型技术改造的工艺验证。 6.定额管理。 6.1负责制定原棉消耗定额。 6.2负责制定机物料、能耗定额。 7.技术支持。 7.1对生产部室、车间提供技术支持，联系各类专家解决技术疑难问题。 7.2向营销部提供技术支持。 8.质量管理。 8.1负责组织公司质量/职业健康安全/环境管理体系的建立、实施和保持；制定产品质量控制目标指标。 8.2 负责公司最终产品质量的监督、检查和判定。 8.3负责公司产品质量把关及处理质量投诉；解决生产技术问题

续表

部门人力资源管理	1.参与本部门的人员招聘、面试工作。 2.做好本部门人员的工作分配。 3.做好本部门人员日常考核。 4.对本部门人员实施业务培训。 5.及时进行必要的思想教育工作，充分发挥部门员工的工作积极性
领导交办的临时任务	

根据技术质量部职责，提取的量化考核项目如图5-15所示。

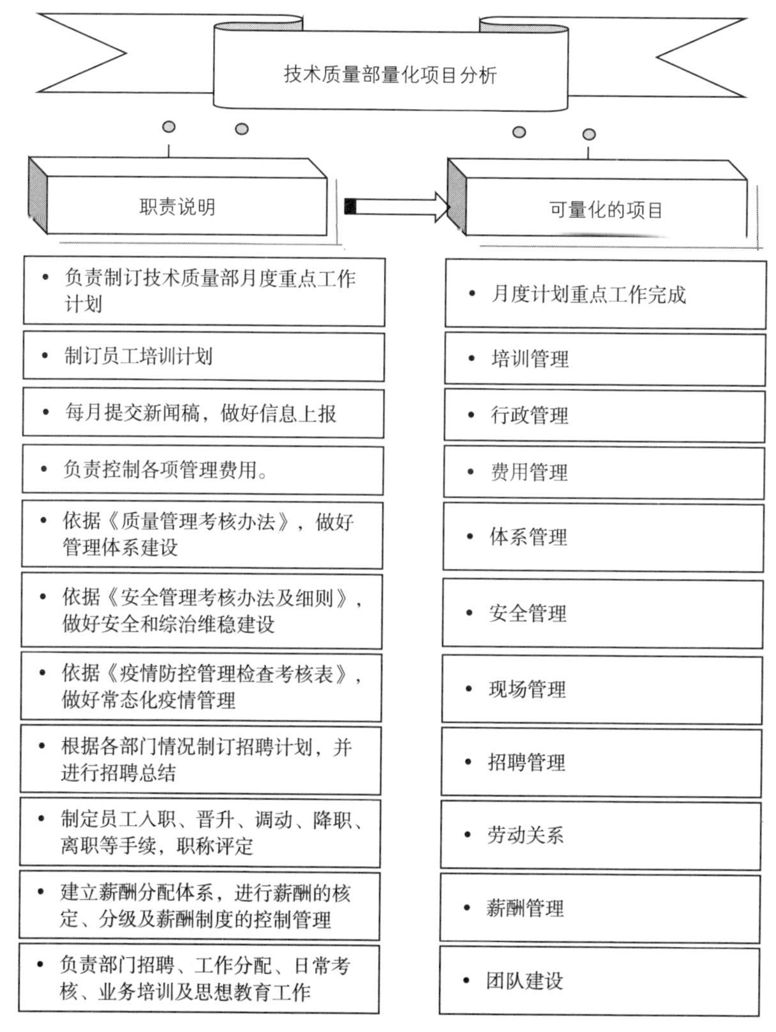

图5-15　TSFZ服装有限公司技术质量部可量化项目分析

根据企业战略目标分解及技术质量部可量化项目分析，制定技术质量部绩效考核打分表，如表 5-16 所示。

表5-16 TSFZ纺织服装有限公司技术质量部 ________年绩效考核打分表

被考核单位：技术质量部　　　　年　　月　　日

考核项目	考核指标	分值	评价标准	数据信息来源	打分
经营指标（15%）	《TS毛纺织公司年度目标责任书》	15	总公司考核总分*15%	总公司	
任务指标（75%）	费用控制率	5	费用控制率≤100%，得满分，100%＜费用控制率≤110%，每增加一个百分点扣0.5分，费用控制率＞110%，不得分	财务部	
	检测准确率	6	漏项、数据检测结果差错，每1次扣0.5分	公司领导及检查考核小组	
	不合格产品质量问题处理率	5	不合格产品质量问题处理率＜100%不得分		
	客户投诉及时准确处理率	5	客户投诉及时准确处理率＜100%不得分		
	纠正措施完成率	3	纠正措施完成率＜100%不得分		
	QES体系运行监督质量	3	100%≥日常监督问题项有效整改率＞95%，每降低1%扣0.5分；日常监督问题项有效整改率≤95%不得分		
	各类认证证书及时获得率	2	各类认证证书及时获得率＜100%不得分		
	新产品开发完成率	2	新产品开发完成率＜50%不得分；每超额成功开发1项新产品加1分		
	新工艺下达的准确率	2	每出现1次新工艺下达错误考核1分。新工艺下达的准确率＜50%不得分		
	项目申报/验收成功率	2	每出现1次项目申报/验收不成功考核1分。项目申报/验收成功率＜50%不得分		

续表

考核项目	考核指标	分值	评价标准	数据信息来源	打分
任务指标（75%）	年度考核	35	12个月平均考核得分*权重；如当月发生上级通报项，每发生一项问题建议项当月扣2分	总经办	
	国企改革	5	根据国企改革要求完成本部门各项改革工作措施（5分），未按措施完成的一次扣0.5分，最高不超过5分	总经办	
综合指标（10%）	内部服务满意度	10	内部服务满意度调查表满分为100分。此项实际得分=调查表分数*10%	公司各部门	
合计		100			

5. 财务部职责梳理及绩效考核打分表

对财务部职责梳理如表 5-17 所示。

表5-17　TSFZ服装有限公司财务部职责

基本信息	部门名称	财务部	岗位编制	
	直接领导	财务部部长	下属部门/岗位	费用会计、财务委派会、出纳
性质概要	财务部是公司财务管理的归口管理部门，财务部是公司财务与资金管理部门，主要负责制定和落实公司财务管理制度和会计核算制度，负责会计核算、预算管理、资金管理、成本管理、税务管理、资产管理、仓储管理等工作			
组织结构	财务部部长：1人 费用会计：1人　财务委派会：1人　出纳：1人			
主要职责				
基础管理	1.信息处理。 1.1财务档案。 1.2各类合同。 2.计划总结。 2.1制订年度工作计划。 2.2制订月度工作计划。			

续表

基础管理	2.3编制年度工作总结。 2.4编制月度工作总结。 3.制度管理。 3.1制定本部门管理制度并贯彻执行。 4.规范文件。 4.1制定本部门工作流程并制定本部门职能和岗位职责，确保文件时效性
业务管理	1.会计核算。 1.1建立会计核算体系，以及公司的核算工作。 1.2负责及时制定、修改公司财务制度、会计核算办法和各项财务管理制度。 2.预算管理。 2.1负责组织公司全面预算管理工作，编制公司年度预算，测算相关财务预算指标并对预算执行情况进行监督、检查和上报。 2.2进行预算调整。 2.3进行预算分析。 2.4对预算执行情况进行监督。 3.资金管理。 3.1 制订资金计划。 3.2 进行融资管理。 3.2.1制定融资方案。 3.2.2实施融资方案。 3.2.3续贷管理工作。 3.2.4职工内部储蓄。 3.3 负责对各下属公司的资金进行集中管理。 3.4投资管理。 3.4.1选购理财产品。 3.4.2固定资产投资。 3.4.3对外投资。 3.5负责金融机构的关系协调。 3.6 负责专项资金的使用管理。 3.7 负责民品贴息。 3.8 负责或有负债管理。 3.9 负责确保为职业健康安全、环境目标、指标和管理方案提供资金保证。 4.成本管理。 4.1制定成本管理方案及实施。 4.2定期编制成本分析报告。 4.3组织召开成本分析会。 4.4采购成本。 4.4.1参与公司集中采购合同、销售价格的签订和执行，严格控制采购物资的最高限价，并审核采购价格和结算方式。

续表

业务管理	5.税务管理。 5.1按期申报纳税。 5.2开展税务自查活动，及时传达税务信息。 5.3税务筹划。 5.4税企关系协调，积极协助税务检查。 5.5开具发票。 6.资产管理。 6.1负责资金、票据的保管和使用。 6.2负责印鉴的管理工作。 6.3组织对公司各类固定资产及存货进行定期盘点。 6.4督促营销部回笼货款，并对客户进行不定期对账。 6.5负责各种经济合同的备案管理。 6.6负责借款、担保等各类财务业务类经济合同的制定。 7.编制财务报告。 7.1完成公司财务报告及财务分析工作，组织做好公司年度财务决算和相关工作；负责公司经营活动分析工作。 8.组织季度经营分析会。 9.负责国际结算业务。 10.仓储管理。 10.1负责办理原材料、机零配件出入库及退库手续，负责日常的仓储管理工作及信息维护。 11.其他财务工作。 11.1证件管理，包括开户许可证、银行信用证的办理，银行贷款卡的办理及年检。 11.2配合内审和外审。 11.3配合专项检查。 11.4进行账户管理。 11.5 ERP信息上传
部门人力资源管理	1.参与本部门的人员招聘、面试工作。 2.做好本部门人员的工作分配。 3.做好本部门人员日常考核。 4.对本部门人员实施业务培训。 5.及时进行必要的思想教育工作，充分发挥部门员工的工作积极性
领导交办的临时任务	

根据财务部职责，提取的量化考核项目如图 5-16 所示。

图5-16　TSFZ服装有限公司财务部可量化项目分析

根据企业战略目标分解及财务部可量化项目分析，制定财务部绩效考核打分表，如表 5-18 所示。

表5-18　TSFZ服装有限公司财务部 ________年绩效考核打分表

被考核部门：财务部　　　　　　　　　　　　　　　　　　　　年　　月　　日

考核项目	考核指标	分值	评价标准	数据信息来源	打分
经营指标（15%）	《TS毛纺织公司年度目标责任书》	15	总公司考核总分*15%	总公司	
管理指标（75%）	费用控制率	5	费用控制率≤100%，得满分，100%＜费用控制率≤110%，每增加一个百分点扣0.5分，费用控制率>110%，不得分	财务部	
	财务管理	10	1.对公司开展财务管理计划（2分），按计划落实（3分）。 2.落实外部审计及总公司的财务管理计划，根据财务部出具的审计评价结果报告，及时整改并上报整改报告（5分），若有延迟，每发生一次扣0.5分	公司领导及检查考核小组	
	预算管理	10	按季进行预算执行情况分析占6分，未开展一次分析扣1.5分；年底对各经营单位、职能部室预算执行情况进行考核占4分		
	资金管理	10	1.保证公司资金合理需要，按实际需求完成公司2021年度筹融资计划，得5分；如由于资金问题影响公司正常经营管理，酌情扣1～5分。 2.严格执行资金管理制度，执行财务支付审批流程，得3分。 3.严格督促各经营单位到期应收账款催收，及时跟业务对账，确保资金及时到位，得2分。未及时对账每发生一次扣0.5分		
	年度考核	35	12个月平均考核得分*权重；如当月发生上级通报项，每发生一项问题建议项当月扣2分	总经办	

续表

考核项目	考核指标	分值	评价标准	数据信息来源	打分
管理指标（75%）	国企改革	5	根据国企改革要求完成本部门各项改革工作措施（5分），未按措施完成的一次扣0.5分，最高不超过5分	总经办	
综合指标（10%）	内部服务满意度	10	内部服务满意度调查表满分为100分。此项实际得分=调查表分数*10%	公司各部门	
合计		100			

五、TSFZ服装有限公司绩效考核结果应用

（一）绩效工资

1. 总则

①考核结果与绩效工资挂钩，根据考核等级及对应的系数发放绩效工资。

②经营单位考核为月度考核和年度考核。

③部门考核为月度考核和年度考核。

④每年的最后一个月，同时进行月度和年度考核。

⑤每月 7 日前各部门和经营单位完成内部薪酬分配，并将分配结果反馈人力资源部，审核后按月发放。工资计算周期为上月 26 日至本月 25 日，次月 10 日发放。

⑥个人月度结算工资总额中岗位固定工资由人力资源部按月发放，绩效工资计件部分由部门负责人进行内部分配。

2. 制度

员工绩效考核结果用于确定月度绩效工资的发放及岗位工资的晋升，根据考核等级及对应的系数发放绩效工资。实行按劳分配、多劳多得、以时计薪、以量

取酬的工资分配制度。具体操作制度见《TSFZ 服装有限公司工资管理办法》。

3. 考核结果及应用

（1）月度考核结果

月度考核实际绩效工资 =（月度考核实际得分 /100）* 岗位绩效工资

（2）年度考核结果

根据绩效考核表打分，年度绩效考核结果分为优秀、良好、合格、基本合格、差五个等级。考核等级的具体定义和对应关系如表 5-19 所示。

表5-19　考核等级定义及考核分数区间

等级	优秀	良好	合格	基本合格	差
定义	超越岗位常规要求；并完全超过预期达成了工作目标	完全符合岗位常规要求；全面达成工作目标，并有所超越	符合岗位常规要求；保质、保量、按时达成工作目标	基本符合岗位常规要求，但有所不足；基本达成工作目标，但有所欠缺	不符合岗位常规要求，不能达成工作目标
考核得分	$P>105$	$105\geqslant P>100$	$100\geqslant P>95$★	$95\geqslant P>60$	$P\leqslant 60$

注：P 代表绩效得分，计算考核得分时，以实际分数核算。

★所扣分数不得为“经营指标”。

员工绩效考核结果用于确定年终绩效工资的发放，分以下两种情况：

1）年终绩效高于 100 分：年终实际绩效工资构成 = 年终绩效工资 + 绩效奖金

绩效奖金 = [（实际绩效分 /100）/（实际利润 / 利润基准值）]*[（实际利润 − 利润基准值）*50%/ 绩效得分超百人数]

2）年度绩效低于 100 分：年终实际绩效工资 =（年终绩效得分 /100）* 年终绩效工资

（二）岗位工资晋升

绩效考核的结果与宽带薪酬挂钩，可将一年内的绩效考核得分作为岗位工资晋升的依据。

（1）岗位工资晋升准则

连续两年（含 2 年）被评定为优的单位，可晋升岗位工资一级。

（2）岗位工资下调准则

连续两年（含 2 年）被评定为差的单位，下一个年度执行的岗位工资等级降低一级。

（三）基于绩效结果的人才培养与晋升

加强职工队伍建设对有效提升公司的绩效水平尤为重要，公司高管必须高度重视。在对绩效考核结果进行科学分析的基础上，加强公司三支队伍（管理人员、专业技术人员和专业技能人员队伍）的建设工作。

1. 构建服务保障平台

构建服务保障平台，切实提升三支队伍建设的水平和功能。

（1）树立科学人才观，引导三支队伍的合理构建

公司高层管理人员应充分认识加强企业三支队伍建设的重要性与紧迫感，在提升三支队伍能力的同时，注重人才的忠诚率培养以减少人才的流失率，并且需要把这项工作纳入年度重要工作计划，定期组织员工参加内外部培训，形成尊重人才、渴求人才的氛围。

（2）建立健全三支队伍建设的责任制

公司应根据自身发展战略，认真研究企业人才需求数量、素质和结构，形成条理清晰、切合实际的人才工作方案，做好人才选拔任用、培训培养及储备等工作。在制订人才工作方案时，需要明确工作目标、工作措施、时间节点及责任主体。每年年底应当对三支队伍建设工作进行全面检查与考核，从而确保各项工作落到实处。

（3）建立三支队伍培养投入长效机制

根据不同发展阶段对人才的需求状况，公司需要引导员工能力培养的方向与力度，加大三支队伍建设的投入费用；员工也应明确自身发展需求，投入更多精力加强自身能力的培养，形成多元化的投入机制。

2. 构建教育培训平台

（1）构建教育培训平台，有效提升公司三支队伍的规模与层次

分层分类针对三支队伍进行多元化的培养：

针对管理人员队伍建设，人力资源部门与企业管理部门重点加强管理类核心课程的学习，人力资源开发管理及企业发展战略规划能力方面的培训。

针对专业技术人员，相关主导部门应当加强专业技术知识提升的培训。

针对广大员工，努力开展老员工带动新员工，加强技能知识的培养。在加强公司后备人才队伍建设方面，要注重平衡好三支队伍建设的步伐，建立后备人才信息库，培养高素质、年轻化的三支后备人才队伍以保障企业的可持续发展。

（2）创新培训方式，加强互动交流，提升三支队伍整体能力

培训方式上，加强与高校和科研院所的合作。与国内高校和科研院所开展联合办学、在职进修等；企业管理部可以利用公司信息化设备，建立与高校之间的人才继续教育培训网络，进行在线教育。

公司联合高校设立内部学历认证制度。定期邀请高校教师前往企业所在地为公司人员开展相关培训课程，在完成并通过规定的核心课程后，由培训高校发放“结业证书”（该学历公司内部认可，并作为员工晋升的依据）。

（3）设立多种晋升渠道，探索开展员工职业生涯规划设计

根据绩效考核结果，针对经营管理、专业技术、技能人员不同的发展途径，设置多种晋升渠道。每年按照一定比例，选取绩效考核结果优秀且有较高潜力的部门领导与员工，进行针对性培养，形成以公司系统现有中层以上干部、经营管理人才、专业技术人才为主体的后备人才库，并根据优秀人才梯队建设规划逐步达成多种晋升渠道。针对广大员工，需要积极尝试员工职业生涯规划实施的制度建设，最大限度明确各层次员工的需求目标和发展空间，系统地进行设计与实施。

3. 公司三支队伍建设具体操作流程

（1）建立培训体系，提高管理人员（员工）能力，如图5-17所示

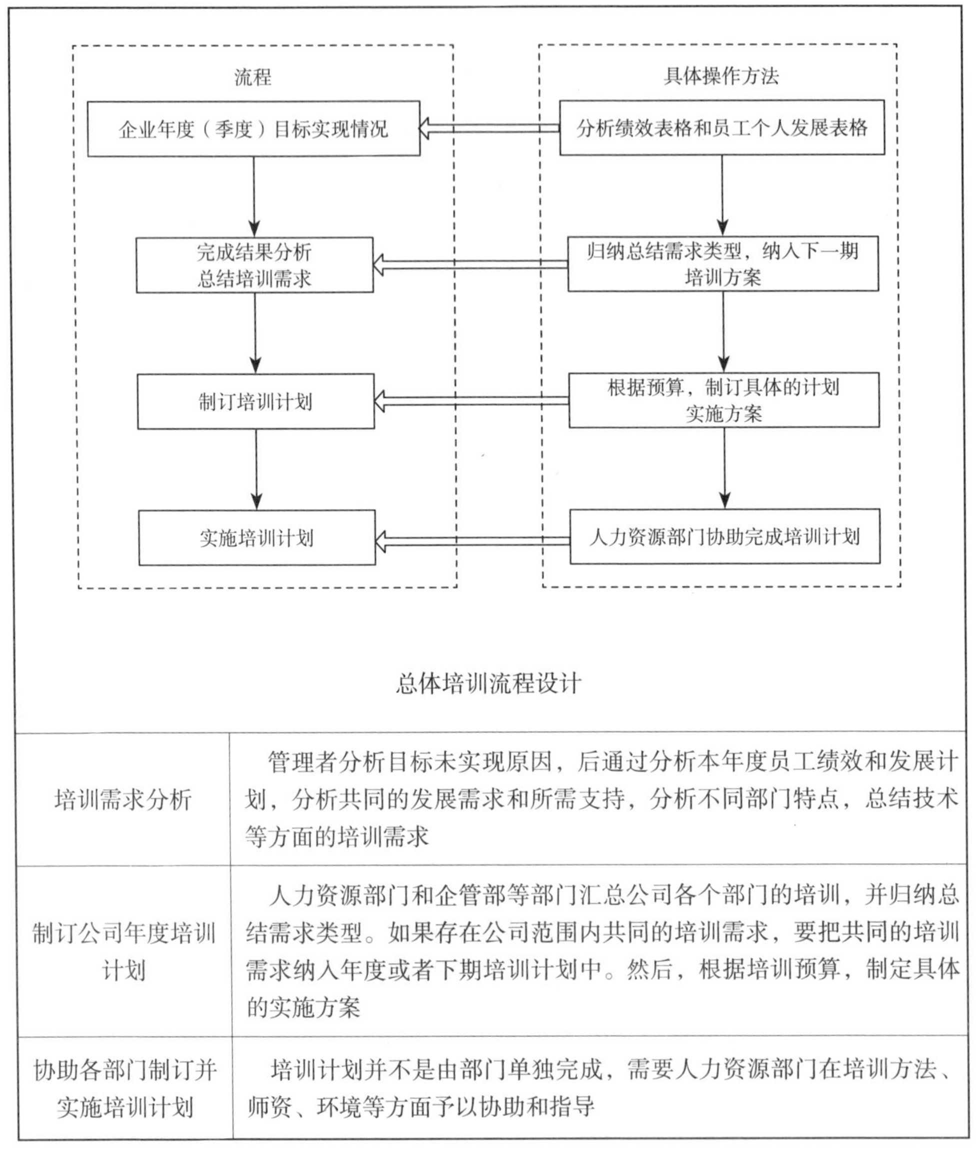

培训需求分析	管理者分析目标未实现原因，后通过分析本年度员工绩效和发展计划，分析共同的发展需求和所需支持，分析不同部门特点，总结技术等方面的培训需求
制订公司年度培训计划	人力资源部门和企管部等部门汇总公司各个部门的培训，并归纳总结需求类型。如果存在公司范围内共同的培训需求，要把共同的培训需求纳入年度或者下期培训计划中。然后，根据培训预算，制定具体的实施方案
协助各部门制订并实施培训计划	培训计划并不是由部门单独完成，需要人力资源部门在培训方法、师资、环境等方面予以协助和指导

图5-17　总体培训流程

（2）设计管理人员（员工）职业生涯通道

绩效考核的结果应该成为员工职业生涯设计的重要参考依据。连续的高绩效是员工在某职位上具有潜能的一种表现，而持续的低绩效则很可能是员工某种能

力欠缺的反映。在分析绩效结果时，管理者必须考虑到员工今后的职业设计，与员工坦诚地进行职业生涯讨论。个人职业生涯规划要明确个人在组织中的进步，其表现和潜力符合组织的需要。

1）对绩效结果进行分析，判断员工能力水平和某方面的潜能。

2）了解员工个人的职业生涯期望，帮助员工判断该职业生涯是否合理可行，共同分析员工实现该目标应该发展的技能，如表5-20所示。

表5-20　能力开发卡

<table>
<tr><td>部门</td><td></td><td>职务</td><td></td><td>等级</td><td></td><td>工龄</td><td></td><td>姓名</td><td></td></tr>
<tr><td colspan="2">难易度</td><td colspan="3">上级评价</td><td colspan="3">自我评价</td><td colspan="2" rowspan="2">上级评价的事实依据</td></tr>
<tr><td>所承担的工作</td><td>等级</td><td>完全胜任</td><td>胜任</td><td>不能胜任</td><td>完全胜任</td><td>胜任</td><td>不能胜任</td></tr>
<tr><td></td><td></td><td></td><td></td><td></td><td></td><td></td><td></td><td colspan="2"></td></tr>
<tr><td></td><td></td><td></td><td></td><td></td><td></td><td></td><td></td><td colspan="2"></td></tr>
<tr><td></td><td></td><td></td><td></td><td></td><td></td><td></td><td></td><td colspan="2"></td></tr>
<tr><td colspan="3">我的目标与想法</td><td colspan="7">结果如何</td></tr>
<tr><td colspan="3"></td><td colspan="7"></td></tr>
<tr><td colspan="3">教育培训计划</td><td>上级意见</td><td colspan="4">好的方面</td><td colspan="2">应改进的方面</td></tr>
<tr><td colspan="3" rowspan="2">1.脱产培训</td><td>知识</td><td colspan="4"></td><td colspan="2"></td></tr>
<tr><td>技能</td><td colspan="4"></td><td colspan="2"></td></tr>
<tr><td colspan="3" rowspan="2">2.在职培训</td><td>判断力</td><td colspan="4"></td><td colspan="2"></td></tr>
<tr><td>计划力</td><td colspan="4"></td><td colspan="2"></td></tr>
<tr><td colspan="3" rowspan="2">3.自我开发</td><td>协调力</td><td colspan="4"></td><td colspan="2"></td></tr>
<tr><td>指导力</td><td colspan="4"></td><td colspan="2"></td></tr>
</table>

3）在新的绩效计划中，制定能力提升的目标，如表5-21所示。

表5-21　能力提升规划

制定日期：________________　　　　有效期：________________

<table>
<tr><td>员工姓名</td><td></td><td>部门</td><td></td><td>员工职位</td><td></td></tr>
<tr><td>主管姓名</td><td colspan="2"></td><td>主管职位</td><td colspan="2"></td></tr>
<tr><td>发展计划内容</td><td colspan="2">达到目标</td><td colspan="2">实施方式</td><td>评估时间</td></tr>
<tr><td>1</td><td colspan="2"></td><td colspan="2"></td><td></td></tr>
<tr><td>2</td><td colspan="2"></td><td colspan="2"></td><td></td></tr>
<tr><td>3</td><td colspan="2"></td><td colspan="2"></td><td></td></tr>
<tr><td>4</td><td colspan="2"></td><td colspan="2"></td><td></td></tr>
<tr><td>5</td><td colspan="2"></td><td colspan="2"></td><td></td></tr>
<tr><td>6</td><td colspan="2"></td><td colspan="2"></td><td></td></tr>
</table>

员工签名：　　　　　　　　　　　　　　主管签名：

注：①本计划指结合员工岗位需要及个人发展意向，双方沟通协商达成的促使员工个人发展的计划。可以发挥员工自身的潜力以及利用部门或公司的资源，例如参加培训、特别指导、岗位轮换等。

②至少每半年制定一次，一式三份，员工与主管各一份，交人力资源部门存档一份。

③耐心向绩效结果不理想的部管理人员或者员工分析原因，明确员工是否应该在目前的职业道路上发展，是否需要培训或调整职业发展规划。

（3）人事决策——考核结果应用于人员配置

人力资源部门利用考核结果决定人员配置时，需要做以下工作：

①总结高绩效部长（员工）分配在哪些职位上；

②总结关键职位上是否有高绩效部长（员工）或者低绩效部长（员工）；

③分析当前的人员配置是否合理，是否能够支持公司下一年度的目标实现；

④对人员配置做出新规划，决定是否需要轮岗，调整职位，或者淘汰；

⑤组织发展。

这些工作可以利用人才矩阵模型清晰地表达出来，人才矩阵模型是按照能力、潜力的高低与绩效考核的结果，把部长（员工）的表现划分为五种类型：最佳者为高能力和绩效优秀者；中坚力量为高能力中绩效或者中能力高绩效者；表现尚可为能力中等绩效合格、中等者及低能力绩效合格以上者；绩效不佳为高中能力，绩效不合格者；失败者为低能力，绩效不合格者，根据部长（员工）在人才矩阵模型中所处的位置，制定不同的决策方案，其中人才梯队计划和辞退不合格员工是企业比较重要的两项人员配置决策，如表5-22所示。

表5-22　人才矩阵模型

<table>
<tr><td rowspan="3">能力和潜力</td><td>高</td><td rowspan="2">绩效不佳者
给予警告，提供有针对性的发展支持</td><td colspan="2">中坚力量
计划进一步的提拔，并提出特殊的发展指导</td><td>最佳者
规划多、重快速发展步骤，确保有足够的薪酬</td></tr>
<tr><td>中</td><td colspan="2">表现尚可
考虑发展</td><td>中坚力量
进入下一个发展机会</td></tr>
<tr><td>低</td><td>失败者
淘汰出局</td><td colspan="3">表现尚可
保留原位</td></tr>
<tr><td></td><td></td><td>不合格</td><td>合格</td><td>中等</td><td>优秀</td></tr>
<tr><td></td><td></td><td colspan="4">绩效</td></tr>
</table>

（4）绩效优秀的人才梯队计划

为确保组织中有合格的经理人才，以满足组织的近期发展及长远规划，人才梯队的建立可以采取以下步骤：

①组织一个项目小组，组员有：人力资源部部长、总经理以及外部顾问；

②各部门根据当年的绩效考评结果及平时观察，确定出各个部门人才梯队的候选人；

③进行360度测评（直接领导、直接下属、同级）；

④组织相关的测试：例如心理测试（包括情景模拟、文件筐测评、无领导讨论等）和管理方式的预测等；

⑤外聘顾问或者人力资源部部长面谈：解释测评和反馈的结果，指出长短处；

⑥选定候选人，列名单；项目小组对这些名单讨论审核调配；

⑦针对勾选人的短处，定做培训课程，推荐书籍，指派老师等，帮助他们弥补不足；

⑧至少半年时间再面谈一次或者测验一次；

⑨替换，如果没有机会替换可考虑挂副职锻炼。

（5）辞退不合格的员工

绩效考核结果往往为组织发展提供重要信息，主要体现在以下 3 个方面：

1）什么原因导致考核成绩如此低下？

考虑造成被考核人绩效低下的原因，主要从主观原因和客观原因角度出发，若是由于主观原因即工作态度出现问题，需和被考核人面对面交谈，寻找造成这一现象出现的原因并加以解决。若是由于客观原因造成的问题，则需根据外界因素一一进行分析，消除外在客观障碍。

2）业绩考核指标设定的是否合理。

根据考核结果可以分析出考核指标是否存在一定的不合理之处，根据实际情况，考虑一定的修可能性。

3）如何补缺辞退后留下的业务“空洞”？

若是主观因素且考核制度合理，那么坚决辞退。

对于要辞退的员工，应明文规定在企业的考核制度中，使辞退员工有据可依，可规定：连续两年考核等级为“需改进”的员工，领导予以谈话帮助，限期整改，次年绩效考核若再出现“需改进”等级，予以辞退，具体流程如图 5-18 所示。

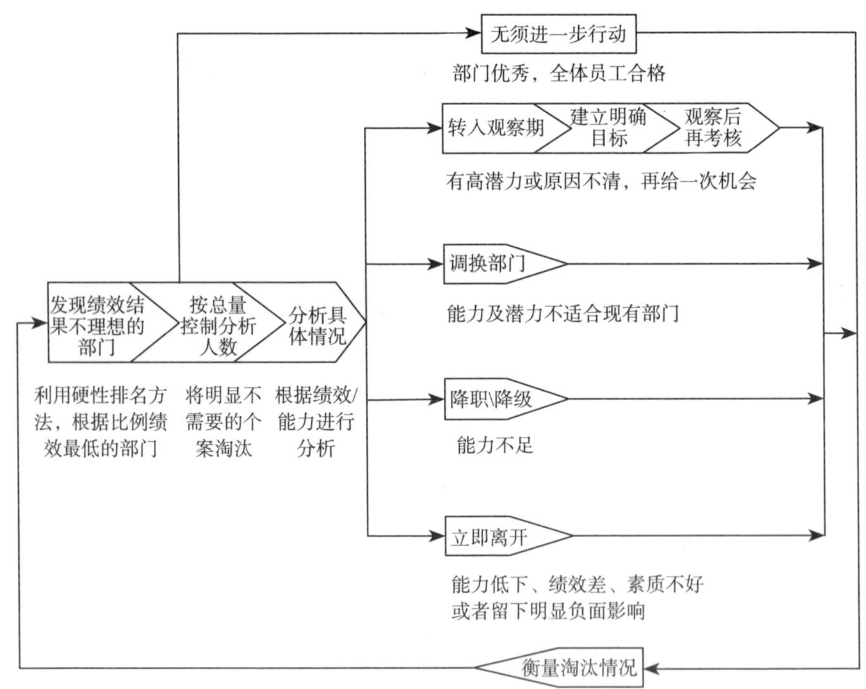

图5-18　淘汰流程

（四）绩效反馈与改进

1. 绩效结果反馈

绩效反馈是绩效管理中的重要环节，绩效的结果需要通过反馈告知被考核人，以帮助被考核人提升绩效。

（1）责任人

高管的绩效由董事长谈话反馈。

部门和经营单位负责人的绩效由绩效考核小组（人力资源部执行）谈话反馈。

（2）反馈内容

第一，通报当期绩效考核结果。

第二，分析绩效差距与确定改进措施。

第三，沟通协商下一个绩效考评周期的工作任务与目标。

第四，确定与任务和目标相匹配的资源配置。

2. 绩效改进

（1）注意事项

绩效考核的结果将作为确定员工薪酬、奖惩、职位异动等人力资源决策的重要依据之一，但考核的目的不仅仅局限于此，员工能力的不断提高及绩效的持续改进才是其主要目的，而要实现这一目的就离不开绩效量化改进工作的开展与实施。

1）明确量化改进目标。

确定量化改进目标，如在多长时间（期限）内达成怎样的目标。

2）量化指标改进。

在众多与量化改进目标的指标中，找出主要影响因素，对量化指标进行分析与改进。

3）量化方案的改进。

在对企业绩效考核分析的基础上，可从改进目的、改进要求和改进所需达到的效果三个方面提出绩效考核改进的总体要求。

在具体改进过程中，企业可从考核类别、考核内容、考核周期、考核指标、跟踪反馈机制等方面着手提出绩效量化考核的改进方案。

（2）工作

制订绩效改进计划，体例如表 5-23 所示。

表5-23　绩效改进计划表

<table>
<tr><td>姓 名</td><td colspan="2"></td><td colspan="2">所在岗位</td><td colspan="2"></td><td>所属部门</td><td></td></tr>
<tr><td>直接上级</td><td colspan="2"></td><td colspan="2">执行期限</td><td colspan="4">年　月　日—　年　月　日</td></tr>
<tr><td colspan="9">一、改进的内容</td></tr>
<tr><td colspan="2">待提高的方面</td><td colspan="2">达到的目标</td><td colspan="2">完成日期</td><td colspan="3">直接上级提供的帮助</td></tr>
<tr><td colspan="2"></td><td colspan="2"></td><td colspan="2"></td><td colspan="3"></td></tr>
<tr><td colspan="2"></td><td colspan="2"></td><td colspan="2"></td><td colspan="3"></td></tr>
<tr><td colspan="9">二、员工职业生涯发展规划（主要从职业规划的目标及如何实现其目标方面填写）</td></tr>
<tr><td colspan="9">三、绩效改进结果评价（改进阶段结束后由员工的直接上级填写）</td></tr>
</table>

第6章
HM纺织集团数字化转型与实践

HM 纺织集团（以下简称 HM 或公司）是中国棉纺织精品生产基地，是一家具有 60 多年生产历史的、以棉纺织为主业的老牌国有企业，目前发展成为集纺纱、织造、染整、无纺布、服装和金融投资等于一体的大型纺织企业集团。现年产 Ne5-330 高档纱线 8 万吨、120 ～ 360 厘米幅宽高档坯布面料 10000 余万米。HM 是中国纺织行业排头兵企业。纱线和坯布面料双双荣获“中国名牌产品”。HM 产品已成为国内外众多知名品牌如博柏利（Burberry）、普拉达（Prada）、麦丝玛拉（Maxmara）和杰尼亚（Zegna）等配套产品及他们的优质供应商。公司年实现销售收入近 50 亿元，已连续 46 年持续盈利。

近年来，HM 先后荣获“中国质量奖提名奖”“全国质量文化建设示范单位”“国家知识产权示范企业”“智能制造试点示范（棉纺智能工厂）”“棉纺智能制造‘双创’示范平台”和“省级数字化工厂”等殊荣。2020 年获第六届中国工业大奖，同年获得第九届全国纺织企业管理创新成果一等奖。

本章对 HM 纺织集团数字化转型与实践的表述，旨在反映该公司在企业创新管理方面取得的成就。HM 纺织集团的转型实践表明，通过数字化赋能，建成 15 万锭全球单体规模最大的数字化工厂；通过技术创新赋能，推动了国产棉纺装备技术突破性进展；通过管理创新赋能，实现了生产、质量和成本等管理水平的提高；秉承数字化赋能，社会效益和企业影响力显著提升。

一、成果背景

（一）经济全球化和数字经济发展的新要求

当前，新一代网络信息技术不断创新突破，数字化、网络化、智能化深入发展，加快了全球经济向数字化转型的步伐，这给我国经济发展和产业变革提出了新的要求。HM秉承"十三五"确立的做中国纺织行业排头兵的使命和建设科技、绿色、百年的愿景目标，实施数字化赋能，推动数字经济和企业发展战略的深度融合，加快产业转型升级，推动纺织企业实现高质高效创新发展。

（二）传统产业实现高质量发展的新机遇

以互联网平台、移动互联应用、信息技术为主导的"数字产业化"，正逐步发展到人工智能、大数据等科技推动传统产业深度转型升级的"产业数字化"新阶段。产业数字化、数字产业化，正在赋予建设纺织强国和传统产业新的发展机遇。

基于对国际国内传统产业数字化发展现状的分析讨论，在充分调研和反复论证的基础上，笔者认为，HM必须牢牢抓住数字化发展带来的机遇，站上数字化高地，对实现传统产业高质量发展具有重要的战略意义。

（三）企业转型升级、高质高效发展的新需要

实现转型升级是企业可持续发展的根本保证。HM"十三五"发展规划明确提出，以实施"互联网+产业"信息化战略为抓手，通过运用互联网、大数据、物联网等技术，建设智能化示范工厂，大力推进数字化创新工程建设的发展目

标。为实现HM高质高效的可持续发展，必须加快企业数字化和智能化改造，形成数字技术与企业发展互为依托、齐头并进，促进企业转型升级。

（四）企业技术创新和管理创新的新驱动

面对新时代新要求，HM通过业已形成的良好创新机制，在数字化、智能化改造过程中，不断地实现技术突破和管理创新。为企业转变发展模式，形成更多的原创技术、更有效的管理、生产更有竞争力的产品，走出一条新路子，以提高生产效率，提升产品质量，降低生产能耗，降低经营成本，减轻劳动强度，持续提升企业综合竞争力。

二、成果内涵和主要做法

（一）成果内涵

现代管理因企业发展而发展，企业的发展又必将催生新的管理方式和手段，两者相辅相成，互为促进。HM实施数字化、智能化制造，助推企业技术创新、管理创新，其主要内涵如下：

①以企业数字化发展战略为引领，以高质高效为目标，突破原有技术难关和管理模式，力求打造企业乃至行业转型发展新模式。

②应用大数据、互联网、物联网和新一代信息技术，构建新的生产、质量、设备、环境等信息管理平台，提高员工的生产效率。

③产品的质量更优。

④产品的生产耗能下降。

⑤企业的综合运营成本降低，企业成本核算优化，员工绩效考核实时，经济效益和社会效益得到提高。尤其在疫情期间，充分体现出应用智能制造，推动纺

织企业经营和管理的“高质高效”，如图 6-1 所示。

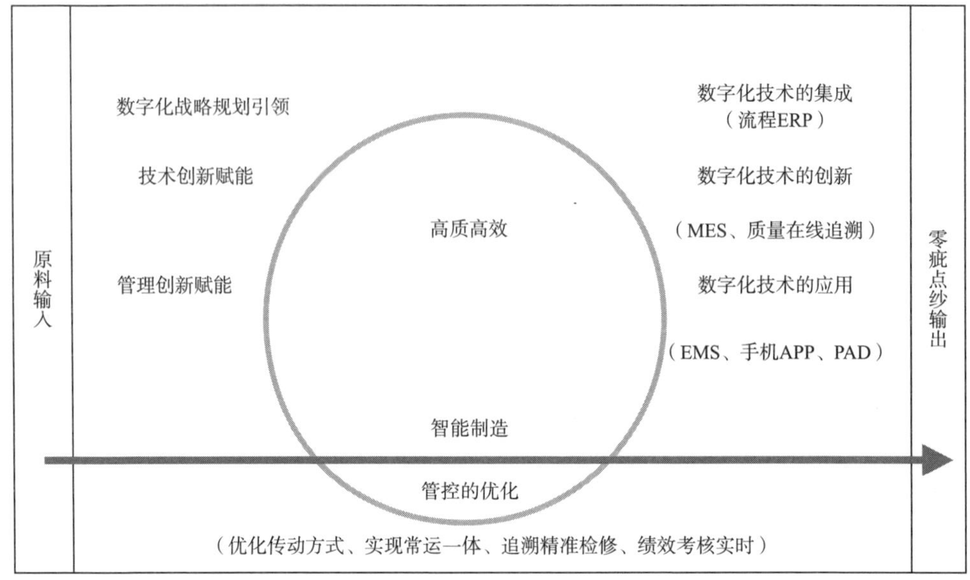

图6-1　HM数字化赋能促企业高质高效发展

（二）主要做法

1. 加速转型发展，确立了数字化发展战略

以数字化发展战略为引领，以高质高效为目标，打造一个具有核心竞争优势的百年 HM。为此，HM 确立了数字化发展战略。第一步到 2018 年，改造完成 15 万锭数字化工厂的目标；第二步到 2019 年，改造完成 25 万锭数字化工厂的目标；第三步到 2020 年，改造完成 40 万锭数字化工厂的目标。

以数字化、智能化改造为抓手，加速企业转型发展，HM 成立了由董事长挂帅的领导工作机构，下设采购、生产、技术、设备、财务、信息化、人力资源、营销等运作部门。着力解决影响行业数字化、智能化改造中的工艺、技术、管理等突出难题，如细纱牵伸倍数低、产品在线检测难、投资成本高等问题。通过一年多的协同创新和攻关，HM 突破了细纱超大牵伸技术难关，提高了产量和生产效率，单锭质量在线监测可追溯、投资成本低等行业重要技术课题，从而为数字化、智能化改造开辟了广阔前景，如图 6-2 所示。

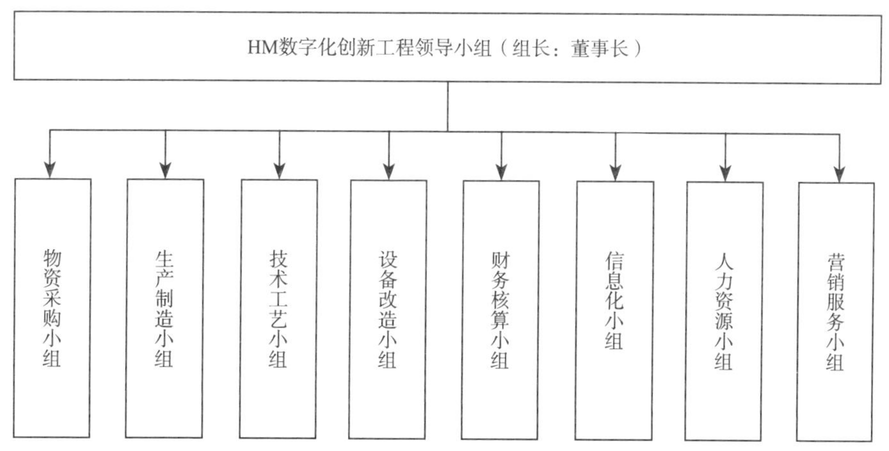

图6-2 HM数字化创新工程领导机构

2. 协同创新，优化了数字化工厂投资成本

面对产业转型的挑战，HM就如何在原有10万锭规模的老厂房基础上进行智能化升级改造，与国内纺织机械主机厂家、软件开发与集成商及有关院校，反复讨论改造方案和工艺路线，科学选择最优技术方案和投资成本。共同研制了技术先进、成本较低、推广性强的新型棉纺全流程智能装备，如HM研发的细纱超大牵伸技术，大幅减少了前纺设备配台，节约了投资成本。首次实现各工序设备数据接口的开放，统一了数据格式，满足全流程数字化运行的要求。2018年4月，HM投资3.1亿元（按行业投资水平需要5亿～6亿元），建成了当今国际先进的单体规模最大的15万锭棉纺数字化工厂，如图6-3所示。

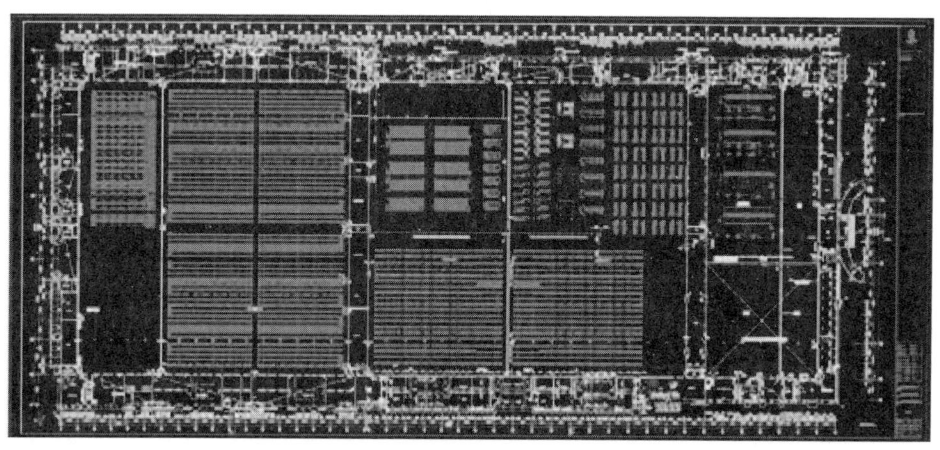

图6-3 HM建成的15万锭数字化工厂布局

3. 采用大数据技术，开发了 HM 数字化管控平台

HM 创新运用大数据技术，开发了具有特色的信息化管控平台（MES）。系统融入了 HM 几十年积累的质量、设备、能源管理等工艺技术数据，通过分析、模拟和集成，实现了全流程数据采集、全过程生产实时监控，并与 ERP 系统、OA 系统、能源管理（EMS）系统等信息系统高度融合，互联互通，实现物流、能流、价值流和设备状态"三流一态"统一管理。实现了车间生产"人机料法环"全面监控，大大提升了生产各环节的管理效率，降低了企业综合运营成本，如图 6-4 所示。

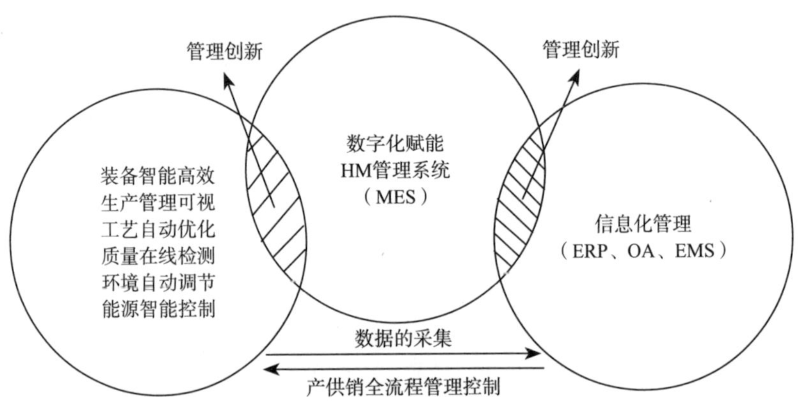

图6-4 HM生产管理信息化平台（MES）

4. 运用物联网技术，建成了全过程单锭质量可追溯管控系统

长期以来，纺纱质量在线控制和可追溯一直是行业中的一个突出难点。在智能制造过程中，以 15 万锭智能工厂计算，每天有 50 多万个纱管在运转，要追溯到每个纱管的质量，管理难度很大。HM 运用 RFID 技术，首次在行业实现对粗纱、棉条、细纱等进行质量管理在线追踪。当络筒设备质量报警时，通过 RFID 读写终端扫描问题管纱，系统快速在海量数据中比对分析，以前需要 24 小时以上才能找到问题点，现在 10 秒钟内就能精准定位到细纱生产机台锭位，大大提高了生产和管理效能，纱线质量实现了"无疵点"，产量得到稳定提高，从而攻克了纺纱生产过程中在线质量管理控制和可追溯这一历史难题，填补了国内空白，如图 6-5 所示。

例如，2020 年 6 月 12—13 日，络筒乌斯特电清对每日生产的管纱进行质量全检，累计质量全检 110 万管纱，其中捕获到质量落后管纱 153 只，如图 6-6、

表 6-1 所示。

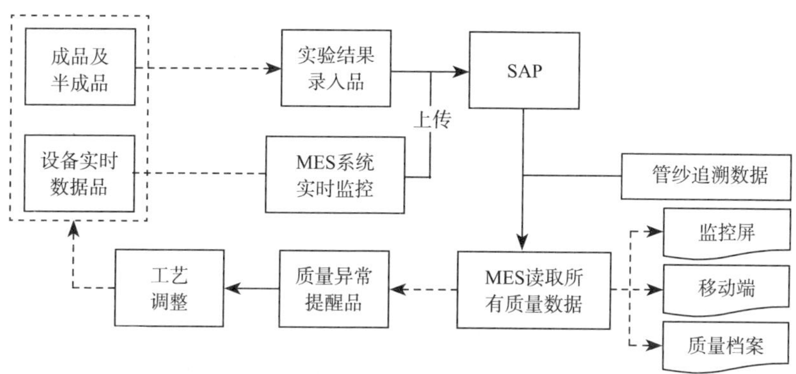

图6-5 HM数字化质量管理闭环监控系统

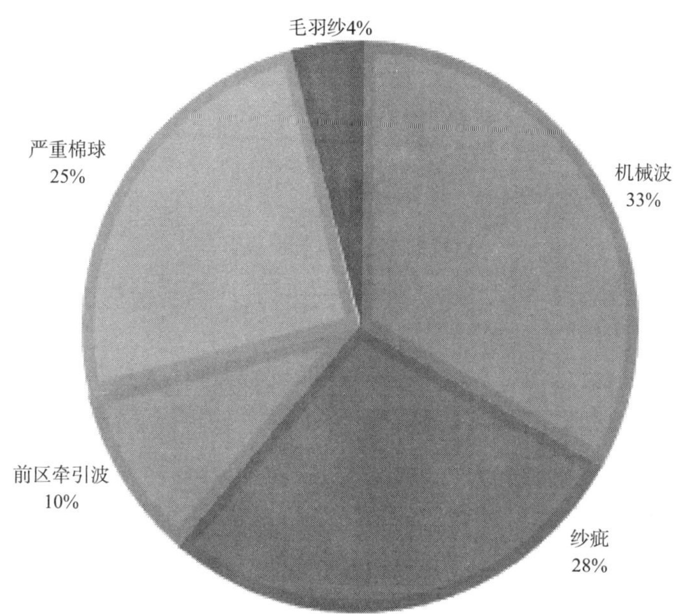

图6-6 管纱质量缺陷分析比例

表6-1 管纱质量缺陷分析情况

项目	累计生产管纱数	络筒在线质量全检管纱数	实验室离线抽检管纱数
数量（只）	110万	110万	420
占比	100%	100%	0.38‰

5. 优选互联网技术，开发了手机 APP、PAD 管理平台，实现生产柔性管理

通过集成运用互联网技术,HM 首次在行业内实现客户远程在线监控订单详情。

通过电子看板、手机 APP、PAD 平台，解决了现场管理、运维管理、决策支持、移动管控方面的需求。科学的流程管理能够理顺企业内部各组织部门之间的关系，这样既可以节省资源，又能缩短决策、执行时间，有效实施对订单、质量、产量、设备等管理的监控。

通过电子看板，实现了生产柔性管理，如图 6-7 所示。

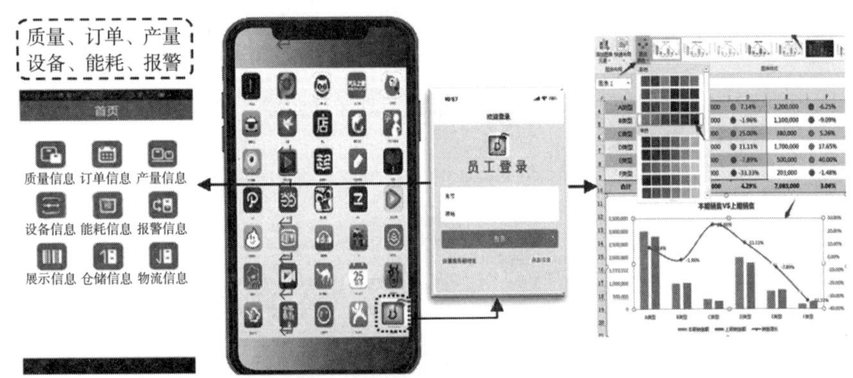

图6-7　远程柔性管理推送手机客户端APP

各模块可以实现如下功能：

订单管理：可以查看当前订单的生产进度和交货数量等相关信息。

质量管理：可以随时随地查看各品种质量指标，同时还展示了标准值，方便质量人员对产量质量进行监控、纠偏和追溯。

产量管理：记录了各工序上月、当月、前一天产量信息及完成情况。方便管理人员了解车间生产进度信息。

设备管理：记录当前车间设备的运行状态，对低效机台、离线机台发出预警信息，督促车间人员进行查验。

6. 创新管理方式，建立了数字化工厂管控模式

HM 在数字化工厂建设中，在粗纱机、细纱机制造上，创新提出了将传统齿轮传动方式全部改为伺服电机控制的要求，属行业首创。既改变了传统齿轮磨损检查检验及车上齿轮周期性运维管理模式，又实现了设备运行自动监控并报警及保护停车，设备在线实时监控管理。

鉴于此，HM 创新设备维护方式，对原有常日班设备维修工和运转班操作工，进行“常运一体化”管理。

一是带来设备维护管理方式的改变。打破工种界限，实现维修操作一体化，大大减少了设备维修人员，有效提升了设备完好率，有力保障了设备智能管理效率。同时，也大大减少了管理人员配置。以往 15 万锭棉纺工厂，仅管理干部配置需要 4 ～ 5 人，现只有 2 人，管理效率得到大幅提升。

二是带来品种调整率的提高。通过在线变更机台参数，实时改变生产品种，简易方便。降低工人劳动强度，提升了品种调整一次合格率，大大增强了市场快速反应能力。

三是建立了适应数字化的成本管理体系。在成本核算方面，HM 在原定额成本的基础上进行了优化和改进，采用了物料分类账和标准成本法，将生产工艺标准直接参与成本核算，差异分析直观高效，核算结果符合实际判断且更加准确，实现了产品成本预测、实际成本核算、成本效益分析的全过程管理。为工艺优化、生产安排、订单管理、质量管理、设备维保、精益统计等提供了一整套大数据综合智能分析支持。

四是改变了企业“月绩效”考核方式。数字化转型激发了企业文化新的活力。数字化制造改变了原有绩效考核方式，同时也改变了员工的思维定式。员工可以实时查询本人当日效率、产量、质量及收入情况。将传统“月绩效”激励落地到“日激励”的考核方式，实现了企业绩效考核的实时性，激发了员工实现自我价值的需求，如图 6-8 所示。

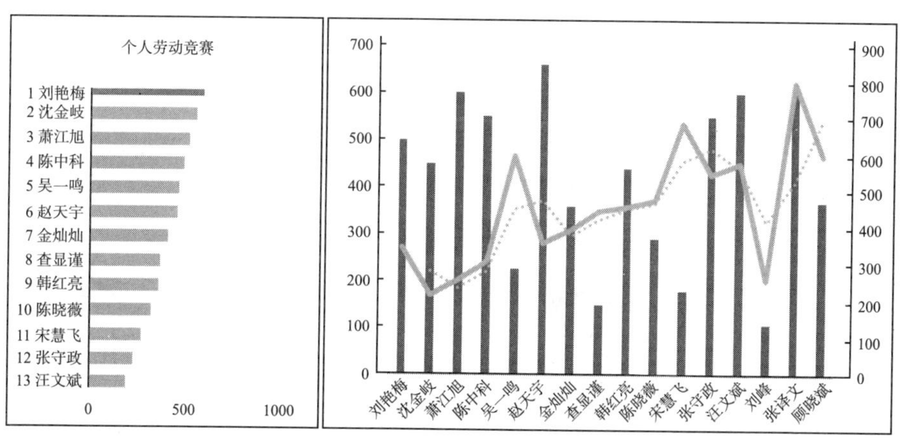

图6-8　HM员工日绩效考核情况

三、实施成效

（一）数字化转型，企业经济效益得到大幅提升

2019年，HM实现销售收入49.13亿元，同比增长13.01%。实现利润总额2.16亿元，同比增长138.91%。上交税收2.52亿元，同比增长2.02%。多年来，HM始终位居中国棉纺织行业竞争力20强，如图6-9、图6-10、图6-11、图6-12所示。

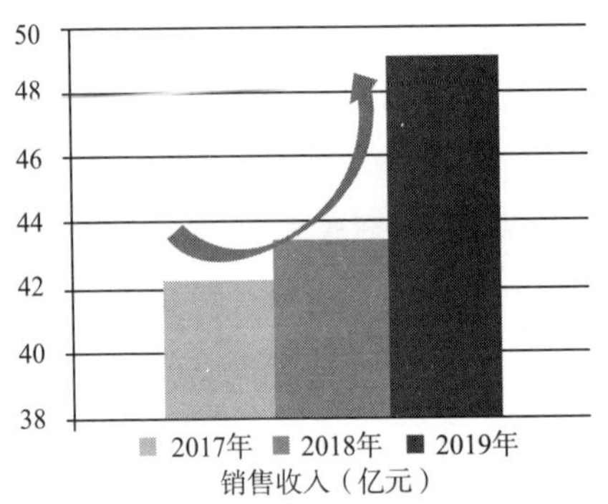

图6-9 2017—2019年销售完成情况

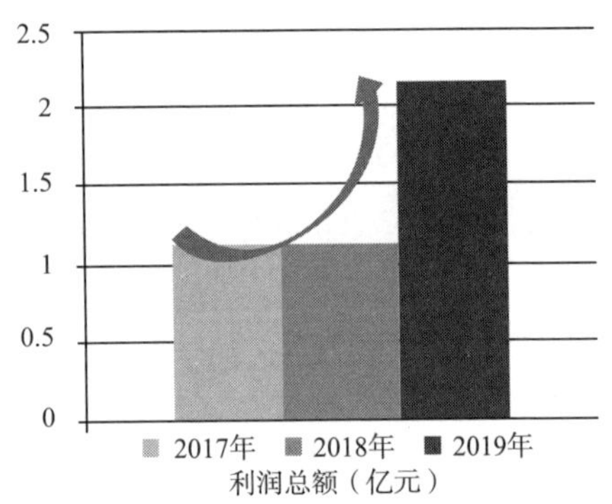

图6-10 2017—2019年利润完成情况

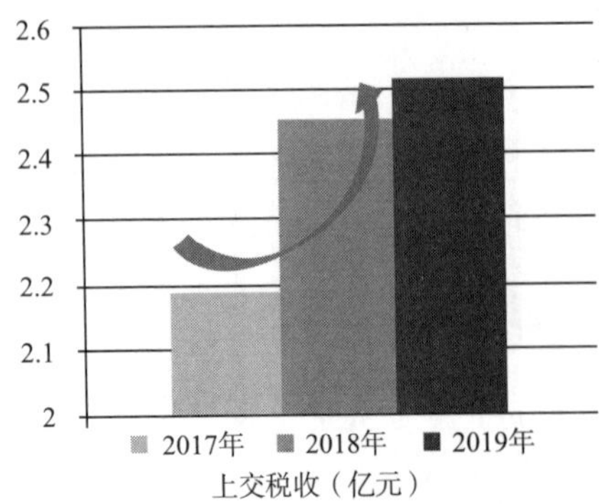

图6-11 2017—2019年纳税完成情况

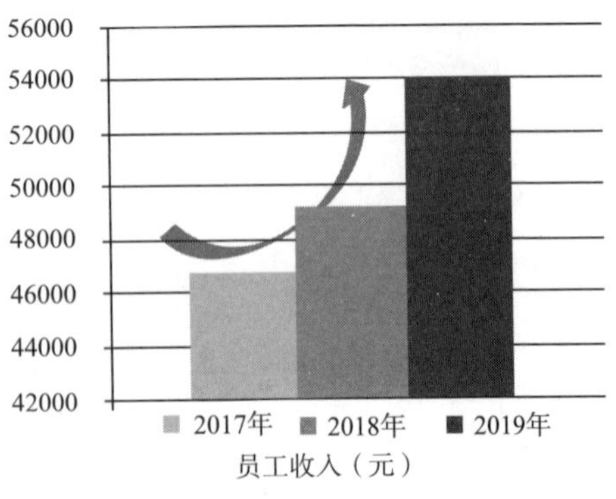

图6-12 2017—2019年员工收入情况

（二）数字化赋能，建成了15万锭全球单体规模最大的数字化工厂

HM从自身发展战略出发，超前布局，推进数字化发展，实施智能制造，建成15万锭全球单体规模最大的数字化工厂。目前，HM集团的数字化工厂已达到40万锭，位居行业前列。实施智能制造助推了企业经营管理的变革与创新，提升了HM高质量发展水平，如图6-13所示。

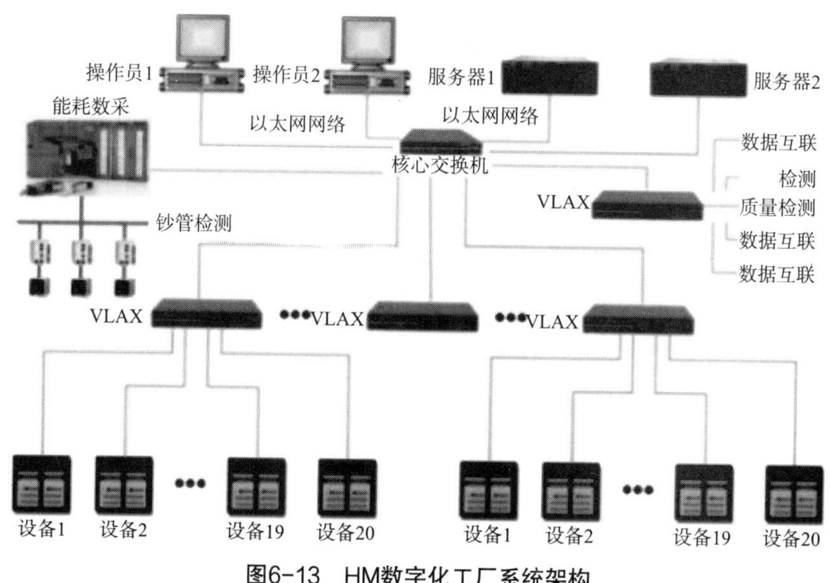

图6-13　HM数字化工厂系统架构

（三）技术创新赋能，推动了国产棉纺装备技术突破性进展

HM组织国内棉纺装备制造企业、软件开发商及高校，通过协同创新，发挥各自优势，反复讨论数字化工厂建设方案和设备的工艺设计，提出了许多原创性设计方案、工艺路线。特别是以“大牵伸、高速度”为标志的技术创新成果，推动了国产棉纺装备技术取得突破性进展。经过近两年的研发，提出了具有HM特色的“智能制造纺纱技术工艺路线”，研制了推广性较强的国产新型棉纺全流程

智能化装备，大大提升了国产棉纺智能化装备水平，基本实现替代进口目标，如图 6-14 所示。

图6-14　HM运行中的国产智能化自动运输及包装生产线

（四）管理创新赋能，实现生产、质量和成本等管理水平提高

在智能制造的推动下，HM 的管理变革，无论在形式上还是内涵上，都有了质的提升。一批智能制造条件下的管理方式得到创新。例如，HM 的八分厂项目的生产效率从改造前的 97.5% 提高到 99.2%；设备故障率从改造前的 1.5% 下降到 0.03%；万锭用工从改造前的 50 人降到 14 人；吨纱综合工费成本从改造前的 6058 元下降到改造后的 3970 元，降低 34.47%。产品不良品率由改造前的 0.03% 下降到 0.01%；单位产值综合能耗由改造前的 0.4617 吨标煤 / 万元降至 0.3457 吨标煤 / 万元，降低 25.12%。企业竞争力显著提升。如表 6-2、图 6-15、图 6-16 所示。

表6-2　HM数字工厂改造前后指标对比

指标	改造前	改造后	对比（±%）
生产效率（%）	97.5	99. 2	1.74
设备故障率（%）	1.5	0. 03	-98.00
万锭用工（人）	50	14	-72.00
吨纱综合工费成本（元）	6058	3970	-34.47
单位产值综合能耗（吨标煤/万元）	0.4617	0.3457	-25.12
产品不良品率（%）	0.03	0.01	-66.67

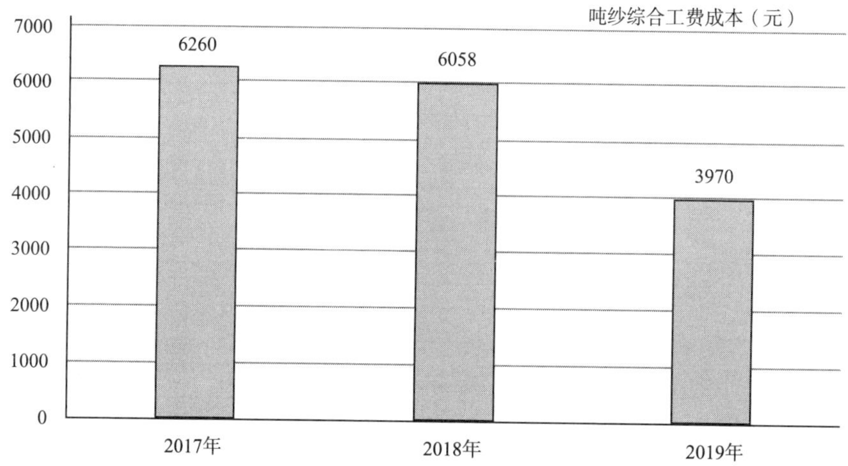

图6-15　2017—2019年吨纱综合工费成本完成情况

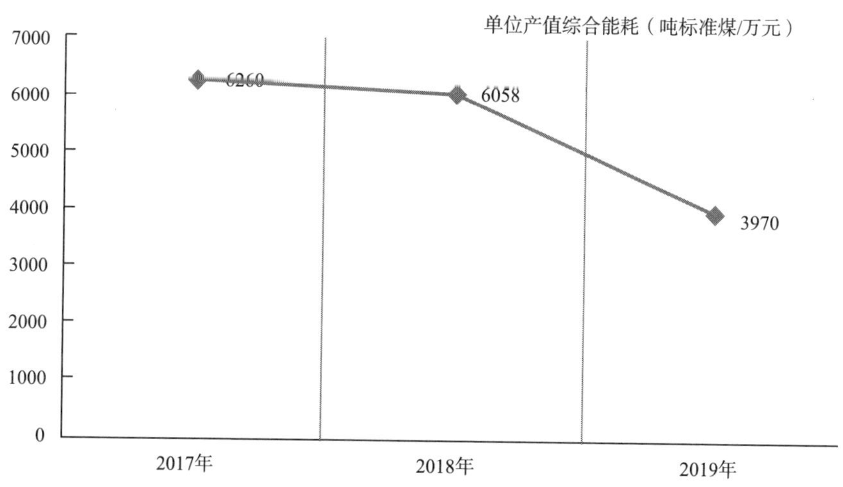

图6-16　HM公司2017—2019年能耗完成情况

（五）坚持数字化赋能，实现了社会效益和企业影响力的提升

HM 数字化改造项目建成后，在国内同行和省内产生了良好的示范效应，为纺织企业转型发展提供了借鉴和有益的解决方案。2018 年 7 月，省经信厅在 HM 召开全省纺织行业现场会，总结并推广 HM 的智能制造经验，如图 6-17 所示。

同年，HM 荣获中国纺织工业联合会信息化成果一等奖、中国纺织工业联合会科技进步一等奖。2019 年获得世界制造业大会创新产品金奖、工信部“棉纺智能制造双创示范平台”和省科学技术一等奖。

图6-17　2018年7月，省经信厅在HM召开推广智能制造经验现场会

三年来，HM 通过数字化转型，激活了企业技术创新和管理创新的动能，增强了企业市场综合竞争力，促进了企业可持续发展。未来，HM 将积极抢抓新一轮科技革命和产业变革机遇，推动“5G+ 数字工厂”的深度融合，大力推动 5G 技术应用，加速建设新的制造方式，着力打造 HM“5G 智慧示范园”，推动信息化、网络化、智能化的广泛运用。加速技术创新、产品创新与营销模式创新，在以国内大循环为主体、国内国际双循环相互促进的新发展格局中实现更大作为。

笔者相信，HM 坚持创新管理的脚步永远不会停止，在“科技、时尚、绿色”发展理念下，奋发有为，沿着高质量发展的道路行稳致远。

第7章
纺织产业转型升级与成本控制研究

第一部分　纺织服装产业转型升级研究
——基于运营效率的分析与评价

提升行业运营效率是实现产业转型升级的重要途径。文章通过采用三阶段DEA模型和DEA-Malmquist指数模型对我国47家纺织服装上市公司2013—2017年的运营效率进行静态和动态分析。评价结果表明：企业所在区域经济情况、企业市场份额等环境因素对纺织服装行业运营效率产生显著影响，使其纯技术效率均值被低估，综合技术效率均值和规模效率均值被高估，其中投入冗余是纺织服装行业运营效率较低的主要原因；全要素生产率受规模效率变动影响较大；建议企业加强区域间资源共享、重视规模经营、加大研发投入，政府应对重点领域关键技术给予扶持并予以落地实施，为纺织服装产业转型升级提供更加规范、适宜的制度环境和运行机制。

一、引言

产业转型升级是新常态下实现我国产业经济高质量发展的重要手段[1]。纺织服装工业作为我国备受关注的民生产业、传统支柱产业和创造国际化新优势的产业，随着经济全球化不断深入，其发展正承受发达国家“再工业化”和发展中国家“工业化进程”加快的“双重挤压”，产业结构高度化、合理化迫在眉睫。而“十三五”时期是经济发展方式转变与经济结构调整的关键时期，也是纺织服装产业转型升级的关键时期，必须多方位准确了解产业发展现状，以质量和效率促产业发展，高效地实现产业转型升级。

上市公司作为产业经济微观主体的典型代表，能更准确、切实地反映行业发展现状，科学的运营效率评价是促进资源合理配置以及实现产业可持续发展的重要基础[2]。

运营效率评价方法的选择是纺织服装上市公司运营效率评价的关键。目前关于企业运营效率的研究较多，其中国外学者 Horta 等[3]、Deng 等[4]运用 DEA 模型评价企业运营效率，并指出国家宏观经济环境对企业运营效率有较大影响，且企业运营效率评价应该符合多维性、动态性和可比性。Ding 等[5]运用 DEA 模型和 MI 方法对中国 21 个沿海中小型港口的运营效率进行静态动态结合分析。随后 Hahn 等[6]、Clemens 等[7]、Filipa 等[8]学者关注外部环境、随机因素对运营效率评价的影响，并应用多元回归分析来矫正这些影响或引入二阶段的调查具体分析影响因素。最初国内学者大多运用 DEA 模型对不同类型企业运营效率进行评价[9-12]。韩珂等[13]应用数据包络分析的 CCR 模型、BCC 模型及 DEA-Malmquist 指数分别从静态和动态两个角度对中国财产保险公司的技术效率、纯技术效率、规模效率、技术效率变动指数和技术进步指数进行了实证研究。

近年来，国内学者开始逐渐关注外部环境及随机误差等对评价结果的影响。王巧丽[14]认为技术投入、创新、宏观环境和微观市场偶然波动是影响互联网上市公司运营效率的关键因素；杨犇犇[15]认为国家经济发展水平、城市化水平和高速公路发展是影响高铁运营效率的环境因素，应在评价时予以考虑。钟祖昌[16]、刘浩[17]采用三阶段 DEA 剔除了环境因素和随机误差的影响，对物流企业、军工企业运营效率进行评价，使效率评价更加准确合理。但有关纺织服装行业运营效率的评价研究仍非常鲜见，黄河、杨以雄认为劳动力冗余是纺织企业资源配置的主要问题，我国纺织企业运营效率两极分化严重[9]。

通过整理国内外相关文献，传统 DEA 方法的测度结果易受外部环境因素和随机误差影响，纺织服装行业作为我国传统行业且地域性差异较大，其发展更易受到外部环境和企业内部等影响因素制约，为更客观全面地评价我国纺织服装行业运营效率，本书采用三阶段 DEA 模型剔除环境因素和随机误差对其进行静态分析，并结合 DEA-Malmquist 指数对相邻时期的投入产出数据进行动态效率剖析，将指标更详细地分解，以期从全局视角更准确地测度其运营效率并为我国政府和纺织服装企业提供更有利的决策依据。

二、研究设计

（一）模型建立

1. 三阶段 DEA（数据包络分析）模型

（1）第一阶段：传统 DEA 模型

将投入产出数据进行初始效率评价，选用投入导向的 BCC（规模报酬可变）模型，因该理论较为成熟，不在此赘述。

（2）第二阶段：SFA（随机前沿分析）模型回归

首先，将第一阶段得出各个投入因素的总松弛变量分解成：环境因素、随机误差和管理因素 3 个变量的函数。方程如下：

$$S_{ni}=f^{n}(Z_i;\ \beta^{n})+V_{ni}+U_{ni} \tag{7-1}$$

式中：n=1，2，3，…，N，表示 n 项投入；i=1，2，3，…，I，表示 i 个 DMU（决策单元）。S_{ni} 表示第 i 个 DMU 在第一阶段计算出的第 n 项投入单元的总松弛变量；f^n（Z_i；β^n）表示环境因素对总松弛变量 S_{ni} 的影响；V_{ni} 表示随机误差项，且服从正态分布，即 $V_{ni} \in N(0, \sigma^2_{vn})$；$U_{ni}$ 表示管理的无效率，服从截断正态分布，即 $U_{ni} \in N(\mu_n, \sigma^2_{un})$，$V_{ni}$ 与 U_{ni} 独立不相关。

其次，计算 β^n、σ^2 等参数的估计值，并通过求得的 β^n、σ^2 值计算 V_{ni}、U_{ni} 的数值[18]。最后根据式（7-2）计算出排除各项干扰项后新的投入值。

$$X^*_{ni} = X_{ni} + [\max(Z_i\beta^n) - Z_i\beta^n] + [\max(V_{ni}) - V_{ni}] \tag{7-2}$$

式中：n=1，2，3，…，N；i=1，2，3，…，I；X^*_{ni} 表示排除干扰项后的投入值；$\max(Z_i\beta^n) - Z_i\beta^n$ 表示对环境因素进行调整，$\max(Z_i\beta^n)$ 为处在最差环境中的企业，其他企业将其作为标准进行调整；$\max(V_{ni}) - V_{ni}$ 表示对随机误差进行调整，其中 $\max(V_{ni})$ 表示处在最差随机误差中的企业，而其他企业以其为标准进行调整，得到最新投入值。

（3）第三阶段：效率的调整

将得出的新投入值和原来的产出值再次运用传统 DEA 模型对样本企业进行效率测算，得到排除环境因素及随机误差影响后的结果。

2. DEA-Malmquist 模型

三阶段 DEA 是对纺织服装上市公司的静态分析，本书另从动态视角构建三阶段 Malmquist 模型分析纺织服装上市公司运营效率变化。Malmquist 指数模型将生产率分为技术效率变动（Ef）和技术改进变动（TE）。其中技术效率变动可分为规模效率变动（SE）和纯技术效率变动（PE），即：TFP=Ef × TE=PE × SE × TE，其中 TFP 表示生产效率变动情况；Ef 反映了决策单元（DMU）对现有技术的利用情况；TE 表示生产前沿面变动对生产率变动的影响程度；PE 为纯技术效率变动，即在变动规模报酬不变的情况下既定的技术效率变化；SE 为规模效率的变动，即规模经济对生产率的影响程度。综上所述，当效率变动、技术改进、纯技术效率变动和规模效率变动都大于 1 时，表示 t+1 期比 t 期有所提升，即对 TFP 有促进作用，反之则有阻碍作用。同理，TFP ＞ 1 表示 t+1 期比 t 期效率有所提升，反之有所下降。

（二）指标体系构建

通过对以往文献的研究总结[14-17]，结合纺织服装行业特点和行业专家的咨询意见，选取投入、产出指标及说明如下：

（1）投入指标

营业成本：显示在利润表中，反映企业销售商品或提供劳务的成本。

应收账款：指企业在经营过程中为销售商品或提供劳务而向购买方收取的债权。

员工总人数：在劳动密集型的纺织服装企业，人力投入能反映一定的公司规模状况。

固定资产：企业当年年末固定资产数额。

营运资金：企业维持日常经营所需的资金，通常指流动资产减去流动负债后的差额。

（2）产出指标

营业收入：指企业在经营过程中销售商品或提供劳务形成的经济收入。

净利润：指企业在扣除所有成本及所得税费用以后公司的利润留成。

DEA 模型的指标要求符合“同向性”原则，因此，本书应用 SPSS 20.0，进行 Pearson 相关性检验来验证所选指标，结果如表 7-1 所示。

表7-1　投入（产出）指标相关性检验

产出指标	营运资金	应收账款	员工总人数	营业成本	固定资产
营业收入	0.707**	0.486**	0.805**	0.960**	0.615**
净利润	0.779**	0.335*	0.402**	0.527**	0.548**

注：** 为在 1% 水平上呈显著相关，* 为在 5% 水平上呈显著相关。

从表 7-1 可以看出，所选指标均在 5% 水平内呈显著正相关，表明本书所选指标符合“同向性”原则，可以继续进行接下来的研究。

环境变量的选取和指标主要用于第二阶段投入产出冗余值的分解，并剔除这部分影响因素，使样本企业处于同样的环境中。当前对于环境变量的选取未形成统一的标准，但都遵循以下两个原则：

1）环境变量不受企业的控制。

2）环境变量能够影响企业的效率。

在遵循上述原则的前提下，查阅前人相关研究并结合专家的意见[14-17]，选取企业所在省 GDP、企业市场份额、企业年限、员工薪酬作为本研究的环境变量。

企业所在省 GDP：表示地区所有常住居民在一定时期内生产活动的最终成果，等于各产业增加值之和。我国纺织服装行业有明显的区域特征，以此将其作为本书的环境指标变量。

企业市场份额：在纺织服装行业中，市场结构是影响其竞争力的主要因素，而市场份额的增加表明企业市场竞争力得到提升。因此，本书选择企业所占市场份额作为环境影响因素，其公式为：企业年末总资产 ÷ 行业年末总资产。

企业年限：企业成立的时间越长，管理经验越丰富，技术相对先进，也更加容易降低成本，提高效率。

员工薪酬：企业付给职工的各种薪酬与在册员工的比值。企业给员工的薪酬越多，给员工带来的激励效果越明显，效率越高。

（三）数据来源

本书以制造业中的纺织服装类上市公司为研究对象，选取证监会 2012 年 11 月 16 日发布的《上市公司行业分类指引》中行业代码为 C17、C18（纺织业、纺织服装、服饰业）的上市公司，并剔除被特别处理（ST）和特别转让（PT）及上市未满 5 年的公司，合格样本共 47 家。投入、产出指标数据来自纺织服装上市公司 2013—2017 年的年报数据，环境数据来自上市公司年报数据和国家统计局披露数据。

由于 DEA 模型要求指标数据为非负数，将数据小于零的值变成一个接近于零的正值来进行实证分析，当该数值变大时（小于 1），虽准确性会下降，但只影响做数据变换的决策单元，对整体结果影响不明显[19]。

三、实证分析

（一）纺织服装上市公司水平测度

1. 第一阶段

传统 DEA 模型，借助 DEAP 2.1 软件，选择投入导向 BCC 模型测算 47 家纺织服装上市公司近 5 年的 DEA 效率均值，由于篇幅有限，笔者只给出测算的各年效率均值，如表 7-2 所示。

表7-2 2013—2017年DEA效率均值

年份	效率类型	综合效率	纯技术效率	规模效率
2013	平均值	0.807	0.840	0.958
2014		0.887	0.899	0.985
2015		0.871	0.901	0.967
2016		0.880	0.936	0.937
2017		0.849	0.921	0.924
Mean		0.859	0.899	0.954

在未排除环境因素等影响时，近 5 年的技术效率平均值为 0.859，这说明纺织服装企业运营效率良好。企业纯技术效率逐年上升；规模效率除 2014 年上升外，均逐年下降，这说明企业管理和技术都在逐年提升，但企业规模管理略有降低。

2. 第二阶段

SFA 回归分析，根据第一阶段计算结果，将投入指标营业成本、应收账款、员工总人数、固定资产、营运资金的松弛变量作为因变量；将企业所在省GDP、员工薪酬、企业市场份额、企业年限作为自变量建立SFA回归模型，采用Frontier 4.1软件进行数据处理。

通过SFA回归计算可知，本书所选环境变量对企业生产效率产生了显著性影响，γ 值大于0.5，这说明管理无效率存在且占比较大，各省份纺织服装业管理效率存在较大的差异，进行SFA回归是合理的；在所选环境变量中企业所在省GDP与营运资金冗余和应收账款冗余呈负相关关系，与固定资产冗余呈正相关关系，而对员工人数和营业成本冗余没有通过T检验，这说明纺织服装企业所在区域的经济情况越好，企业营运资金与应收账款的冗余量越低，固定资产冗余越高；同理，可得出企业市场份额、企业年限、员工薪酬对投入指标松弛变量的影响。

3. 第三阶段

调整后DEA效率分析，将第二阶段调整后的投入值与原始产出值导入传统DEA模型中，选择BCC模型进行再次测算，结果如表7-3所示。

表7-3 2013—2017年调整后DEA效率均值

年份	效率类型	技术效率	纯技术效率	规模效率
2013	平均值	0.782	0.871	0.892
2014		0.824	0.931	0.882
2015		0.812	0.915	0.884
2016		0.845	0.944	0.891
2017		0.767	0.958	0.802
Mean		0.806	0.924	0.870

排除环境等因素影响后，第三阶段各年技术效率和规模效率均值比第一阶段低，纯技术效率比第一阶段值高，这表明我国纺织服装企业会受随机误差与环境因素的影响；2014—2016年纺织服装企业技术效率值在0.8以上，而2013年和2017年技术效率值低于0.8，5年平均技术效率值仅为0.806，这表明我国纺织服装行业整体运营水平不高且存在自身高估的情况；企业纯技术效率整体呈增加趋

势，规模效率呈下降趋势，这与当前纺织服装行业正由高速向高质量发展转变趋势一致，且随着企业经营时间的推移，企业管理和技术水平都有了一定的提高。

技术效率主要反映纺织服装企业的整体运营情况，从图 7-1（本文图中纵坐标代表效率值，横坐标代表年份，下同）可看出，近 5 年未排除环境因素和随机误差时，技术效率均值高于排除环境变量的效率均值，这表明外部环境对纺织服装企业运营效率评价影响较大。排除外部因素后，2013—2017 年的平均增长率由 1.40% 变为 -0.31%，这表明不考虑环境因素的影响会虚增企业的运营效率，导致企业不能清晰了解自身存在的问题，也表明 5 年间我国纺织服装行业的运营效率有所下滑。

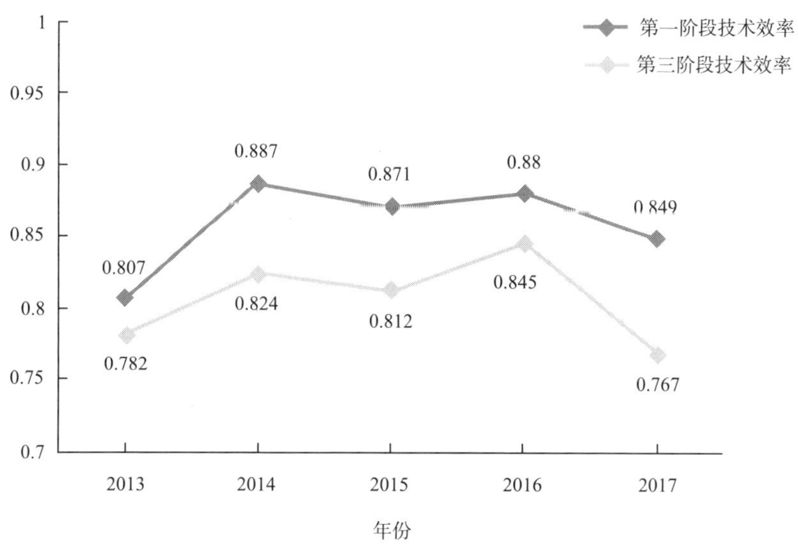

图7-1　第一、三阶段技术效率对比

纯技术效率主要反映的是纺织服装企业生产和管理水平。从图 7-2 可以看出第三阶段的纯技术效率值均比第一阶段高，这表明纺织服装企业的生产管理水平受到环境因素影响，致其纯技术效率被低估。纵观两个阶段，我国纺织服装行业纯技术效率均呈折线上升趋势，这表明 5 年间随着国家供给侧改革的推进，我国纺织服装企业的管理、制度和生产水平在不断提升且增长速度较快，纺织服装企业近几年转型升级成效初显，企业也越发重视自身高质量发展。

规模效率代表了企业规模经营的情况，从图 7-3 可以看出在未排除环境因素的情况下，纺织服装企业的规模效率被严重高估。结合前文分析结果能够进一步发现，规模效率不足是纺织服装行业综合技术效率值低的主要原因，因此，纺织服装企业应重视自身规模经营，不能盲目扩大企业规模，而应重视扩大规模后对企业现有生产要素造成的浪费以及对运营效率的负面影响。

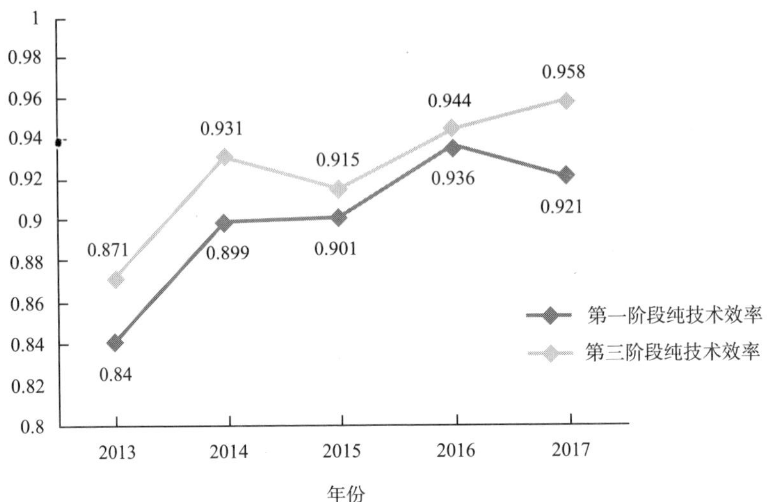

图7-2　第一、三阶段纯技术效率对比

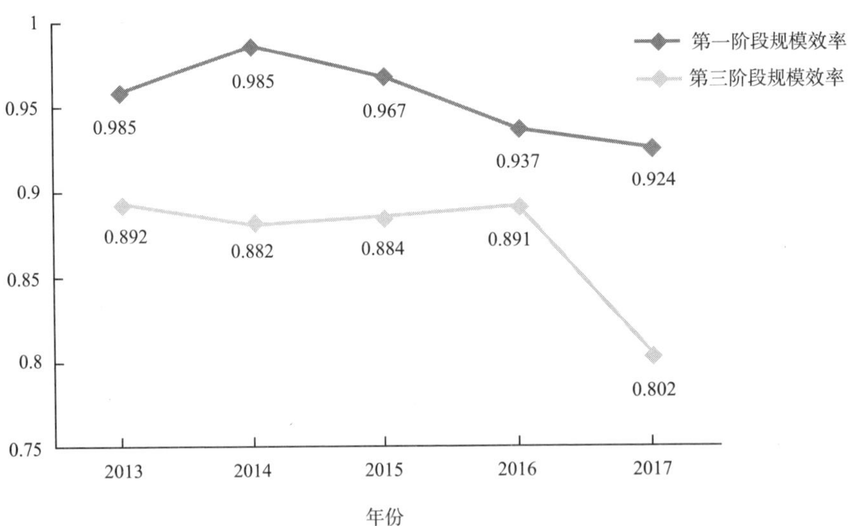

图7-3　第一、三阶段规模效率对比图

（二）DEA-Malmquist 分析

1. 第一阶段 Malmquist 指数分析

从表 7-4 可以看出，2014—2015 年和 2016—2017 年全要素生产率变动大于 1，其余年份小于 1，2013—2017 年 5 年的全要素平均增长率为 0.987，全要素生产率最大增幅年份是 2016—2017 年，为 10.1%，增长的原因是技术进步，其余年份全要素生产率增幅原因类似；2013—2014 年负增长较大，为 -11.1%，这说明整个纺织服装行业的全要素生产率还未达到稳定状态，不同年份之间差距较大。

表7-4　第一阶段47家企业总体平均Malmquist指数结果

年份	综合效率变动	技术变动	纯技术效率变动	规模效率变动	全要素生产率变动
2013—2014	1.119	0.794	1.094	1.023	0.889
2014—2015	0.98	1.028	1.000	0.98	1.007
2015—2016	1.007	0.954	1.025	0.982	0.961
2016—2017	0.968	1.137	0.994	0.974	1.101
Mean	1.017	0.970	1.028	0.990	0.987

2. 第三阶段 Malmquist 指数分析

从表 7-5 可以看出，纺织服装行业 2014—2016 年的全要素生产率变动高于 1，而其余年份均低于 1，全样本企业 5 年的全要素生产率变动为 0.922，这表明纺织服装企业的全要素生产率较低，且处于负增长状态。2014 年比 2013 年综合效率变动增长了 7.7%，规模效率变动小于 1，这表明纯技术效率提升是综合效率提升的主要原因；2014 年技术变动仅为 0.675，其导致当年全要素生产率较低；2015 年全要素生产率变动为 1.028，比 2014 年增加 2.8%，综合效率变动比上年减少 1.9%，这说明当年全要素生产率变动主要是由于技术进步；2016 年全要素生产率变动为 1.190，比 2015 年增加 19%，综合效率变动比 2015 年增加 4.3%，技术变动增加 14.1%，这说明纺织服装企业在当年整体全要素生产运营情况较好；2017 年全要素生产率变动为 0.813，比 2016 年减少 8.7%，综合效率变动和技术变动均低于2016年。

表7-5　第三阶段47家企业总体平均Malmquist指数结果

年份	综合效率变动	技术变动	纯技术效率变动	规模效率变动	全要素生产率变动
2013—2014	1.077	0.675	1.090	0.988	0.727
2014—2015	0.981	1.048	0.984	0.997	1.028
2015—2016	1.043	1.141	1.047	0.996	1.190
2016—2017	0.906	0.897	0.997	0.909	0.813
Mean	1.000	0.923	1.029	0.972	0.922

第一阶段2015—2016年的全要素生产率变动为0.961，第三阶段为1.190，这说明外部环境限制了企业的生产运营效率；第一阶段2016—2017年全要素生产率增长10.1%，剔除外部环境后全要素生产率变动下降18.7%，这说明当年纺织服装行业处于一个相对较好生产的环境中，使得企业的生产率较上年提升较大，企业自身生产率处于负增长状态。

四、结论与政策建议

（一）结论

1）2013—2017年，我国纺织服装行业运营效率有所下滑且呈先增后减趋势，所选环境变量对纺织服装产业转型升级影响显著。

2）从静态来看，在剔除环境因素后，技术效率、规模效率均值分别下降了5.3%和8.4%，纯技术效率提升3%，这表明企业在未考虑环境因素时高估了自身的运营效率，低估了纯技术效率，而规模效率低是导致其行业运营效率低的主要原因，产业科技成果转化率较低。

3）从动态来看，通过对第一、三阶段全要素生产率对比，在排除环境因素影响后，企业全要素生产率相较第一阶段下降6.5%，纺织服装行业规模效率变动情况和技术变动情况都有所下降，这说明外部环境对纺织服装企业的生产率有极大的推动作用；2013—2017年，企业自身全要素生产率不高且为负增长，具体表现为企业的技术变动较低。

（二）建议

1）企业自身应加强区域间的相互合作和借鉴，适当向内陆地区进行有序产业转移，做到区域间资源共享，或通过对外投资积极参与国际纺织产业布局重构，有利于保障我国纺织产业资本的盈利能力，以应对环境对行业运营带来的负面影响。

2）纺织服装企业应重视规模经营，扩大有效供给而非盲目扩大规模，更应该考虑规模扩大后对企业现有生产要素造成的浪费及对运营效率的影响。政府应持续改善国内营商环境，扩大产业用纺织品内需应用，同时加强纺织行业投资重点方向指导，利用好国家现有财政专项资金，加大纺织产品科技成果转化率，对纺织绿色制造、智能制造、纺织新材料等重点领域关键技术研发应用给予扶持并予以落地实施，为科技成果的持续产出和价值释放创造更加规范、适宜的制度环境和运行机制。

3）企业应明确自身技术变动的方向，同时应引进高级管理、技术人才，增强与纺织服装科研院所等的产研合作，加大研发投入，切实提升自身管理、技术硬实力，从多角度提升行业全要素生产率。

第二部分 纺织服装上市公司技术多元化与企业创新绩效的关系研究

多元化技术创新活动的开展有助于企业形成技术知识的协同，形成多项创新成果，推动行业的高质量发展。本章以沪深两市A股纺织服装行业上市公司2005—2019年的面板数据为研究对象，以资源基础观、核心能力、市场势力、协同效应和委托代理等相关理论为基础，研究纺织服装行业技术多元化与创新绩效之间的关系。

研究结论：①技术多元化正向影响企业创新绩效；②相关和非相关技术多元化的交互作用正向影响创新绩效；③产品多元化程度和非相关产品多元化战略负向调节技术多元化与创新绩效之间的关系，而相关产品多元化战略的调节效应不显著；④国际化深度负向调节相关技术多元化与创新绩效之间的关系，但与技术多元化程度和非相关技术多元化的交互项不显著，国际化广度未能显著调节技术多元化与创新绩效之间的关系。最后，针对我国纺织服装行业亟须完善和解决的问题提出了建议与对策。

一、引言

科学技术是推进发展的第一生产力，能够形成国家的核心竞争力，推进我国制造业实现高质量发展。“中国制造2025”“制造强国战略”及“三品战略”等多项战略的积极部署，符合我国技术创新和研发活动的科技创新体制和机制，说明科技创新在我国社会经济发展中占据越来越重要的地位，往往处于国家战略的核心位置。作为实体经济的制造业是国民经济发展的重要支柱，涉及大量生产工艺流程的改进式或突破式创新、生产技术变革、新产品开发和技术创新活动的开展等多项技术创新内容，提升制造业企业的技术研发和创新实力，能进一步夯实我国国民经济发展的根基，加快我国由“制造大国”向“制造强国”转变的进程。因此，大力提高制造业科技研发经费投入，加强专业人才培养等举措显得尤为重要。纺织服装行业由提供相似的或可近似替代的纺织服装商品及服务企业的集合构成，纺织服装企业开展技术创新活动和探索新的技术领域，积累不同领域的技术创新知识，能够促进企业核心竞争优势的提高，推进纺织服装行业迈向技术多元化、高端化，加深行业技术研发力度，拓宽行业技术领域范围，提升我国纺织服装产品的国际竞争力，促进纺织服装产业与其他行业的深度交叉融合。

选取纺织服装上市公司作为研究样本，通过对面板数据进行单位根检验，验证变量的平稳性；通过固定效应、随机效应和混合效应模型选择的检验，得到不同计量方程适合的估计模型；通过描述性统计分析、相关性分析和回归分析等实证研究方法，得出纺织服装上市公司技术多元化与创新绩效关系的相关结论。采用 PCSE 稳健估计（马晓东[20]，2018；姜宝[21]，2015）和替换变量的方式，验证实证结果的稳健性。

技术多元化的概念最早被 Kodama[22]（1986）通过对行业整体内部研发和创新活动过程的研究，定义为各部门开展其主营产品领域之外的技术研发活动，并认为主营产品领域内部和外部的工业研发创新活动，分别达到了保证现有工业的可行性和创造新产业的目的。将企业成长的根本动力归咎于技术的转移和模仿问题，认为企业的核心技术是创造产品及其生产经营多元化的技术基础，要求定期审查企业拥有的核心技术，在整个行业内部是否仍具有难以被竞争对手模仿或超越的优势（Kogut& Zander[23]，1992；Hamel[24]，1994；Subramaniam[25]，2005）。基于企业技术创新活动涉及技术领域的视角，将技术多元化定义为：企业技术研发活动所跨技术领域的数量和进行技术组合的程度（Pavitt[26]，1989；Granstrand[27]，1997；Suzuki[28]，2004；Lin[29]，2005；Leten[30]，2007）。沿用这一定义，Dibiaggio[31]（2004）对技术多元化和专业化进行区分，认为企业的技术创新活动往往分布在不同部门或事业部中。

"创新"一词最早起源于奥地利经济学家 Schumpeter（1934）给出的概念，认为在同质或异质的空间和时间上，不同事物的经济发展速度存在差异的主要原因是技术创新，并将社会经济发展的本质定义为新事物持续演变的过程，突破和重构现行制度，创新的表现形式包括渐进式创新和突破式创新两种模式（Schumpeter[32]，1934）。

二、研究设计

（一）模型建立

本章试图研究纺织服装行业上市公司技术多元化与创新绩效之间的关系，以及产品多元化战略和国际化战略对主效应的调节作用。基于此，构建如下计量模型。

（1）控制变量模型构建

$$\text{Innov\_perform}=\alpha+\beta_1\times \text{Control}_{it}+\mu_{it}+\varepsilon_{it} \tag{7-3}$$

其中：t=1, 2, …, T，表示时间变量，i 表示样本企业。α，β_1 表示估计参数，μ_{it} 表示不可观测的个体特征效应，ε_{it} 为随机变量（下同）。

（2）技术多元化与创新绩效关系模型构建

本书分别从整体视角和分类型视角，研究技术多元化与创新绩效之间的关系。因此，首先基于整体视角构建技术多元化程度与创新绩效的关系模型 [如公式（7-4）]，进一步基于分类型视角构建不同类型技术多元化与创新绩效之间的关系模型 [如公式（7-5）和公式（7-6）]，最后，构建相关和非相关技术多元化协同影响创新绩效的关系模型 [如公式（7-7）]。

$$\text{Innov\_perform}=\alpha+\beta_1\times \text{detech\_div}_{it}+\beta_2\times \text{Control}_{it}+\mu_{it}+\varepsilon_{it} \tag{7-4}$$

$$\text{Innov\_perform}=\alpha+\beta_1\times \text{retech\_div}_{it}+\beta_2\times \text{Control}_{it}+\mu_{it}+\varepsilon_{it} \tag{7-5}$$

$$\text{Innov\_perform}=\alpha+\beta_1\times \text{untech\_div}_{it}+\beta_2\times \text{Control}_{it}+\mu_{it}+\varepsilon_{it} \tag{7-6}$$

$$\begin{aligned}\text{Innov\_perform}=\alpha+\beta_1\times \text{retech}_{it}+\beta_2\times \text{untech}_{it}+\\ \beta_3\times \text{retech\_untech}_{it}+\beta_4\times \text{Control}_{it}+\mu_{it}+\varepsilon_{it}\end{aligned} \tag{7-7}$$

（3）产品多元化战略影响技术多元化与创新绩效之间关系调节模型构建

本书基于整体和分类型两个视角，构建不同视角下产品多元化战略对技术多元化与创新绩效之间关系的调节模型 [如公式（7-8）至（7-16）]。

$$\text{Innov\_perform}=\alpha+\beta_1\times\text{detech}_{it}+\beta_2\times\text{depro\_div}_{it}+\beta_3\times\text{depro\_techit}+\beta_4\times\text{Control}_{it}+\mu_{it}+\varepsilon_{it}\tag{7-8}$$

$$\text{Innov\_perform}=\alpha+\beta_1\times\text{retech}_{it}+\beta_2\times\text{depro\_div}_{it}+\beta_3\times\text{depro\_retech}_{it}+\beta_4\times\text{Control}_{it}+\mu_{it}+\varepsilon_{it}\tag{7-9}$$

$$\text{Innov\_perform}=\alpha+\beta_1\times\text{untech}_{it}+\beta_2\times\text{depro\_div}_{it}+\beta_3\times\text{depro\_untech}_{it}+\beta_4\times\text{Control}_{it}+\mu_{it}+\varepsilon_{it}\tag{7-10}$$

$$\text{Innov\_perform}=\alpha+\beta_1\times\text{detech}_{it}+\beta_2\times\text{repro\_div}_{it}+\beta_3\times\text{repro\_detech}_{it}+\beta_4\times\text{Control}_{it}+\mu_{it}+\varepsilon_{it}\tag{7-11}$$

$$\text{Innov\_perform}=\alpha+\beta_1\times\text{retech}_{it}+\beta_2\times\text{repro\_div}_{it}+\beta_3\times\text{repro\_retech}_{it}+\beta_4\times\text{Control}_{it}+\mu_{it}+\varepsilon_{it}\tag{7-12}$$

$$\text{Innov\_perform}=\alpha+\beta_1\times\text{untech}_{it}+\beta_2\times\text{repro\_div}+\beta_3\times\text{repro\_untech}+\beta_4\times\text{Control}_{it}+\mu_{it}+\varepsilon_{it}\tag{7-13}$$

$$\text{Innov\_perform}=\alpha+\beta_1\times\text{detech}_{it}+\beta_2\times\text{unpro\_div}_{it}+\beta_3\times\text{unpro\_detech}_{it}+\beta_4\times\text{Control}_{it}+\mu_{it}+\varepsilon_{it}\tag{7-14}$$

$$\text{Innov\_perform}=\alpha+\beta_1\times\text{retech}_{it}+\beta_2\times\text{unpro\_div}_{it}+\beta_3\times\text{unpro\_retech}_{\text{it}}+\beta_4\times\text{Control}_{it}+\mu_{it}+\varepsilon_{it}\tag{7-15}$$

$$\text{Innov\_perform}=\alpha+\beta_1\times\text{untech}_{it}+\beta_2\times\text{unpro\_div}_{it}+\beta_3\times\text{unpro\_untech}_{it}+\beta_4\times\text{Control}_{it}+\mu_{it}+\varepsilon_{it}\tag{7-16}$$

（4）国际化战略影响技术多元化与创新绩效之间关系调节模型构建

为了更好地度量企业国际化战略，本书将国际化战略划分国际化深度和国际化广度两个维度，基于此构建如下调节模型［如公式（7-17）至（7-22）］。

$$\text{Innov\_perform}=\alpha+\beta_1\times\text{detech}_{it}+\beta_2\times\text{propor\_orevenue}_{it}+\beta_3\times\text{oredetech}_{it}+\beta_4\times\text{Control}_{it}+\mu_{it}+\varepsilon_{it}\tag{7-17}$$

$$\text{Innov\_perform}=\alpha+\beta_1\times\text{retech}_{it}+\beta_2\times\text{propor\_orevenue}_{it}+\beta_3\times\text{oreretech}_{it}+\beta_4\times\text{Control}_{it}+\mu_{it}+\varepsilon_{it}\tag{7-18}$$

$$\text{Innov\_perform}=\alpha+\beta_1\times\text{untech}_{it}+\beta_2\times\text{propor\_orevenue}_{it}+\beta_3\times\text{oreuntech}_{it}+\beta_4\times\text{Control}_{it}+\mu_{it}+\varepsilon_{it}\tag{7-19}$$

$$\text{Innov\_perform}=\alpha+\beta_1\times\text{detech}_{it}+\beta_2\times\text{no\_osub}_{it}+\beta_3\times\text{nodetech}_{it}+\beta_4\times\text{Control}_{it}+\mu_{it}+\varepsilon_{it}\tag{7-20}$$

$$\text{Innov\_perform}=\alpha+\beta_1\times\text{retech}_{it}+\beta_2\times\text{no\_osub}_{it}+$$

$$\beta_3 \times \text{noretech}_{it} + \beta_4 \times \text{Control}_{it} + \mu_{it} + \varepsilon_{it} \qquad (7\text{-}21)$$

$$\text{Innov\_perform}=\alpha + \beta_1 \times \text{untech}_{it} + \beta_2 \times \text{no\_osub}_{it} + \beta_3 \times \text{nountech}_{it} + \beta_4 \times \text{Control}_{it} + \mu_{it} + \varepsilon_{it} \qquad (7\text{-}22)$$

（二）指标体系构建

本章选取如下方法度量各个变量，如表 7-6。

（1）被解释变量——创新绩效

结合对创新绩效度量方式的梳理，笔者发现学者们更多采用企业专利数量、企业专利申请量及发明专利申请量等绝对值的形式来度量创新绩效。因此，本研究基于研究的可比性和数据的可获得性，采用企业专利申请数衡量企业创新绩效。

（2）解释变量——技术多元化

结合对技术多元化度量方式的梳理，笔者发现度量技术多元化的方法主要划分为熵值法、赫芬达尔指数法和技术领域分布的数量三种，为了能够体现不同技术领域数量之间的权重关系（柯杰升[33]，2020），故本文选取熵值法来衡量技术多元化。

（3）调节变量——产品多元化战略和国际化战略

结合对产品多元化战略和国际化战略度量方式的梳理，笔者发现：①度量产品多元化的方法主要划分为熵值法、赫芬达尔指数法以及企业实施多元化经营的虚拟变量3种，为了能够体现不同产品主营业务收入之间的权重关系（柯杰升[33],2020），本书选取熵值法来衡量产品多元化战略；②学者们分别采用单一维度、多维度、虚拟变量和综合指标等方式划分和衡量国际化战略。结合已有的测量方式及数据的可获取性，本书将国际化战略划分为国际化深度和国际化广度两个维度，分别采用海外销售收入占比衡量国际化深度，海外子公司数量衡量国际化广度。

（4）控制变量

借鉴张庆垒[34]、徐高彦[35]、盛宇华[36]、叶德珠[37]及吕贤杰[38]等学者的相关研究，本书选取企业规模、企业性质、企业年龄、股权制衡度、无形资产比率、行业利润率及行业和年份虚拟变量作为控制变量。由于控制变量的测量方法已基本形成固定模式，故不再过多赘述。

表7-6　变量说明

指标	变量名称	符号	变量定义或测度
被解释变量	创新绩效	innov_perform	第 t 年企业专利申请数
解释变量	技术多元化指标		熵值法
	技术多元化程度	detech_div	TD
	相关技术多元化	retech_div	RTD
	非相关技术多元化	untech_div	UTD
调节变量	产品多元化战略指标		熵值法
	产品多元化程度	depro_div	PD
	相关产品多元化	repro_div	RPD
	非相关产品多元化	unpro_div	UPD
	国际化战略指标		
	国际化深度	propor_orevenue	海外销售收入/总销售收入
	国际化广度	no_osub	海外子公司数量
控制变量	企业规模	lnsize	第 t 年的期末总资产的自然对数
	企业性质	nature	国有企业取值为 1，非国有企业取值为 0
	企业年龄	age	第 t 年减企业成立时间的差值
	股权制衡度	equity	第二至第十大股东的持股比例之和
	资产负债率	dar	第 t 年年末总负债/第 t 年年末总资产
	无形资产比率	iar	第 t 年无形资产净额/第 t 年总资产
	行业利润率	roaa_zt	企业 ROA 的年度行业中值
	行业	industry	行业虚拟变量
	年份	year	年份虚拟变量

（三）数据来源

基于国泰安数据库中《证监会 2012 年版行业分类》，笔者选取了纺织业、纺织服装服饰业、皮革、毛皮、羽毛及其制品和制鞋业以及化学纤维制造业 4 个子行业，作为本书纺织服装行业上市公司的样本选择范围。剔除 ST 和 *ST 公司，剔除缺失值过多的年份的数据条目，剔除上市时间不满 3 年的公司，以沪深两市 A 股 2005—2019 年间 95 家纺织服装行业上市公司为研究对象，共 984 个样本观测点。

创新绩效和技术多元化指标的数据来源于国家重点产业专利信息服务平台，经笔者手工整理所得；产品多元化指标的数据来源于由金融界、深圳证券交易所、证券之星和东方财富 choice 金融终端获取的上市公司年报中提取相关数据，经笔者手工整理所得；国际化指标数据来源于 Wind 数据库，并根据上市公司年报进行数据补充与核对；控制变量的数据均来自国泰安数据库。

（四）研究假设

假设 1-a：技术多元化程度正向影响创新绩效

假设 1-b：相关技术多元化正向影响创新绩效

假设 1-c：非相关技术多元化正向影响创新绩效

假设 1-d：相关技术多元化和非相关技术多元化的交互作用正向影响创新绩效

假设 2-a：产品多元化程度负向调节技术多元化程度与创新绩效之间的关系

假设 2-b：产品多元化程度负向调节相关技术多元化与创新绩效之间的关系

假设 2-c：产品多元化程度负向调节非相关技术多元化与创新绩效之间的关系

假设 3-a：相关产品多元化正向调节技术多元化程度与创新绩效之间的关系

假设 3-b：相关产品多元化正向调节相关技术多元化与创新绩效之间的关系

假设 3-c：相关产品多元化正向调节非相关技术多元化与创新绩效之间的关系

假设 4-a：非相关产品多元化负向调节技术多元化程度与创新绩效之间的关系

假设 4-b：非相关产品多元化负向调节相关技术多元化与创新绩效之间的关系

假设 4-c：非相关产品多元化负向调节非相关技术多元化与创新绩效之间的关系

假设 5-a：国际化深度负向调节技术多元化程度与创新绩效之间的关系

假设 5-b：国际化深度负向调节相关技术多元化与创新绩效之间的关系
假设 5-c：国际化深度负向调节非相关技术多元化与创新绩效之间的关系
假设 6-a：国际化广度负向调节技术多元化程度与创新绩效之间的关系
假设 6-b：国际化广度负向调节相关技术多元化与创新绩效之间的关系
假设 6-c：国际化广度负向调节非相关技术多元化与创新绩效之间的关系

三、实证分析

（一）技术多元化与创新绩效关系的结果讨论

结合表 7-7 可以可知，企业性质、企业年龄和无形资产比率与企业创新绩效均呈显著的正相关关系，资产负债率与企业创新绩效呈显著的负相关关系，而企业规模的回归系数为正、股权制衡度和行业利润率的回归系数为负均为未通过显著性检验。在控制行业和年份后，模型 0 的 R^2 由 0.086 增长为 0.102，实现了模型优化。同时，行业利润率显著的负向影响企业的创新绩效。

表7-7　控制变量回归结果

变量名	模型0	
	innov_perform	
insize(企业规模)	0.034 (0.055)	0.024 (0.055)
nature(企业性质)	0.516*** (0.170)	0.525*** (0.171)
age(企业年龄)	0.329*** (0.054)	0.359*** (0.081)
equity(股权制衡度)	−0.015 (0.046)	−0.010 (0.047)
dar(资产负债率)	−0.092*** (0.035)	−0.084** (0.036)

续表

变量名	模型0	
	innov_perform	
iar(无形资产比率)	0.156*** (0.045)	0.160*** (0.045)
roaa_zt(行业利润率)	−0.036 (0.030)	−0.094** (0.037)
constant	−0.133*** (0.050)	−0.275*** (0.037)
行业控制	否	是
年份控制	否	是
R^2	0.086	0.102
模型选择		FE

注：***$p < 0.01$,**$p < 0.05$,*$p < 0.1$，其中括号里的值为标准误，下同。

由表 7-8 可知，技术多元化程度正向影响创新绩效，并通过 0.01 水平的显著性检验，在将行业和年份控制后，模型 1 的 R^2 实现了优化，回归方程具有更好的解释力度，这说明企业内部的技术多元化程度越高，企业的创新绩效越好，假设 1-a 得到验证。通过分组样本的回归结果可以发现，技术多元化程度与创新绩效呈显著正相关关系这一结论不受企业所处地区、所属不同子行业、规模不同和性质不同的影响，与总体模型保持一致。

由表 7-9 可知，在控制行业和年份前后，相关技术多元化与创新绩效均呈显著的正相关关系，且 R^2 得到了优化，增强了模型 2 的解释力度，这说明相关技术多元化的增加能够促进企业创新绩效的提升，假设 1-b 得到验证。通过分组样本的回归结果可以发现，相关技术多元化与创新绩效之间的正向影响关系不因企业地处不同区域、隶属不同行业、规模不同和性质不同而存在差异，与总体模型保持一致。

由表 7-10 可知，在控制年份和行业前后，非相关技术多元化与创新绩效均呈显著的正相关关系，且提高了模型 3 的解释力度，这说明企业开展核心技术领域以外的技术创新活动的增加能够促进创新绩效的提高，假设 1-c 得到验证。通过分组样本的回归结果可以发现，非相关技术多元化与创新绩效的正相关关系不受企业所处区域、隶属不同子行业和其本身规模和性质不同的影响，与总体模型保持一致。

表7-8 技术多元化程度与创新绩效之间的关系

变量名	模型1		分区域		分行业				分规模		分性质	
	innov_perform		1	2	1	2	3	4	大	小	1	0
detech_div	0.488***	0.489***	0.470***	0.442***	0.543***	0.429***	0.417***	0.477***	0.519***			
	(0.034)	(0.034)	(0.037)	(0.095)	(0.055)	(0.076)	(0.239)	(0.025)	(0.056)	(0.042)	(0.052)	(0.044)
lnsize	0.039	0.037	0.059	0.049	0.029	0.034	0.539	0.019	0.057	0.209**	0.457***	0.042
	(0.049)	(0.050)	(0.057)	(0.174)	(0.116)	(0.133)	(0.956)	(0.030)	(0.153)	(0.090)	(0.138)	(0.071)
nature	0.200	0.215	0.301*	0.042	0.266	0.315	-2.085	0.267***	0.145	-0.022	—	—
	(0.155)	(0.155)	(0.175)	(0.368)	(0.329)	(0.308)	(2.466)	(0.098)	(0.476)	(0.187)		
age	0.077	0.086	0.099*	-0.005	0.075	0.240*	-0.987*	0.057	0.194*	-0.050	-0.133*	0.122*
	(0.052)	(0.076)	(0.059)	(0.147)	(0.085)	(0.132)	(0.576)	(0.037)	(0.108)	(0.058)	(0.073)	(0.073)
equity	-0.005	-0.004	0.016	-0.054	0.004	-0.012	0.245	-0.054*	0.005	0.029	-0.066	0.020
	(0.041)	(0.042)	(0.046)	(0.118)	(0.077)	(0.077)	(0.467)	(0.028)	(0.072)	(0.054)	(0.067)	(0.055)
dar	-0.067**	-0.059*	-0.124*	-0.409*	-0.105	-0.023	-0.472	-0.014	-0.168	-0.036	-0.212**	-0.191**
	(0.032)	(0.032)	(0.070)	(0.243)	(0.111)	(0.045)	(0.617)	(0.048)	(0.137)	(0.030)	(0.099)	(0.086)
iar	0.090**	0.090**	0.057	0.230*	0.159*	0.027	0.505	0.104***	0.166*	0.086*	0.054	0.099
	(0.041)	(0.041)	(0.045)	(0.128)	(0.086)	(0.071)	(0.419)	(0.034)	(0.094)	(0.047)	(0.053)	(0.062)

续表

变量名	模型1		分区域		分行业				分规模		分性质	
	innov_perform		1	2	1	2	3	4	大	小	1	0
roaa_zt	−0.034 (0.027)	−0.084** (0.034)	0.001 (0.030)	−0.126* (0.067)	0.095 (0.077)	0.049 (0.084)	−0.360* (0.202)	−0.023* (0.013)	−0.013 (0.048)	−0.022 (0.028)	−0.029 (0.032)	−0.038 (0.037)
constant	−0.052 (0.045)	−0.160** (0.079)	−0.081** (0.040)	0.097 (0.287)	−0.047 (0.091)	0.056 (0.080)	0.371 (0.348)	−0.325*** (0.054)	−0.008 (0.220)	0.095 (0.079)	−0.019 (0.077)	0.023 (0.034)
行业控制	否	是	否	否	否	否	否	否	否	否	否	否
年份控制	否	是	否	否	否	否	否	否	否	否	否	否
R^2	0.259	0.272	0.257	0.326	0.268	0.299	0.212	0.687	0.236	0.282	0.476	0.213
模型选择							FE					

注：a. 分区域 [1= 东部地区；2= 中部地区]；分行业 [1= 纺织业；2= 纺织服装服饰业；3= 皮革、毛皮、羽毛及其制品和制鞋业；4= 化学纤维制造业]；分性质 [1= 国有企业；2= 民营企业]。下同。

b. 经分组后，发现西部地区样本企业仅有 2 家，样本观测点仅为 18 个，样本量过小，因此本表不讨论西部地区分组企业群。下同。

表7-9　相关技术多元化与创新绩效之间的关系

变量名	模型2		分区域			分行业			分规模		分性质	
	innov_perform		1	2	1	2	3	4	大	小	1	0
retech_div	0.380***	0.381***	0.367***	0.515***	0.290***	0.474***	0.459***	0.309***	0.284***	0.361***	0.433***	0.348***
	(0.030)	(0.030)	(0.030)	(0.115)	(0.050)	(0.056)	(0.167)	(0.030)	(0.047)	(0.036)	(0.056)	(0.035)
lnsize	0.048	0.046	0.067	0.068	0.115	0.029	0.174	−0.031	0.017	0.268***	0.575***	0.041
	(0.050)	(0.051)	(0.057)	(0.182)	(0.120)	(0.128)	(0.978)	(0.037)	(0.156)	(0.092)	(0.147)	(0.071)
nature	0.367**	0.382**	0.474***	0.206	0.414	0.402	−3.069	0.504***	0.352	−0.029	—	—
	(0.157)	(0.157)	(0.175)	(0.384)	(0.342)	(0.296)	(2.528)	(0.120)	(0.485)	(0.192)		
age	0.184***	0.218***	0.193***	0.153	0.174**	0.307**	−0.471	0.186***	0.362***	0.003	−0.015	0.213***
	(0.051)	(0.075)	(0.057)	(0.148)	(0.087)	(0.124)	(0.583)	(0.045)	(0.104)	(0.059)	(0.076)	(0.071)
equity	0.002	0.002	0.029	−0.093	0.027	−0.001	0.375	−0.069*	0.018	0.013	−0.147**	0.043
	(0.042)	(0.043)	(0.046)	(0.123)	(0.081)	(0.074)	(0.466)	(0.035)	(0.074)	(0.055)	(0.071)	(0.056)
dar	−0.089***	−0.083**	−0.151**	−0.413	−0.143	−0.051	−0.153	0.077	−0.193	−0.045	−0.187*	−0.256***
	(0.033)	(0.033)	(0.070)	(0.256)	(0.115)	(0.044)	(0.622)	(0.060)	(0.140)	(0.031)	(0.106)	(0.086)
iar	0.134***	0.136***	0.095**	0.322**	0.242***	0.075	0.593	0.136***	0.253***	0.124**	0.112**	0.155**
	(0.041)	(0.041)	(0.045)	(0.133)	(0.089)	(0.068)	(0.419)	(0.042)	(0.095)	(0.048)	(0.056)	(0.061)
roaa_zt	−0.029	−0.076**	0.007	−0.134*	0.074	0.063	−0.400*	−0.013	−0.022	−0.014	−0.024	−0.034
	(0.027)	(0.034)	(0.030)	(0.070)	(0.080)	(0.081)	(0.202)	(0.016)	(0.049)	(0.029)	(0.034)	(0.037)
constant	−0.095**	−0.200**	−0.119***	0.001	−0.038	−0.023	0.391	−0.458***	0.006	0.098	−0.107	0.017
	(0.046)	(−0.200)	(0.040)	(0.302)	(0.095)	(0.077)	(0.346)	(0.067)	(0.225)	(0.081)	(0.081)	(0.034)

续表

变量名	模型2		分区域			分行业			分规模		分性质	
	innov_perform		1	2	1	2	3	4	大	小	1	0
行业控制	否	是	否	否	否	否	否	否	否	否	否	否
年份控制	否	是	否	否	否	否	否	否	否	否	否	否
R^2	0.229	0.243	0.244	0.255	0.204	0.348	0.212	0.508	0.203	0.240	0.399	0.208
模型选择						FE						

表7-10 非相关技术多元化与创新绩效之间的关系

变量名	模型3		分区域			分行业			分规模		分性质	
	innov_perform		1	2	1	2	3	4	大	小	1	0
untech_div	0.370***	0.370***	0.347***	0.442***	0.378***	0.315***	0.372	0.359***	0.305***	0.387***	0.409***	0.313***
	(0.035)	(0.035)	(0.039)	(0.086)	(0.055)	(0.085)	(0.242)	(0.027)	(0.056)	(0.044)	(0.051)	(0.046)
lnsize	0.032	0.026	0.039	0.064	0.031	0.075	0.865	−0.001	−0.001	0.266***	0.555***	0.030
	(0.051)	(0.052)	(0.039)	(0.179)	(0.119)	(0.141)	(0.991)	(0.034)	(0.157)	(0.094)	(0.146)	(0.074)
nature	0.273*	0.286*	0.367**	0.151	0.293	0.434	−1.224	0.338***	0.201	0.016	—	—
	(0.162)	(0.163)	(0.184)	(0.377)	(0.337)	(0.329)	(2.556)	(0.111)	(0.490)	(0.196)		
age	0.149***	0.155*	0.179***	0.073	0.119	0.386***	−1.069*	0.097**	0.275**	−0.024	−0.115	0.209***
	(0.054)	(0.079)	(0.061)	(0.149)	(0.086)	(0.140)	(0.623)	(0.042)	(0.110)	(0.061)	(0.078)	(0.075)

续表

变量名	模型3		分区域			分行业			分规模		分性质	
	innov_perform		1	2	1	2	3	4	大	小	1	0
equity	−0.012 (0.043)	−0.008 (0.044)	0.008 (0.048)	−0.070 (0.121)	0.014 (0.079)	−0.015 (0.082)	0.259 (0.488)	−0.070** (0.032)	0.016 (0.074)	0.018 (0.057)	−0.065 (0.072)	0.020 (0.058)
dar	−0.068** (0.033)	−0.059* (0.034)	−0.094 (0.073)	−0.502** (0.249)	−0.098 (0.113)	−0.017 (0.049)	−0.550 (0.650)	−0.015 (0.055)	−0.135 (0.141)	−0.038 (0.032)	−0.211** (0.106)	−0.186** (0.089)
iar	0.100** (0.043)	0.101** (0.043)	0.067 (0.047)	0.255* (0.132)	0.151* (0.089)	0.028 (0.076)	0.498 (0.437)	0.121*** (0.038)	0.170* (0.097)	0.101** (0.050)	0.066 (0.056)	0.108* (0.064)
roaa_zt	−0.037 (0.028)	−0.092*** (0.035)	−0.007 (0.031)	−0.112 (0.069)	0.090 (0.078)	0.043 (0.090)	−0.353* (0.210)	−0.026* (0.015)	−0.007 (0.050)	−0.030 (0.029)	−0.033 (0.034)	−0.045 (0.039)
constant	−0.071 (0.047)	−0.198** (0.083)	−0.074* (0.042)	−0.024 (0.294)	−0.062 (0.094)	0.061 (0.086)	0.534 (0.354)	−0.385*** (0.061)	0.035 (0.226)	0.111 (0.083)	−0.051 (0.082)	0.042 (0.035)
行业控制	否	是	否	否	否	否	否	否	否	否	否	否
年份控制	否	是	否	否	否	否	否	否	否	否	否	否
R^2	0.189	0.202	0.179	0.283	0.234	0.200	0.147	0.595	0.191	0.208	0.410	0.149
模型选择						FE						

由表 7-11 可知，在控制行业和年份前后，相关技术多元化和非相关技术多元化交互项均与创新绩效呈显著正相关关系，这意味着相关技术多元化和非相关技术多元化的交互作用能够正向影响企业创新绩效，假设 1-d 得到验证。进一步通过分组样本的回归结果可知，相关和非相关技术多元化交互作用的显著性与企业所处地区、规模和性质不同无关，但与企业隶属不同子行业有关，进而基于相关和非相关技术多元化水平的高低将样本企业分为（高，高）、（高，低）、（低，高）和（低，低）四组，（高，高）、（高，低）两组的交互项均显著为正，而（低，高）组的交互项系数为负但不显著，（低，低）组的交互项则呈显著负相关，这说明相关技术多元化水平高的组显著正向促进企业创新绩效，而相关技术多元化水平低的组抑制企业创新绩效的增长，但在显著性上存在差异。

（二）产品多元化战略影响技术多元化与创新绩效之间关系的结果讨论

由表 7-12 可知，在控制年份和行业前后，技术多元化程度与企业创新绩效均呈显著正相关关系，产品多元化程度与技术多元化程度的交互项均显著为负，这说明产品多元化程度负向调节技术多元化程度与创新绩效之间的关系，假设 2-a 得到验证。即产品多元化程度的提高弱化了技术多元化程度对创新绩效的正向影响。基于分组样本回归结果可知，产品多元化程度对技术多元化程度和创新绩效调节效应的存在性受到企业所处地区、隶属行业、不同规模和性质的影响，东部地区、纺织服装服饰和皮革子行业、小规模和民营企业群的交互项显著为负；同时受到产品多元化程度高低水平企业群分组的限制。

由表 7-13 可知，在控制年份和行业前后，相关技术多元化与创新绩效均呈显著的正相关关系，且产品多元化程度与相关技术多元化的交互项在 0.1 的水平下显著为负，这说明产品多元化程度的提高对相关技术多元化与企业创新绩效之间正向关系会产生弱化效应，假设 2-b 得到验证。基于分组样本的回归结果可知，产品多元化程度对相关技术多元化与创新绩效调节效应的存在性受到企业隶属不同子行业的影响，纺织服装服饰和化纤两个子行业的交互项显著为负；同时受到企业所处不同区域、不同规模和性质及产品多元化程度高低水平企业群分组的限制。

由表 7-14 可知，在控制年份和行业前后，非相关技术多元化与创新绩效均呈显著的正相关关系，产品多元化程度与非相关技术多元化的交互项显著为负，这说明产品多元化程度的增加对非相关技术多元化与创新绩效之间关系有负向调节作用，假设 2-c 得到验证。基于分组样本的回归结果可知，产品多元化程度对非相关技术多元化与创新绩效之间关系的调节效应的存在性与企业规模无关，与企业所处的区域、隶属的行业及企业性质有关，东部地区、纺织服装服饰和皮革制鞋子行业以及民营企业的交互项显著为负；同时受到产品多元化程度实施水平高低企业群分组的限制。

由表 7-15 可知，在控制行业和年份前后，技术多元化程度与创新绩效均呈显著的正相关关系，相关产品多元化与技术多元化程度的交互作用不显著，这说明相关产品多元化对技术多元化程度与创新绩效之间的关系没有显著的调节作用，假设 3-a 未通过验证。基于分组样本的回归结果可以得到，相关产品多元化对技术多元化程度与创新绩效之间关系调节效应的存在性和影响效应不受企业所处区域和规模大小的影响，但受到隶属行业、不同性质和实施相关产品多元化水平高低的影响，纺织业、国有企业群的交互项均显著为正，而实施高水平相关产品多元化战略企业群的交互项显著为负。

由表 7-16 可知，在控制行业和年份前后，相关技术多元与创新绩效呈显著的正相关关系，相关产品多元化与相关技术多元化的交互项不显著，这说明相关产品多元化对相关技术多元化与创新绩效之间关系无显著的调节效应，假设 3-b 未通过验证。基于分组样本的回归结果可知，相关产品多元化战略对相关技术多元化和创新绩效之间关系调节效应的存在性不受企业所处区域、规模和性质的影响，但受到企业隶属子行业和企业相关产品多元化战略实施水平高低的影响，纺织服装服饰业和实施高水平相关产品多元化战略企业群的交互项均显著为负。

由表 7-17 可知，在控制年份和行业前后，非相关技术多元化与创新绩效之间呈显著的正相关关系，相关产品多元化与非相关技术多元化的交互项不显著，这说明相关产品多元化战略对非相关技术多元化与创新绩效之间的关系无显著的调节作用，假设 3-c 未通过验证。基于分组样本的回归结果可知，相关产品多元化对非相关技术多元化与创新绩效之间关系调节效应的存在性和影响效应不受企业所处区域、规模和性质不同的影响，但受到隶属行业和相关产品多元化战略实施水平高低的影响，纺织业企业群的交互项显著为正，皮革制鞋业和实施高、低水平相关产品多元化战略企业群的交互项均显著为负。

由表 7-18 可知，在控制行业和年份前后，技术多元化程度与创新绩效均呈显著的正相关关系，非相关产品多元化与技术多元化程度的交互项显著为负，这说明企业非相关产品多元化战略的实施对企业技术多元化程度与创新绩效之间的关系产生负向影响，假设 4-a 通过验证。基于分组样本的回归结果可知，非相关产品多元化对技术多元化程度与创新绩效之间关系调节效应的存在性受到企业所处区域、隶属子行业、规模和性质不同的影响，东部地区、纺织、纺织服装服饰和化纤子行业、规模小和民营企业群的交互项均显著为负；同时受到非相关产品多元化战略实施水平高低企业群分组的限制。

由表 7-19 可知，在控制年份和行业前后，相关技术多元化与创新绩效之间呈显著的正相关关系，非相关产品多元化与相关技术多元化的交互项显著为负，这说明非相关产品多元化的增强能够负向调节相关技术多元化与创新绩效之间的显著正相关关系，假设 4-b 通过验证。基于分组样本的回归结果可知，非相关产品多元化对相关技术多元化与创新绩效之间关系调节效应的存在性不受企业所处不同区域的影响，但受到企业隶属子行业不同的影响，纺织服装服饰和化纤子行业的交互项显著为负；同时受到不同规模、不同性质和不同水平企业群分组的限制。

由表 7-20 可知，在控制年份和行业前后，非相关技术多元化与企业创新绩效之间均呈显著正相关关系，非相关产品多元化与非相关技术多元化的交互项显著为负，假设 4-c 通过验证，这说明非相关产品多元化削弱了非相关技术多元化对企业创新绩效的正向影响。基于分组样本的回归结果可知，非相关产品多元化对非相关技术多元化与创新绩效之间关系调节效应的存在性受到企业所处区域、隶属行业、规模和性质不同的影响，东部地区、纺织服装服饰业、小规模和民营企业群的交互项显著为负；同时受到实施非相关产品多元化战略水平高低企业群分组的限制。

（三）国际化战略影响技术多元化与创新绩效之间关系的结果讨论

由表 7-21 可知，在控制行业和年份前后，技术多元化程度与创新绩效均呈显著的正相关关系，国际化深度与技术多元化程度的交互项不显著，这说明国际化深度对企业技术多元化程度与创新绩效之间关系无显著性影响，即调节效应不显著，假设 5-a 未通过验证。基于分组样本的回归结果可知，国际化深度对技术多元化程度与创新绩效之间关系调节效应的存在性，不受企业所处区域、隶属行业、规模和企业性质不同的影响，但受到企业国际化深度实施水平高低的影响，实施低水平国际化深度企业群的交互项显著为正。

由表 7-22 可知，在控制行业和年份前后，相关技术多元化与创新绩效均呈显著的正相关关系，国际化深度与相关技术多元化的交互项均显著为负，这说明国际化深度的增强能够负向调节相关技术多元化与创新绩效之间的正向关系，假设 5-b 通过验证。基于分组样本的回归结果可知，国际化深度对相关技术多元化与创新绩效之间关系调节效应的存在性和影响效应不受企业所处区域的影响，但受到企业隶属子行业、性质和实施国际化深度高、低水平不同的影响，民营企业群的交互项显著为负，化学纤维制造业和低水平国际化深度企业群的交互项显著为正；同时受到规模不同企业群分组的限制。

由表 7-23 可知，在控制年份和行业前后，非相关技术多元化与创新绩效之间均呈显著正相关关系，国际化深度与非相关技术多元化的交互项均不显著，这说明国际化深度对非相关技术多元化与企业创新绩效之间的关系没有显著的调节效应，假设 5-c 未通过验证。基于分组样本的回归结果可知，国际化深度对非相关技术多元化与创新绩效之间关系调节效应的存在性不受企业所处地区、隶属行业、规模和性质不同的影响，但受到企业实施国际化深度水平高低的影响，低水平国际化企业群的交互项显著为正。

由表 7-24 可知，在控制年份和行业前后，技术多元化程度与创新绩效均呈显著的正相关关系，国际化广度与技术多元化程度的交互项均不显著，这说明国际化广度对企业技术多元化程度与创新绩效之间关系的调节效应不显著，假设 6-a 未通过验证。国际化广度对技术多元化程度与创新绩效之间关系调节效应的存在性不受企业所处区域的影响，但受到隶属子行业、规模、性质和实施国际化广度水平高低的影响，化学纤维制造业、小规模、国有和实施低水平国际化广度的企业群的交互项均显著为正。

由表 7-25 可知，在控制年份和行业前后，相关技术多元化与创新绩效均呈显著正相关关系，国际化广度与相关技术多元化的交互项不显著，这说明国际化广度对相关技术多元化与创新绩效之间关系的影响未通过显著性水平检验，假设 6-b 未通过验证。国际化广度对相关技术多元化与创新绩效之间关系调节效应的存在性不受企业所处区域、隶属行业和规模不同的影响，但受到不同性质和国际化广度实施水平高低的影响，国有和实施低水平国际化广度企业群的交互项均显著为正。

由表 7-26 可知，在控制年份和行业前后，非相关技术多元化与创新绩效均呈显著的正相关关系，国际化广度与非相关技术多元化的交互项均不显著，这说明国际化广度对非相关技术多元化与创新绩效之间关系的调节效应不显著，假设 6-c 未通过验证。基于分组样本的回归结果可知，国际化广度对非相关技术多元化与创新绩效之间关系调节效应的存在性不受企业所属区域和隶属子行业的影响；但受到不同规模、不同性质和实施国际化广度水平高低的影响，小规模、国有和实施国际化广度水平较低企业群的交互项均显著为正，实施高水平国际化广度企业群的交互项系数为负，通过了 0.1 水平的显著性检验。

表7-11 相关技术与非相关技术与创新绩效之间的关系

变量名	模型19		分区域		分行业				分规模		分性质		分水平（相技，非技）			
	innov_perform		1	2	1	2	3	4	大	小	1	0	高高	高低	低高	低低
retech_div	0.080** (0.039)	0.074* (0.040)	0.097** (0.040)	0.103 (0.185)	−0.082 (0.070)	0.035 (0.073)	0.319* (0.176)	0.025 (0.033)	0.031 (0.058)	0.109** (0.051)	−0.177** (0.072)	0.115** (0.046)	0.008 (0.176)	0.026 (0.148)	2.813*** (1.014)	6.485*** (1.722)
untech_div	0.104*** (0.039)	0.097** (0.039)	0.071 (0.043)	0.196** (0.093)	0.123* (0.063)	−0.051 (0.078)	0.492 (0.332)	0.188*** (0.024)	0.096 (0.059)	0.149*** (0.051)	0.085* (0.044)	0.093* (0.050)	0.036 (0.179)	−0.564 (0.611)	0.177 (0.174)	2.990*** (0.195)
retech_untech	0.422*** (0.050)	0.421*** (0.049)	0.404*** (0.052)	0.531*** (0.176)	0.459*** (0.084)	0.721*** (0.094)	0.042 (0.365)	0.324*** (0.036)	0.457*** (0.072)	0.310*** (0.066)	0.687*** (0.071)	0.365*** (0.062)	0.567*** (0.163)	0.934** (0.462)	−1.280 (0.961)	−15.092** (6.033)
lnsize	0.067* (0.038)	0.055 (0.041)	0.094** (0.043)	0.014 (0.119)	0.153* (0.088)	0.099 (0.061)	−0.348 (0.394)	0.007 (0.021)	0.019 (0.090)	0.202*** (0.077)	0.042 (0.040)	0.105** (0.051)	0.263** (0.118)	0.154 (0.136)	0.031 (0.096)	0.012 (0.017)
nature	−0.044 (0.117)	0.062* (0.123)	0.061 (0.138)	−0.460** (0.187)	0.068 (0.218)	0.064 (0.220)	−2.003 (2.455)	−0.033 (0.055)	−0.224 (0.197)	−0.086 (0.139)	—	—	0.154 (0.316)	0.038 (0.503)	−0.274 (0.204)	−0.009 (0.046)
age	−0.030 (0.040)	−0.152 (0.078)	−0.008 (0.044)	−0.077 (0.078)	−0.055 (0.067)	0.030 (0.076)	−0.261 (0.200)	−0.001 (0.022)	0.046 (0.057)	−0.106** (0.046)	−0.025 (0.033)	−0.030 (0.053)	−0.077 (0.094)	−0.203 (0.165)	−0.206*** (0.079)	−0.017 (0.019)
equity	−0.004 (0.035)	−0.012 (0.036)	−0.003 (0.039)	0.226** (0.093)	−0.047 (0.066)	0.016 (0.058)	−0.005 (0.183)	−0.026 (0.021)	−0.031 (0.057)	0.020 (0.046)	−0.069* (0.042)	0.000 (0.046)	0.075 (0.090)	−0.039 (0.187)	−0.010 (0.078)	−0.010 (0.020)
dar	−0.054* (0.029)	−0.042 (0.029)	−0.134** (0.060)	−0.599*** (0.215)	−0.093 (0.099)	−0.006 (0.036)	0.214 (0.412)	−0.016 (0.035)	−0.179 (0.110)	−0.028 (0.028)	−0.007 (0.022)	−0.190** (0.076)	−0.466*** (0.162)	0.038 (0.219)	−0.035 (0.169)	−0.001 (0.016)

续表

变量名	模型19		分区域		分行业				分规模		分性质		分水平（相技，非技）			
	innov_perform		1	2	1	2	3	4	大	小	1	0	高高	高低	低高	低低
iar	0.068* (0.035)	0.061* (0.036)	0.042 (0.039)	0.001 (0.072)	0.075 (0.071)	−0.003 (0.051)	0.141 (0.441)	0.074*** (0.026)	0.098 (0.062)	0.064 (0.042)	0.014 (0.026)	0.062 (0.053)	0.062 (0.106)	0.028 (0.086)	0.044 (0.094)	0.000 (0.018)
roaa_zt	−0.020 (0.025)	−0.080** (0.032)	0.011 (0.028)	−0.121* (0.063)	0.092 (0.072)	−0.004 (0.071)	−0.367* (0.198)	−0.009 (0.011)	0.009 (0.046)	−0.015 (0.026)	0.001 (0.024)	−0.032 (0.035)	−0.071 (0.082)	0.076 (0.087)	−0.168** (0.084)	−0.001 (0.017)
constant	−0.133 (0.193)	−0.430 (0.272)	−0.043 (0.075)	0.775*** (0.136)	0.039 (0.122)	−0.001 (0.099)	0.329 (0.311)	−0.145*** (0.039)	0.113 (0.118)	0.115 (0.096)	−0.185*** (0.049)	0.000 (0.078)	−0.214 (0.232)	0.022 (0.300)	0.851*** (0.263)	−2.479 (2.321)
行业控制	否	是	否	否	否	否	否	否	否	否	否	否	否	否	否	否
年份控制	否	是	否	否	否	否	否	否	否	否	否	否	否	否	否	否
R^2	0.382	0.399	0.384	0.509	0.299	0.558	0.271	0.825	0.417	0.343	0.712	0.312	0.343	0.110	0.237	0.472
模型选择									RE							

表7-12 产品多元化程度调节技术多元化程度与创新绩效之间的关系

变量名	模型10		分区域			分行业			分规模		分性质		分水平	
	innov_perform		1	2	1	2	3	4	大	小	1	0	高	低
depro_div	−0.024 (0.044)	−0.021 (0.044)	−0.040 (0.049)	0.140 (0.143)	−0.038 (0.085)	−0.030 (0.078)	1.040** (0.510)	−0.017 (0.035)	0.006 (0.085)	−0.018 (0.050)	−0.010 (0.065)	−0.019 (0.058)	0.068 (0.111)	−0.065 (0.095)
detech_div	0.647*** (0.077)	0.647*** (0.078)	0.638*** (0.083)	0.758*** (0.238)	0.359** (0.144)	0.963*** (0.176)	1.540*** (0.464)	0.454*** (0.054)	0.566*** (0.133)	0.694*** (0.095)	0.451*** (0.114)	0.687*** (0.100)	0.371* (0.215)	0.480*** (0.125)
depro_tech	−0.174** (0.074)	−0.172** (0.075)	−0.186** (0.080)	−0.189 (0.233)	0.089 (0.143)	−0.397*** (0.143)	−1.191** (0.509)	−0.031 (0.056)	−0.154 (0.120)	−0.258** (0.100)	0.082 (0.122)	−0.251*** (0.093)	0.006 (0.170)	0.076 (0.187)
lnsize	0.065 (0.052)	0.062 (0.052)	0.099 (0.061)	0.061 (0.174)	0.024 (0.117)	0.093 (0.135)	−0.294 (0.995)	0.029 (0.033)	0.075 (0.154)	0.213** (0.090)	0.438*** (0.142)	0.075 (0.076)	0.159 (0.103)	0.025 (0.087)
nature	0.196 (0.155)	0.211 (0.155)	0.281 (0.174)	0.103 (0.374)	0.242 (0.333)	0.229 (0.317)	−4.148 (2.605)	0.273*** (0.098)	0.090 (0.490)	−0.002 (0.186)	—	—	0.147 (0.306)	0.108 (0.221)
age	0.082 (0.052)	0.095 (0.076)	0.095 (0.058)	−0.027 (0.154)	0.082 (0.086)	0.243* (0.130)	−0.773 (2.605)	0.056 (0.038)	0.198* (0.108)	−0.040 (0.058)	−0.130* (0.077)	0.122* (0.073)	−0.036 (0.084)	0.117 (0.078)
equity	−0.008 (0.041)	−0.009 (0.042)	0.010 (0.046)	−0.010 (0.130)	0.006 (0.080)	−0.010 (0.076)	0.268 (0.448)	−0.053* (0.029)	−0.001 (0.076)	0.031 (0.054)	−0.064 (0.069)	0.011 (0.056)	−0.076 (0.076)	0.022 (0.066)
dar	−0.067** (0.032)	−0.060* (0.032)	−0.129* (0.070)	−0.458* (0.249)	−0.109 (0.112)	−0.020 (0.045)	−0.625 (0.606)	−0.011 (0.050)	−0.189 (0.137)	−0.034 (0.030)	−0.198* (0.102)	−0.196** (0.085)	−0.155 (0.116)	−0.060 (0.041)
iar	0.092** (0.041)	0.091** (0.041)	0.059 (0.045)	0.240* (0.129)	0.158* (0.087)	0.033 (0.070)	0.801* (0.431)	0.105*** (0.034)	0.170* (0.094)	0.080* (0.047)	0.053 (0.053)	0.099 (0.061)	0.024 (0.057)	0.108* (0.060)

续表

变量名	模型10		分区域			分行业			分规模		分性质		分水平	
	innov_perform		1	2	1	2	3	4	大	小	1	0	高	低
roaa_zt	−0.037 (0.027)	−0.087*** (0.034)	−0.009 (0.030)	−0.129* (0.068)	0.097 (0.077)	0.026 (0.083)	−0.344* (0.194)	−0.023* (0.013)	−0.014 (0.048)	−0.029 (0.028)	−0.031 (0.032)	−0.049 (0.037)	0.017 (0.041)	−0.071* (0.036)
constant	−0.051 (0.045)	−0.149* (0.079)	−0.080** (0.040)	0.100 (0.289)	−0.041 (0.092)	0.151* (0.089)	0.401 (0.343)	−0.336*** (0.057)	0.003 (0.224)	0.072 (0.079)	−0.024 (0.084)	0.030 (0.034)	−0.141 (0.102)	−0.053 (0.107)
行业控制	否	是	否	否	否	否	否	否	否	否	否	否	否	否
年份控制	否	是	否	否	否	否	否	否	否	否	否	否	否	否
R^2	0.266	0.249	0.266	0.331	0.269	0.326	0.302	0.688	0.240	0.294	0.477	0.225	0.195	0.262
模型选择							FE							

表7-13 产品多元化程度调节相关技术多元化与创新绩效之间的关系

变量名	模型11		分区域			分行业			分规模		分性质		分水平	
	innov_perform		1	2	1	2	3	4	大	小	1	0	高	低
depro_div	−0.071* (0.043)	−0.068 (0.043)	−0.087* (0.048)	0.078 (0.137)	−0.051 (0.086)	−0.069 (0.070)	0.737 (0.514)	−0.035 (0.041)	−0.083 (0.080)	−0.058 (0.051)	−0.060 (0.066)	−0.085 (0.056)	0.080 (0.102)	−0.046 (0.097)
retech_div	0.486*** (0.069)	0.484*** (0.070)	0.461*** (0.069)	0.895*** (0.334)	0.205 (0.133)	1.057*** (0.150)	0.374 (0.328)	0.450*** (0.073)	0.292** (0.118)	0.478*** (0.082)	0.449*** (0.143)	0.448*** (0.082)	0.477** (0.196)	0.302*** (0.112)

续表

变量名	模型11		分区域			分行业			分规模		分性质		分水平	
	innov_perform		1	2	1	2	3	4	大	小	1	0	高	低
depro_retech	−0.115* (0.066)	−0.110* (0.067)	−0.102 (0.066)	−0.391 (0.323)	0.096 (0.138)	−0.483*** (0.114)	0.082 (0.451)	−0.178** (0.082)	−0.012 (0.104)	−0.139 (0.088)	−0.019 (0.159)	−0.106 (0.076)	−0.135 (0.148)	0.075 (0.174)
lnsize	0.088 (0.053)	0.084 (0.054)	0.119* (0.061)	0.075 (0.183)	0.108 (0.121)	0.108 (0.127)	−0.345 (1.051)	−0.007 (0.041)	0.038 (0.158)	0.279*** (0.092)	0.573*** (0.148)	0.091 (0.076)	0.201* (0.104)	0.111 (0.090)
nature	0.348** (0.157)	0.363** (0.157)	0.444** (0.175)	0.244 (0.386)	0.380 (0.346)	0.209 (0.297)	−4.647* (2.746)	0.513*** (0.119)	0.215 (0.501)	−0.017 (0.192)	—	—	0.269 (0.307)	0.258 (0.228)
age	0.183*** (0.051)	0.222*** (0.075)	0.184*** (0.057)	0.144 (0.155)	0.181** (0.087)	0.263** (0.120)	−0.610 (0.596)	0.183*** (0.045)	0.358*** (0.105)	0.020 (0.060)	0.005 (0.080)	0.201*** (0.071)	0.036 (0.082)	0.222*** (0.080)
equity	−0.008 (0.042)	−0.009 (0.043)	0.020 (0.046)	−0.071 (0.135)	0.022 (0.083)	−0.015 (0.072)	0.413 (0.470)	−0.062* (0.035)	−0.008 (0.078)	0.012 (0.055)	−0.162** (0.073)	0.024 (0.056)	−0.060 (0.077)	−0.005 (0.068)
dar	−0.085*** (0.032)	−0.080** (0.033)	−0.144** (0.070)	−0.466* (0.260)	−0.147 (0.117)	−0.043 (0.042)	−0.391 (0.642)	0.082 (0.061)	−0.200 (0.140)	−0.043 (0.031)	−0.183* (0.108)	−0.255*** (0.086)	−0.242** (0.115)	−0.082* (0.043)
iar	0.131*** (0.041)	0.133*** (0.041)	0.094** (0.045)	0.324** (0.133)	0.239*** (0.090)	0.080 (0.066)	0.825* (0.447)	0.130*** (0.042)	0.258*** (0.095)	0.119** (0.048)	0.114** (0.056)	0.154** (0.061)	0.067 (0.057)	0.156** (0.062)
roaa_zt	−0.033 (0.027)	−0.080** (0.034)	−0.001 (0.030)	−0.134* (0.071)	0.078 (0.080)	0.039 (0.078)	−0.415** (0.202)	−0.014 (0.016)	−0.020 (0.050)	−0.020 (0.029)	−0.025 (0.034)	−0.040 (0.037)	0.033 (0.041)	−0.079** (0.038)
constant	−0.090 (0.046)	−0.186** (0.081)	−0.114*** (0.040)	0.022 (0.303)	−0.032 (0.096)	0.104 (0.084)	0.506 (0.356)	−0.488*** (0.068)	0.051 (0.229)	0.085 (0.081)	−0.137 (0.087)	0.027 (0.034)	−0.174* (0.102)	−0.040 (0.111)

续表

变量名	模型11		分区域			分行业			分规模		分性质		分水平	
	innov_perform		1	2	1	2	3	4	大	小	1	0	高	低
行业控制	否	是	否	否	否	否	否	否	否	否	否	否	否	否
年份控制	否	是	否	否	否	否	否	否	否	否	否	否	否	否
R^2	0.236	0.249	0.251	0.263	0.206	0.404	0.240	0.523	0.206	0.247	0.401	0.215	0.181	0.203
模型选择								FE						

表7-14 产品多元化程度调节非相关技术多元化与创新绩效之间的关系

变量名	模型12		分区域			分行业			分规模		分性质		分水平	
	innov_perform		1	2	1	2	3	4	大	小	1	0	高	低
depro_div	−0.035 (0.046)	−0.030 (0.046)	−0.051 (0.051)	0.138 (0.148)	−0.040 (0.086)	−0.074 (0.083)	1.186** (0.528)	−0.032 (0.040)	0.010 (0.088)	−0.024 (0.053)	0.000 (0.069)	−0.035 (0.060)	0.094 (0.112)	−0.034 (0.099)
untech_div	0.519*** (0.080)	0.521*** (0.081)	0.516*** (0.088)	0.615*** (0.222)	0.266* (0.143)	0.758*** (0.202)	1.188** (0.446)	0.350*** (0.059)	0.526*** (0.135)	0.536*** (0.098)	0.370*** (0.114)	0.546*** (0.105)	0.347 (0.220)	0.386*** (0.129)
depro_untech	−0.165** (0.078)	−0.167** (0.078)	−0.192** (0.087)	−0.177 (0.215)	0.121 (0.143)	−0.437** (0.169)	−1.098** (0.482)	0.008 (0.059)	−0.231* (0.124)	−0.185* (0.107)	0.047 (0.117)	−0.250** (0.098)	−0.048 (0.177)	0.004 (0.188)
lnsize	0.059 (0.055)	0.052 (0.055)	0.083 (0.064)	0.076 (0.180)	0.027 (0.119)	0.149 (0.144)	0.077 (1.029)	0.013 (0.038)	0.024 (0.158)	0.272*** (0.095)	0.544*** (0.149)	0.070 (0.079)	0.162 (0.106)	0.053 (0.091)

续表

变量名	模型12		分区域			分行业			分规模		分性质		分水平	
	innov_perform		1	2	1	2	3	4	大	小	1	0	高	低
nature	0.271* (0.162)	0.284* (0.163)	0.349* (0.183)	0.214 (0.384)	0.269 (0.340)	0.315 (0.338)	−3.454 (2.709)	0.342*** (0.112)	0.131 (0.504)	0.030 (0.196)	—	—	0.201 (0.315)	0.136 (0.231)
age	0.154*** (0.054)	0.164** (0.079)	0.174*** (0.061)	0.052 (0.157)	0.125 (0.087)	0.394*** (0.138)	−0.965 (0.601)	0.094** (0.043)	0.283** (0.110)	−0.017 (0.061)	−0.115 (0.082)	0.207*** (0.075)	0.027 (0.086)	0.149* (0.082)
equity	−0.017 (0.043)	−0.015 (0.044)	0.001 (0.048)	−0.027 (0.134)	0.020 (0.082)	−0.014 (0.082)	0.368 (0.467)	−0.074** (0.033)	0.008 (0.078)	0.019 (0.057)	−0.062 (0.074)	0.008 (0.058)	−0.088 (0.079)	0.017 (0.069)
dar	−0.069** (0.033)	−0.061* (0.034)	−0.103 (0.073)	−0.551** (0.255)	−0.103 (0.115)	−0.016 (0.048)	−0.833 (0.634)	−0.003 (0.057)	−0.173 (0.141)	−0.038 (0.032)	−0.203* (0.108)	−0.197** (0.089)	−0.150 (0.121)	−0.065 (0.043)
iar	0.104** (0.043)	0.104** (0.034)	0.070 (0.047)	0.265** (0.133)	0.151* (0.089)	0.039 (0.075)	0.887* (0.450)	0.122*** (0.038)	0.181* (0.097)	0.098** (0.050)	0.066 (0.056)	0.111* (0.064)	0.028 (0.059)	0.126** (0.063)
roaa_zt	−0.040 (0.028)	−0.095*** (0.035)	−0.017 (0.031)	−0.113 (0.070)	0.090 (0.079)	0.020 (0.089)	−0.334 (0.202)	−0.026* (0.015)	−0.007 (0.050)	−0.035 (0.029)	−0.034 (0.034)	−0.054 (0.039)	0.010 (0.042)	−0.072* (0.038)
constant	−0.070 (0.047)	−0.188** (0.083)	−0.074* (0.042)	−0.024 (0.295)	−0.055 (0.094)	0.170* (0.095)	0.655* (0.345)	−0.401*** (0.064)	0.050 (0.230)	0.094 (0.083)	−0.052 (0.090)	0.049 (0.035)	−0.172 (0.105)	−0.029 (0.111)
行业控制	否	是	否	否	否	否	否	否	否	否	否	否	否	否
年份控制	否	是	否	否	否	否	否	否	否	否	否	否	否	否
R^2	0.195	0.208	0.188	0.289	0.235	0.232	0.248	0.596	0.199	0.214	0.410	0.160	0.144	0.192
模型选择							FE							

表7-15 相关产品多元化调节技术多元化程度与创新绩效之间的关系

变量名	模型18		分区域		分行业				分规模		分性质		分水平	
	innov_perform		1	2	1	2	3	4	大	小	1	0	高	低
zrepro_div	−0.018 (0.040)	−0.007 (0.041)	−0.022 (0.045)	0.090 (0.128)	−0.048 (0.095)	0.046 (0.065)	−0.244 (0.425)	−0.008 (0.030)	−0.032 (0.069)	−0.004 (0.054)	−0.087 (0.056)	−0.022 (0.052)	0.077 (0.075)	0.052 (0.142)
detech_div	0.496*** (0.048)	0.484*** (0.048)	0.487*** (0.051)	0.533*** (0.150)	0.322*** (0.076)	0.775*** (0.113)	0.887*** (0.318)	0.443*** (0.036)	0.477*** (0.079)	0.480*** (0.057)	0.360*** (0.066)	0.499*** (0.059)	0.914*** (0.120)	0.459*** (0.064)
repro_ detech	0.042 (0.051)	0.039 (0.051)	0.029 (0.054)	0.113 (0.168)	0.233** (0.099)	−0.122 (0.092)	−0.213 (0.474)	0.048 (0.041)	0.007 (0.076)	0.029 (0.075)	0.289*** (0.077)	−0.010 (0.062)	−0.257** (0.100)	−0.149 (0.173)
lnsize	0.058 (0.040)	0.041 (0.042)	0.083* (0.046)	0.089 (0.155)	0.121 (0.090)	0.084 (0.067)	−0.164 (0.422)	0.010 (0.026)	0.033 (0.104)	0.229*** (0.079)	0.018 (0.047)	0.105** (0.054)	0.043 (0.055)	0.043 (0.061)
nature	0.002 (0.122)	0.128 (0.128)	0.118 (0.144)	−0.306 (0.273)	0.156 (0.218)	0.143 (0.261)	−1.235 (2.571)	−0.006 (0.065)	−0.214 (0.251)	−0.063 (0.142)	—	—	−0.033 (0.173)	−0.078 (0.149)
age	−0.014 (0.041)	−0.140* (0.078)	0.007 (0.046)	−0.137 (0.116)	−0.031 (0.068)	0.053 (0.084)	−0.343 (0.211)	0.001 (0.026)	0.106 (0.077)	−0.096** (0.047)	−0.040 (0.038)	−0.011 (0.054)	0.006 (0.062)	−0.029 (0.052)
equity	0.004 (0.037)	−0.005 (0.038)	0.010 (0.040)	0.090 (0.119)	−0.007 (0.067)	0.009 (0.065)	−0.017 (0.181)	−0.028 (0.027)	−0.010 (0.063)	0.033 (0.047)	−0.072 (0.050)	0.018 (0.047)	−0.013 (0.053)	0.047 (0.052)

续表

变量名	模型18		分区域		分行业				分规模		分性质		分水平	
	innov_perform		1	2	1	2	3	4	大	小	1	0	高	低
dar	−0.053* (0.030)	−0.040 (0.030)	−0.119* (0.063)	−0.397* (0.236)	−0.106 (0.102)	−0.011 (0.040)	0.280 (0.400)	0.010 (0.041)	−0.210* (0.120)	−0.026 (0.029)	−0.007 (0.025)	−0.185** (0.078)	−0.025 (0.041)	−0.045 (0.046)
iar	0.065* (0.037)	0.056 (0.037)	0.033 (0.041)	0.145 (0.101)	0.049 (0.074)	0.003 (0.057)	0.095 (0.450)	0.089*** (0.031)	0.119* (0.070)	0.067 (0.043)	0.021 (0.030)	0.063 (0.055)	0.015 (0.051)	0.068 (0.051)
roaa_zt	−0.020 (0.026)	−0.082** (0.033)	0.012 (0.029)	−0.130** (0.064)	0.118 (0.075)	0.004 (0.082)	−0.363** (0.183)	−0.013 (0.013)	−0.003 (0.047)	−0.017 (0.027)	−0.001 (0.028)	−0.030 (0.036)	−0.002 (0.041)	−0.028 (0.034)
constant	−0.117 (0.194)	−0.470* (0.275)	−0.049 (0.075)	0.449* (0.242)	−0.019 (0.120)	0.049 (0.109)	0.206 (0.329)	−0.157*** (0.047)	0.093 (0.150)	0.135 (0.097)	−0.160*** (0.061)	−0.005 (0.078)	0.017 (0.095)	−0.013 (0.124)
行业控制	否	是	否	否	否	否	否	否	否	否	否	否	否	否
年份控制	否	是	否	否	否	否	否	否	否	否	否	否	否	否
R^2	0.335	0.275	0.335	0.451	0.262	0.448	0.283	0.746	0.332	0.331	0.606	0.283	0.413	0.246
模型选择								RE						

表7-16　相关产品多元化调节相关技术多元化与创新绩效之间的关系

变量名	模型17		分区域		分行业				分规模		分性质		分水平	
	innov_perform		1	2	1	2	3	4	大	小	1	0	高	低
repro_div	−0.031 (0.044)	−0.028 (0.044)	−0.023 (0.050)	−0.093 (0.143)	0.004 (0.113)	−0.026 (0.071)	−0.294 (1.117)	0.018 (0.040)	−0.082 (0.083)	−0.010 (0.063)	−0.090 (0.075)	−0.044 (0.059)	−0.019 (0.085)	−0.095 (0.154)
retech_div	0.374*** (0.048)	0.375*** (0.049)	0.372*** (0.048)	0.356 (0.275)	0.229*** (0.080)	0.636*** (0.106)	0.771*** (0.274)	0.319*** (0.055)	0.259*** (0.083)	0.396*** (0.057)	0.346*** (0.117)	0.363*** (0.055)	0.678*** (0.114)	0.363*** (0.067)
repro_tech	0.007 (0.049)	0.008 (0.049)	−0.006 (0.048)	0.179 (0.282)	0.103 (0.105)	−0.142* (0.078)	−0.641 (0.473)	−0.015 (0.065)	0.025 (0.072)	−0.058 (0.073)	0.115 (0.132)	−0.020 (0.055)	−0.238*** (0.089)	−0.295 (0.184)
lnsize	0.053 (0.051)	0.050 (0.051)	0.073 (0.059)	0.022 (0.195)	0.109 (0.122)	0.033 (0.127)	0.294 (0.987)	−0.038 (0.040)	−0.020 (0.161)	0.272*** (0.092)	0.525*** (0.155)	0.053 (0.073)	0.044 (0.105)	0.072 (0.093)
nature	0.353** (0.158)	0.369** (0.159)	0.463*** (0.177)	0.169 (0.389)	0.386 (0.345)	0.330 (0.311)	−2.015 (3.193)	0.521*** (0.127)	0.101 (0.548)	−0.027 (0.193)	—	—	0.941** (0.423)	0.130 (0.214)
age	0.180*** (0.051)	0.215*** (0.076)	0.188*** (0.058)	0.170 (0.156)	0.174** (0.087)	0.308** (0.124)	−0.467 (0.640)	0.193*** (0.047)	0.375*** (0.105)	0.006 (0.059)	0.000 (0.077)	0.204*** (0.072)	0.408*** (0.101)	0.084 (0.070)
equity	−0.001 (0.042)	0.000 (0.043)	0.029 (0.046)	−0.138 (0.145)	0.029 (0.081)	0.010 (0.074)	0.376 (0.474)	−0.062 (0.038)	−0.003 (0.077)	0.017 (0.056)	−0.174** (0.075)	0.040 (0.056)	−0.070 (0.078)	0.039 (0.061)

续表

变量名	模型17		分区域		分行业				分规模		分性质		分水平	
	innov_perform		1	2	1	2	3	4	大	小	1	0	高	低
dar	−0.088*** (0.033)	−0.082** (0.033)	−0.150** (0.071)	−0.377 (0.265)	−0.145 (0.116)	−0.055 (0.044)	−0.144 (0.623)	0.074 (0.060)	−0.186 (0.141)	−0.047 (0.031)	−0.161 (0.110)	−0.261*** (0.086)	−0.068 (0.048)	−0.076 (0.052)
iar	0.134*** (0.041)	0.136*** (0.042)	0.096** (0.045)	0.324** (0.134)	0.224** (0.091)	0.087 (0.068)	0.531 (0.420)	0.135*** (0.042)	0.252*** (0.095)	0.129*** (0.049)	0.117** (0.056)	0.155** (0.062)	0.076 (0.066)	0.129** (0.060)
roaa_zt	−0.029 (0.027)	−0.076** (0.034)	0.006 (0.030)	−0.122* (0.072)	0.079 (0.080)	0.060 (0.081)	−0.370* (0.211)	−0.013 (0.016)	−0.019 (0.050)	−0.016 (0.029)	−0.021 (0.034)	−0.036 (0.037)	−0.028 (0.043)	−0.042 (0.036)
constant	−0.091** (0.046)	−0.196** (0.081)	−0.118*** (0.041)	−0.013 (0.304)	−0.021 (0.100)	0.023 (0.086)	0.128 (0.673)	−0.450*** (0.067)	0.120 (0.253)	0.093 (0.082)	−0.165* (0.092)	0.019 (0.034)	−0.080 (0.150)	−0.252* (0.136)
行业控制	否	是	否	否	否	否	否	否	否	否	否	否	否	否
年份控制	否	是	否	否	否	否	否	否	否	否	否	否	否	否
R^2	0.230	0.243	0.244	0.258	0.207	0.358	0.242	0.508	0.205	0.241	0.403	0.209	0.359	0.115
模型选择								FE						

表7-17 相关产品多元化调节非相关技术多元化与创新绩效之间的关系

变量名	模型16		分区域		分行业				分规模		分性质		分水平	
	innov_perform		1	2	1	2	3	4	大	小	1	0	高	低
repro_div	−0.006 (0.047)	0.000 (0.047)	0.005 (0.053)	−0.020 (0.153)	−0.010 (0.110)	−0.001 (0.084)	2.567 (1.538)	0.007 (0.039)	−0.005 (0.090)	−0.009 (0.067)	−0.006 (0.080)	−0.013 (0.064)	0.017 (0.100)	0.017 (0.164)
untech_div	0.362*** (0.053)	0.365*** (0.053)	0.346*** (0.057)	0.422*** (0.148)	0.265*** (0.084)	0.469*** (0.149)	1.228*** (0.420)	0.323*** (0.038)	0.364*** (0.086)	0.362*** (0.064)	0.354*** (0.081)	0.351*** (0.067)	0.655*** (0.153)	0.377*** (0.069)
repro_untech	0.012 (0.056)	0.007 (0.056)	0.001 (0.062)	0.026 (0.158)	0.177* (0.099)	−0.158 (0.119)	−1.898** (0.773)	0.061 (0.046)	−0.079 (0.084)	0.044 (0.085)	0.084 (0.090)	−0.059 (0.070)	−0.233* (0.127)	−0.326* (0.192)
lnsize	0.033 (0.052)	0.026 (0.053)	0.038 (0.061)	0.054 (0.193)	0.038 (0.120)	0.076 (0.142)	0.292 (1.008)	−0.004 (0.037)	−0.006 (0.162)	0.260*** (0.095)	0.507*** (0.155)	0.035 (0.076)	0.031 (0.110)	0.027 (0.094)
nature	0.269 (0.164)	0.285* (0.164)	0.369** (0.186)	0.141 (0.384)	0.261 (0.339)	0.437 (0.349)	−6.180 (3.862)	0.323*** (0.116)	0.156 (0.559)	0.016 (0.197)	—	—	0.769* (0.452)	0.056 (0.215)
age	0.147*** (0.054)	0.155* (0.079)	0.180*** (0.062)	0.075 (0.157)	0.117 (0.086)	0.406*** (0.141)	−1.011 (0.643)	0.098** (0.044)	0.283** (0.112)	−0.024 (0.061)	−0.109 (0.079)	0.210*** (0.077)	0.407*** (0.110)	0.067 (0.070)
equity	−0.013 (0.044)	−0.009 (0.044)	0.008 (0.048)	−0.077 (0.142)	0.019 (0.079)	0.012 (0.084)	0.386 (0.482)	−0.071** (0.035)	0.021 (0.079)	0.013 (0.058)	−0.060 (0.075)	0.025 (0.059)	−0.146* (0.083)	0.052 (0.062)

续表

变量名	模型16		分区域		分行业				分规模		分性质		分水平	
	innov_perform		1	2	1	2	3	4	大	小	1	0	高	低
dar	−0.068** (0.034)	−0.059* (0.034)	−0.094 (0.073)	−0.496* (0.254)	−0.120 (0.114)	−0.022 (0.049)	−0.563 (0.630)	−0.012 (0.055)	−0.154 (0.143)	−0.039 (0.032)	−0.193* (0.108)	−0.191** (0.090)	−0.024 (0.051)	−0.064 (0.052)
iar	0.100** (0.043)	0.100** (0.043)	0.066 (0.048)	0.254* (0.134)	0.115 (0.091)	0.036 (0.076)	0.671 (0.429)	0.115*** (0.038)	0.181* (0.098)	0.100** (0.050)	0.064 (0.057)	0.114* (0.065)	0.001 (0.071)	0.103* (0.060)
roaa_zt	−0.037 (0.028)	−0.092*** (0.035)	−0.007 (0.032)	−0.111 (0.071)	0.090 (0.078)	0.032 (0.091)	−0.396* (0.214)	−0.027* (0.015)	−0.010 (0.050)	−0.030 (0.029)	−0.032 (0.034)	−0.047 (0.039)	−0.032 (0.046)	−0.039 (0.036)
constant	−0.070 (0.048)	−0.197** (0.083)	−0.074* (0.042)	−0.022 (0.297)	−0.042 (0.098)	0.096 (0.096)	1.458* (0.767)	−0.378*** (0.061)	0.063 (0.257)	0.111 (0.084)	−0.062 (0.094)	0.042 (0.035)	−0.037 (0.159)	−0.184 (0.136)
行业控制	否	是	否	否	否	否	否	否	否	否	否	否	否	否
年份控制	否	是	否	否	否	否	否	否	否	否	否	否	否	否
R^2	0.189	0.202	0.179	0.283	0.242	0.206	0.227	0.600	0.193	0.208	0.412	0.150	0.293	0.107
模型选择								FE						

表7-18 非相关产品多元化调节技术多元化程度与创新绩效之间的关系

变量名	模型15		分区域		分行业				分规模		分性质		分水平	
	innov_perform		1	2	1	2	3	4	大	小	1	0	高	低
unpro_div	−0.028 (0.044)	−0.033 (0.045)	−0.038 (0.047)	0.178 (0.152)	−0.040 (0.086)	−0.106 (0.098)	0.873** (0.426)	−0.041 (0.030)	0.027 (0.084)	−0.032 (0.057)	−0.008 (0.065)	−0.010 (0.063)	0.000 (0.094)	0.048 (0.140)
detech_div	0.624*** (0.052)	0.622*** (0.052)	0.616*** (0.058)	0.677*** (0.131)	0.570*** (0.092)	0.697*** (0.117)	1.145** (0.440)	0.467*** (0.035)	0.494*** (0.086)	0.619*** (0.065)	0.554*** (0.068)	0.628*** (0.075)	0.565*** (0.161)	0.457*** (0.067)
unpro_ detech	−0.163*** (0.047)	−0.160*** (0.047)	−0.173*** (0.053)	−0.129 (0.113)	−0.130* (0.074)	−0.233* (0.124)	−0.573 (0.390)	−0.055* (0.031)	−0.093 (0.077)	−0.163*** (0.058)	−0.050 (0.064)	−0.192*** (0.064)	−0.110 (0.112)	0.147 (0.150)
lnsize	0.067 (0.051)	0.068 (0.051)	0.101* (0.058)	−0.033 (0.185)	0.062 (0.118)	0.131 (0.138)	−0.188 (0.993)	0.030 (0.030)	0.057 (0.166)	0.194** (0.091)	0.443*** (0.140)	0.071 (0.073)	0.005 (0.094)	0.064 (0.074)
nature	0.181 (0.155)	0.198 (0.155)	0.272 (0.174)	0.061 (0.368)	0.208 (0.338)	0.298 (0.306)	−2.588 (2.420)	0.297*** (0.103)	0.072 (0.503)	0.000 (0.185)	—	—	0.079 (0.291)	0.329 (0.261)
age	0.078 (0.052)	0.091 (0.075)	0.093 (0.058)	−0.002 (0.146)	0.070 (0.086)	0.205 (0.132)	−0.743 (0.577)	0.068* (0.038)	0.197* (0.109)	−0.040 (0.059)	−0.127* (0.076)	0.113 (0.073)	−0.024 (0.078)	0.218** (0.085)
equity	−0.022 (0.041)	−0.024 (0.042)	−0.013 (0.046)	−0.070 (0.119)	−0.029 (0.080)	−0.081 (0.081)	0.270 (0.464)	−0.041 (0.029)	−0.010 (0.074)	0.008 (0.054)	−0.066 (0.067)	−0.012 (0.056)	0.114* (0.068)	−0.083 (0.065)

续表

变量名	模型15		分区域		分行业				分规模		分性质		分水平	
	innov_perform		1	2	1	2	3	4	大	小	1	0	高	低
dar	−0.060* (0.032)	−0.052 (0.032)	−0.130* (0.069)	−0.443* (0.244)	−0.139 (0.112)	−0.012 (0.045)	−0.647 (0.617)	−0.008 (0.048)	−0.164 (0.137)	−0.029 (0.030)	−0.212** (0.100)	−0.185** (0.085)	−0.104 (0.100)	−0.042 (0.042)
iar	0.075* (0.041)	0.074* (0.041)	0.040 (0.045)	0.246* (0.129)	0.121 (0.089)	0.013 (0.070)	0.800* (0.439)	0.104*** (0.033)	0.156 (0.094)	0.062 (0.048)	0.052 (0.053)	0.073 (0.062)	0.067 (0.074)	0.065 (0.067)
roaa_zt	−0.036 (0.026)	−0.084** (0.033)	−0.005 (0.030)	−0.116* (0.067)	0.090 (0.076)	0.029 (0.085)	−0.323 (0.198)	−0.024* (0.013)	−0.009 (0.048)	−0.027 (0.028)	−0.027 (0.032)	−0.042 (0.037)	−0.011 (0.037)	−0.039 (0.039)
constant	−0.047 (0.045)	−0.142* (0.079)	−0.074* (0.040)	0.103 (0.287)	−0.018 (0.097)	0.070 (0.079)	0.014 (0.387)	−0.351*** (0.058)	0.007 (0.236)	0.082 (0.079)	−0.025 (0.078)	0.035 (0.034)	0.066 (0.105)	0.049 (0.121)
行业控制	否	是	否	否	否	否	否	否	否	否	否	否	否	否
年份控制	否	是	否	否	否	否	否	否	否	否	否	否	否	否
R^2	0.272	0.284	0.040	0.337	0.278	0.320	0.273	0.697	0.239	0.298	0.477	0.227	0.188	0.301
模型选择								FE						

表7-19 非相关产品多元化调节相关技术多元化与创新绩效之间的关系

变量名	模型14		分区域		分行业				分规模		分性质		分水平	
	innov_perform		1	2	1	2	3	4	大	小	1	0	高	低
unpro_div	−0.051 (0.044)	−0.054 (0.045)	−0.069 (0.046)	0.192 (0.158)	−0.089 (0.088)	−0.085 (0.090)	0.572 (0.422)	−0.056 (0.037)	−0.010 (0.083)	−0.077 (0.058)	−0.003 (0.069)	−0.060 (0.061)	−0.030 (0.092)	0.089 (0.136)
retech_div	0.474*** (0.049)	0.474*** (0.049)	0.442*** (0.051)	0.749*** (0.177)	0.313*** (0.090)	0.765*** (0.099)	0.175 (0.254)	0.373*** (0.043)	0.322*** (0.082)	0.404*** (0.059)	0.480*** (0.080)	0.420*** (0.062)	0.376** (0.162)	0.341*** (0.066)
unpro_ retech	−0.112** (0.046)	−0.109** (0.046)	−0.088* (0.047)	−0.300* (0.173)	−0.023 (0.075)	−0.319*** (0.089)	0.418 (0.307)	−0.104** (0.047)	−0.047 (0.080)	−0.047 (0.053)	−0.074 (0.089)	−0.078 (0.056)	−0.040 (0.111)	0.018 (0.135)
lnsize	0.074 (0.052)	0.074 (0.053)	0.098* (0.059)	−0.025 (0.193)	0.146 (0.123)	0.129 (0.131)	−0.057 (1.029)	−0.017 (0.037)	0.031 (0.170)	0.284*** (0.093)	0.558*** (0.149)	0.066 (0.074)	0.034 (0.096)	0.059 (0.076)
nature	0.358** (0.157)	0.375** (0.157)	0.473*** (0.175)	0.206 (0.382)	0.325 (0.353)	0.376 (0.287)	-3.048 (2.483)	0.530*** (0.126)	0.359 (0.510)	−0.018 (0.192)	—	—	0.295 (0.296)	0.650** (0.264)
age	0.190*** (0.051)	0.227*** (0.075)	0.201*** (0.057)	0.146 (0.147)	0.185** (0.087)	0.244** (0.121)	−0.693 (0.602)	0.198*** (0.045)	0.360*** (0.106)	0.021 (0.060)	−0.010 (0.079)	0.218*** (0.071)	0.071 (0.077)	0.332*** (0.085)
equity	−0.009 (0.042)	−0.012 (0.043)	0.013 (0.046)	−0.122 (0.124)	0.007 (0.083)	−0.058 (0.076)	0.562 (0.460)	−0.052 (0.036)	0.011 (0.075)	0.006 (0.056)	−0.149** (0.071)	0.028 (0.056)	0.097 (0.070)	−0.056 (0.067)

续表

变量名	模型14		分区域		分行业				分规模		分性质		分水平	
	innov_perform		1	2	1	2	3	4	大	小	1	0	高	低
dar	−0.082** (0.032)	−0.077** (0.033)	−0.146** (0.070)	−0.429* (0.257)	−0.168 (0.118)	−0.030 (0.043)	−0.491 (0.623)	0.082 (0.059)	−0.193 (0.141)	−0.038 (0.031)	−0.185* (0.107)	−0.243*** (0.086)	−0.112 (0.102)	−0.076* (0.043)
iar	0.121*** (0.041)	0.122*** (0.042)	0.083* (0.045)	0.336** (0.133)	0.235** (0.091)	0.044 (0.067)	0.842* (0.435)	0.132*** (0.041)	0.252*** (0.095)	0.107** (0.049)	0.111** (0.056)	0.147** (0.062)	0.142* (0.075)	0.123* (0.069)
roaa_zt	−0.032 (0.027)	−0.078** (0.034)	0.002 (0.030)	−0.118* (0.070)	0.068 (0.080)	0.037 (0.080)	−0.373* (0.197)	−0.013 (0.016)	−0.020 (0.050)	−0.019 (0.029)	−0.022 (0.034)	−0.036 (0.037)	−0.019 (0.038)	−0.028 (0.040)
constant	−0.092** (0.046)	−0.188** (0.081)	−0.116*** (0.040)	0.010 (0.300)	0.000 (0.101)	0.004 (0.075)	0.126 (0.391)	−0.492*** (0.070)	−0.007 (0.241)	0.105 (0.081)	−0.120 (0.083)	0.024 (0.034)	−0.030 (0.105)	−0.026 (0.124)
行业控制	否	是	否	否	否	否	否	否	否	否	否	否	否	否
年份控制	否	是	否	否	否	否	否	否	否	否	否	否	否	否
R^2	0.238	0.251	0.252	0.276	0.207	0.392	0.279	0.529	0.204	0.245	0.401	0.213	0.153	0.257
模型选择							FE							

表7-20 非相关产品多元化调节非相关技术多元化与创新绩效之间的关系

变量名	模型13		分区域		分行业				分规模		分性质		分水平	
	innov_perform		1	2	1	2	3	4	大	小	1	0	高	低
unpro_div	-0.050	-0.052	-0.061	0.176	-0.060	-0.139	0.892**	-0.056	0.001	-0.036	-0.013	-0.035	-0.004	0.108
	(0.046)	(0.047)	(0.049)	(0.157)	(0.088)	(0.103)	(0.434)	(0.034)	(0.085)	(0.060)	(0.068)	(0.065)	(0.096)	(0.144)
untech_div	0.473***	0.470***	0.466***	0.499***	0.435***	0.480***	0.778*	0.391***	0.364***	0.498***	0.430***	0.440***	0.479***	0.341***
	(0.053)	(0.053)	(0.061)	(0.120)	(0.087)	(0.130)	(0.423)	(0.040)	(0.084)	(0.068)	(0.068)	(0.077)	(0.167)	(0.066)
unpro_tech	-0.126**	-0.123**	-0.145**	-0.073	-0.065	-0.247*	-0.522	-0.043	-0.073	-0.137**	-0.028	-0.141**	-0.094	0.046
	(0.049)	(0.049)	(0.057)	(0.104)	(0.075)	(0.138)	(0.388)	(0.034)	(0.076)	(0.063)	(0.061)	(0.068)	(0.116)	(0.151)
lnsize	0.062	0.059	0.084	-0.014	0.061	0.181	0.320	0.011	0.016	0.258***	0.548***	0.061	-0.017	0.076
	(0.053)	(0.054)	(0.061)	(0.191)	(0.122)	(0.148)	(1.025)	(0.034)	(0.171)	(0.096)	(0.147)	(0.076)	(0.096)	(0.077)
nature	0.271*	0.286*	0.358*	0.172	0.228	0.411	-1.330	0.386***	0.182	0.038	—	—	0.022	0.509*
	(0.162)	(0.163)	(0.184)	(0.378)	(0.347)	(0.327)	(2.524)	(0.117)	(0.517)	(0.196)			(0.301)	(0.274)
age	0.152***	0.161**	0.176***	0.075	0.124	0.344**	-0.962	0.111**	0.272**	-0.012	-0.109	0.202***	0.022	0.279***
	(0.054)	(0.079)	(0.061)	(0.149)	(0.087)	(0.139)	(0.612)	(0.043)	(0.112)	(0.062)	(0.080)	(0.075)	(0.080)	(0.089)
equity	-0.029	-0.028	-0.022	-0.088	-0.010	-0.096	0.335	-0.053	0.002	0.000	-0.064	-0.011	0.115	-0.082
	(0.043)	(0.044)	(0.048)	(0.123)	(0.082)	(0.087)	(0.483)	(0.033)	(0.076)	(0.057)	(0.072)	(0.059)	(0.070)	(0.069)
dar	-0.064*	-0.055	-0.101	-0.539**	-0.124	-0.010	-0.814	-0.004	-0.136	-0.035	-0.211**	-0.183**	-0.093	-0.053
	(0.033)	(0.034)	(0.073)	(0.251)	(0.116)	(0.048)	(0.647)	(0.055)	(0.141)	(0.032)	(0.106)	(0.089)	(0.103)	(0.044)

续表

变量名	模型13		分区域		分行业				分规模		分性质		分水平	
	innov_perform		1	2	1	2	3	4	大	小	1	0	高	低
iar	0.090** (0.043)	0.090** (0.043)	0.054 (0.047)	0.275** (0.134)	0.133 (0.091)	0.020 (0.075)	0.812* (0.458)	0.122*** (0.038)	0.163* (0.098)	0.085* (0.050)	0.064 (0.056)	0.093 (0.065)	0.058 (0.077)	0.086 (0.070)
roaa_zt	−0.039 (0.028)	−0.093*** (0.035)	−0.014 (0.031)	−0.105 (0.069)	0.085 (0.078)	0.022 (0.091)	−0.312 (0.206)	−0.028* (0.015)	−0.004 (0.050)	−0.035 (0.029)	−0.032 (0.034)	−0.048 (0.039)	−0.010 (0.038)	−0.047 (0.041)
constant	−0.070 (0.047)	0.083** (0.083)	−0.070* (0.042)	−0.023 (0.294)	−0.034 (0.099)	0.071 (0.085)	0.227 (0.397)	−0.421*** (0.065)	0.025 (0.243)	0.101 (0.083)	−0.054 (0.082)	0.052 (0.035)	0.054 (0.108)	0.046 (0.127)
行业控制	否	是	否	否	否	否	否	否	否	否	否	否	否	否
年份控制	否	是	否	否	否	否	否	否	否	否	否	否	否	否
R^2	0.199	0.211	0.192	0.291	0.238	0.224	0.213	0.606	0.193	0.218	0.410	0.157	0.141	0.228
模型选择								FE						

表7-21　国际化深度调节技术多元化程度与创新绩效之间的关系

变量名	模型4		分区域		分行业				分规模		分性质		分水平	
	innov_perform		1	2	1	2	3	4	大	小	1	0	高	低
propor_orevenue	0.062 (0.054)	0.044 (0.055)	−0.021 (0.063)	0.350*** (0.120)	−0.072 (0.076)	0.582*** (0.203)	0.113 (0.304)	0.072 (0.074)	0.056 (0.134)	0.078 (0.053)	0.025 (0.075)	0.068 (0.086)	−0.218 (0.142)	−0.185 (0.192)
detech_div	0.515*** (0.042)	0.512*** (0.042)	0.482*** (0.044)	0.699*** (0.127)	0.469 (0.069)	0.462*** (0.086)	0.937*** (0.318)	0.404*** (0.035)	0.455*** (0.069)	0.480*** (0.051)	0.504*** (0.061)	0.495*** (0.054)	0.419*** (0.152)	0.396*** (0.051)
oredetech	−0.054 (0.050)	−0.047 (0.050)	−0.024 (0.054)	−0.181 (0.147)	−0.062 (0.078)	0.120 (0.104)	−0.341 (0.256)	0.055 (0.058)	−0.084 (0.086)	−0.007 (0.055)	0.038 (0.074)	−0.101 (0.064)	−0.093 (0.109)	0.860*** (0.186)
lnsize	0.039 (0.049)	0.037 (0.050)	0.059 (0.057)	0.020 (0.170)	0.033 (0.116)	0.025 (0.130)	0.482 (1.011)	0.028 (0.030)	0.056 (0.155)	0.199** (0.090)	0.450*** (0.142)	0.033 (0.064)	0.012 (0.162)	0.072 (0.058)
nature	0.214 (0.155)	0.226 (0.156)	0.302* (0.175)	0.019 (0.359)	0.287 (0.329)	0.236 (0.305)	−1.859 (2.602)	0.259*** (0.101)	0.156 (0.480)	−0.011 (0.187)	—	—	0.098 (0.410)	0.199 (0.195)
age	0.074 (0.052)	0.081 (0.077)	0.101* (0.059)	−0.086 (0.146)	0.101 (0.086)	0.339** (0.134)	−0.932 (0.611)	0.042 (0.039)	0.204* (0.110)	−0.065 (0.059)	−0.149* (0.079)	0.129* (0.074)	0.019 (0.108)	0.025 (0.070)
equity	−0.007 (0.041)	−0.006 (0.042)	−0.014 (0.046)	−0.088 (0.116)	0.008 (0.078)	−0.021 (0.076)	0.215 (0.476)	−0.053* (0.028)	−0.003 (0.073)	0.014 (0.055)	−0.071 (0.068)	0.015 (0.055)	0.089 (0.082)	−0.003 (0.052)

续表

变量名	模型4		分区域		分行业				分规模		分性质		分水平	
	innov_perform		1	2	1	2	3	4	大	小	1	0	高	低
dar	−0.067** (0.032)	−0.060* (0.032)	−0.128* (0.071)	−0.484** (0.240)	−0.123 (0.111)	0.017 (0.047)	−0.462 (0.660)	−0.021 (0.043)	−0.183 (0.138)	−0.039 (0.030)	−0.214** (0.100)	−0.187** (0.086)	−0.095 (0.144)	−0.054 (0.034)
iar	0.092** (0.041)	0.091** (0.041)	0.058 (0.045)	0.230* (0.125)	0.170* (0.087)	−0.023 (0.072)	0.504 (0.438)	0.104*** (0.033)	0.162* (0.094)	0.092* (0.048)	0.050 (0.053)	0.098 (0.062)	0.299*** (0.109)	0.053 (0.048)
roaa_zt	−0.034 (0.027)	−0.082** (0.034)	0.001 (0.030)	−0.124* (0.065)	0.096 (0.076)	0.041 (0.083)	−0.345* (0.204)	−0.022* (0.013)	−0.013 (0.048)	−0.020 (0.028)	−0.026 (0.032)	−0.036 (0.037)	−0.081 (0.057)	−0.026 (0.032)
constant	−0.055 (0.045)	−0.158** (0.080)	−0.081** (0.040)	0.084 (0.281)	−0.017 (0.093)	0.308*** (0.114)	0.268 (0.418)	−0.287*** (0.056)	−0.004 (0.224)	0.076 (0.079)	−0.015 (0.077)	0.028 (0.034)	0.306* (0.180)	0.118 (0.125)
行业控制	否	是	否	否	否	否	否	否	否	否	否	否	否	否
年份控制	否	是	否	否	否	否	否	否	否	否	否	否	否	否
R^2	0.261	0.273	0.258	0.366	0.275	0.327	0.235	0.696	0.238	0.286	0.478	0.217	0.134	0.352
模型选择								FE						

表7-22 国际化深度调节相关技术多元化与创新绩效之间的关系

变量名	模型5		分区域		分行业				分规模		分性质		分水平	
	innov_perform		1	2	1	2	3	4	大	小	1	0	高	低
propor_orevenue	0.090*	0.075	0.029	0.291**	−0.057	0.457**	0.141	−0.043	0.111	0.122**	−0.008	0.085	−0.275**	−0.059
	(0.052)	(0.053)	(0.059)	(0.122)	(0.072)	(0.201)	(0.298)	(0.087)	(0.128)	(0.051)	(0.072)	(0.083)	(0.138)	(0.188)
retech_div	0.440*** (0.039)	0.436*** (0.039)	0.411*** (0.040)	0.730*** (0.160)	0.377*** (0.078)	0.457*** (0.068)	0.578*** (0.188)	0.244*** (0.039)	0.347*** (0.062)	0.397*** (0.047)	0.393*** (0.068)	0.441*** (0.046)	0.206 (0.127)	0.359*** (0.047)
oredetech	−0.095** (0.040)	−0.087** (0.040)	−0.070* (0.040)	−0.339* (0.179)	−0.108 (0.067)	−0.024 (0.073)	−0.347 (0.258)	0.135** (0.054)	−0.108 (0.069)	−0.048 (0.043)	0.073 (0.069)	−0.147*** (0.048)	−0.018 (0.082)	0.562*** (0.162)
lnsize	0.046 (0.050)	0.045 (0.051)	0.062 (0.057)	0.050 (0.179)	0.109 (0.120)	0.022 (0.127)	0.083 (1.041)	−0.026 (0.037)	0.005 (0.157)	0.255*** (0.092)	0.560*** (0.148)	0.028 (0.072)	0.027 (0.165)	0.058 (0.059)
nature	0.395** (0.157)	0.406** (0.157)	0.496*** (0.175)	0.207 (0.375)	0.421 (0.342)	0.333 (0.296)	−2.618 (2.638)	0.433*** (0.124)	0.351 (0.488)	−0.016 (0.192)	—	—	0.027 (0.414)	0.451** (0.198)
age	0.179*** (0.051)	0.209*** (0.077)	0.198*** (0.057)	0.103 (0.147)	0.195** (0.087)	0.374*** (0.127)	−0.296 (0.627)	0.181*** (0.046)	0.383*** (0.106)	−0.021 (0.060)	−0.018 (0.082)	0.224*** (0.071)	0.076 (0.107)	0.181*** (0.068)
equity	0.001 (0.042)	0.001 (0.043)	0.031 (0.046)	−0.134 (0.122)	0.030 (0.081)	−0.013 (0.074)	0.286 (0.476)	−0.068* (0.035)	0.013 (0.074)	−0.005 (0.056)	−0.149** (0.072)	0.048 (0.055)	0.108 (0.082)	0.019 (0.053)

续表

变量名	模型5		分区域		分行业				分规模		分性质		分水平	
	innov_perform		1	2	1	2	3	4	大	小	1	0	高	低
dar	−0.086*** (0.032)	−0.081** (0.033)	−0.140* (0.071)	−0.468* (0.251)	−0.150 (0.115)	−0.017 (0.046)	−0.076 (0.670)	0.068 (0.059)	−0.200 (0.140)	−0.048 (0.031)	−0.189* (0.107)	−0.235*** (0.086)	−0.129 (0.147)	−0.069** (0.035)
iar	0.131*** (0.041)	0.134*** (0.041)	0.093** (0.045)	0.333** (0.130)	0.246*** (0.089)	0.031 (0.071)	0.559 (0.437)	0.132*** (0.041)	0.246** (0.095)	0.131*** (0.048)	0.110* (0.056)	0.146** (0.061)	0.358*** (0.110)	0.091* (0.049)
roaa_zt	−0.028 (0.027)	−0.072** (0.034)	0.008 (0.030)	−0.126* (0.069)	0.075 (0.079)	0.061 (0.081)	−0.362* (0.205)	−0.013 (0.016)	−0.022 (0.049)	−0.011 (0.029)	−0.022 (0.034)	−0.030 (0.037)	−0.081 (0.058)	−0.020 (0.032)
constant	−0.102** (0.046)	−0.197** (0.081)	−0.121*** (0.040)	−0.038 (0.296)	−0.003 (0.097)	0.165 (0.113)	0.235 (0.421)	0.421*** (0.068)	0.023 (0.228)	0.075 (0.082)	−0.106 (0.081)	0.019 (0.034)	0.368** (0.182)	−0.018 (0.128)
行业控制	否	是	否	否	否	否	否	否	否	否	否	否	否	否
年份控制	否	是	否	否	否	否	否	否	否	否	否	否	否	否
R^2	0.235	0.248	0.247	0.298	0.215	0.361	0.236	0.527	0.209	0.249	0.402	0.220	0.113	0.325
模型选择								FE						

表7-23 国际化深度调节非相关技术多元化与创新绩效之间的关系

变量名	模型5		分区域		分行业				分规模		分性质		分水平	
	innov_perform		1	2	1	2	3	4	大	小	1	0	高	低
propor_ orevenue	0.039 (0.057)	0.020 (0.058)	−0.037 (0.067)	0.327** (0.125)	−0.081 (0.078)	0.743*** (0.212)	−0.037 (0.319)	0.112 (0.079)	0.41 (0.140)	0.051 (0.056)	0.034 (0.080)	0.041 (0.090)	−0.235* (0.142)	−0.054 (0.201)
untech_div	0.382*** (0.043)	0.381*** (0.043)	0.355*** (0.047)	0.484*** (0.117)	0.424*** (0.069)	0.232** (0.093)	0.396 (0.332)	0.340*** (0.039)	0.333*** (0.069)	0.368*** (0.054)	0.402*** (0.062)	0.340*** (0.056)	0.382** (0.165)	0.248*** (0.054)
oredetech	−0.026 (0.053)	−0.023 (0.053)	−0.015 (0.058)	−0.049* (0.144)	−0.090 (0.078)	0.201 (0.122)	−0.025 (0.258)	0.048 (0.073)	−0.059 (0.084)	0.032 (0.062)	0.022 (0.085)	−0.057 (0.066)	−0.118 (0.119)	0.878*** (0.203)
lnsize	0.032 (0.052)	0.026 (0.052)	0.040 (0.060)	0.037 (0.176)	0.036 (0.119)	0.065 (0.138)	0.919 (1.065)	0.012 (0.035)	0.000 (0.159)	0.258*** (0.094)	0.554*** (0.150)	0.025 (0.075)	0.030 (0.164)	0.041 (0.061)
nature	0.280* (0.163)	0.290* (0.163)	0.363* (0.185)	0.124 (0.371)	0.315 (0.336)	0.337 (0.323)	−1.309 (2.756)	0.339*** (0.114)	0.203 (0.494)	0.023 (0.196)	—	—	0.105 (0.415)	0.200 (0.209)
age	0.146*** (0.054)	0.153* (0.080)	0.181*** (0.061)	−0.005 (0.149)	0.147* (0.087)	0.495*** (0.139)	−1.106 (0.673)	0.074* (0.044)	0.279** (0.113)	−0.037 (0.062)	−0.134 (0.085)	0.212*** (0.076)	0.050 (0.108)	0.126* (0.074)
equity	−0.013 (0.043)	−0.010 (0.044)	0.007 (0.048)	−0.107 (0.120)	0.017 (0.079)	−0.016 (0.081)	0.270 (0.503)	−0.069** (0.031)	0.009 (0.075)	0.006 (0.058)	−0.070 (0.072)	0.015 (0.058)	0.105 (0.083)	−0.030 (0.055)
dar	−0.068** (0.033)	−0.060* (0.034)	−0.102* (0.074)	−0.553** (0.248)	−0.125 (0.114)	0.034 (0.050)	−0.591 (0.709)	−0.024 (0.055)	−0.147 (0.142)	−0.040 (0.032)	−0.215** (0.107)	−0.186** (0.090)	−0.084 (0.145)	−0.055 (0.037)

续表

变量名	模型5		分区域		分行业				分规模		分性质		分水平	
	innov_perform		1	2	1	2	3	4	大	小	1	0	高	低
iar	0.102** (0.043)	0.102** (0.043)	0.067 (0.048)	0.259** (0.130)	0.169* (0.090)	−0.040 (0.076)	0.516 (0.463)	0.121*** (0.033)	0.168* (0.097)	0.103** (0.050)	0.062 (0.056)	0.108* (0.064)	0.303*** (0.110)	0.066 (0.051)
roaa_zt	−0.037 (0.028)	−0.092*** (0.035)	−0.007 (0.031)	−0.105 (0.068)	0.091 (0.078)	0.029 (0.088)	−0.356 (0.216)	−0.025* (0.015)	−0.007 (0.050)	−0.028 (0.029)	−0.030 (0.034)	−0.044 (0.039)	−0.078 (0.058)	−0.029 (0.034)
constant	−0.072 (0.048)	−0.197** (0.083)	−0.075* (0.042)	−0.046 (0.289)	−0.028 (0.095)	0.391*** (0.120)	0.564 (0.425)	−0.339*** (0.053)	0.040 (0.231)	0.097 (0.084)	−0.047 (0.082)	0.045 (0.035)	0.335* (0.182)	0.195 (0.133)
行业控制	否	是	否	否	否	否	否	否	否	否	否	否	否	否
年份控制	否	是	否	否	否	否	否	否	否	否	否	否	否	否
R^2	0.189	0.202	0.179	0.317	0.245	0.249	0.148	0.507	0.192	0.211	0.411	0.150	0.114	0.259
模型选择								FE						

表7-24　国际化广度调节技术多元化程度与创新绩效之间的关系

变量名	模型7		分区域		分行业				分规模		分性质		分水平	
	innov_perform		1	2	1	2	3	4	大	小	1	0	高	低
no_osub	−0.022 (0.040)	−0.063 (0.040)	−0.022 (0.041)	−0.100 (0.132)	−0.066 (0.119)	−0.039 (0.064)	0.017 (0.146)	0.010 (0.049)	0.019 (0.053)	−0.025 (0.054)	−0.101 (0.078)	−0.030 (0.045)	−0.059 (0.065)	−0.266 (0.230)
detech_div	0.493*** (0.036)	0.516*** (0.034)	0.507*** (0.036)	0.629*** (0.093)	0.431*** (0.057)	0.650*** (0.069)	0.951*** (0.278)	0.455*** (0.024)	0.500*** (0.054)	0.454*** (0.043)	0.467*** (0.037)	0.507*** (0.044)	0.500*** (0.099)	0.474*** (0.037)
nodetech	−0.009 (0.036)	0.002 (0.036)	0.010 (0.039)	−0.066 (0.101)	0.096 (0.096)	0.006 (0.056)	−0.242 (0.168)	0.095* (0.056)	−0.034 (0.044)	0.193** (0.085)	0.507*** (0.092)	−0.021 (0.041)	−0.056 (0.061)	0.990*** (0.235)
lnsize	0.045 (0.050)	0.060 (0.043)	0.086* (0.045)	0.143 (0.161)	0.140 (0.093)	0.098 (0.070)	−0.309 (0.391)	0.011 (0.026)	0.031 (0.105)	0.216*** (0.078)	0.056 (0.045)	0.109** (0.053)	0.049 (0.107)	0.059 (0.044)
nature	0.202 (0.155)	0.125 (0.125)	0.121 (0.140)	−0.371 (0.281)	0.154 (0.217)	0.094 (0.244)	−2.252 (2.400)	0.024 (0.065)	−0.176 (0.239)	−0.058 (0.141)	—	—	0.408 (0.381)	−0.005 (0.115)
age	0.081 (0.052)	−0.146* (0.075)	0.008 (0.045)	−0.121 (0.115)	−0.021 (0.068)	0.044 (0.084)	−0.288 (0.194)	0.003 (0.026)	0.103 (0.077)	−0.092* (0.047)	−0.036 (0.034)	−0.009 (0.053)	0.018 (0.107)	−0.036 (0.042)
equity	−0.003 (0.041)	−0.002 (0.037)	0.012 (0.040)	0.006 (0.112)	−0.007 (0.068)	0.008 (0.066)	−0.092 (0.201)	−0.025 (0.025)	0.000 (0.062)	0.035 (0.046)	−0.116*** (0.044)	0.020 (0.047)	−0.012 (0.087)	0.018 (0.039)

续表

变量名	模型7		分区域		分行业				分规模		分性质		分水平	
	innov_perform		1	2	1	2	3	4	大	小	1	0	高	低
dar	−0.067** (0.032)	−0.040 (0.030)	−0.121* (0.063)	−0.480** (0.232)	−0.075 (0.103)	−0.006 (0.040)	0.340 (0.383)	−0.005 (0.041)	−0.215* (0.119)	−0.026 (0.029)	−0.001 (0.023)	−0.180** (0.078)	−0.257 (0.181)	−0.026 (0.030)
iar	0.091** (0.041)	0.059 (0.037)	0.033 (0.041)	0.155 (0.100)	0.080 (0.073)	0.000 (0.057)	0.160 (0.439)	0.089*** (0.031)	0.120* (0.071)	0.061 (0.043)	0.012 (0.027)	0.062 (0.054)	0.082 (0.080)	0.037 (0.040)
roaa_zt	−0.033 (0.027)	−0.088*** (0.033)	0.012 (0.029)	−0.102 (0.065)	0.100 (0.076)	0.027 (0.082)	−0.388** (0.179)	−0.010 (0.013)	−0.005 (0.047)	−0.021 (0.027)	0.026 (0.027)	−0.027 (0.036)	−0.200*** (0.074)	0.011 (0.027)
constant	−0.052 (0.045)	−0.494* (0.266)	−0.051 (0.073)	0.483* (0.247)	−0.026 (0.116)	0.036 (0.106)	0.456 (0.342)	−0.149*** (0.048)	0.075 (0.145)	0.135 (0.096)	−0.099* (0.051)	−0.006 (0.077)	0.176 (0.148)	0.143 (0.097)
行业控制	否	是	否	否	否	否	否	否	否	否	否	否	否	否
年份控制	否	是	否	否	否	否	否	否	否	否	否	否	否	否
R^2	0.260	0.358	0.336	0.405	0.262	0.451	0.301	0.750	0.331	0.330	0.634	0.283	0.313	0.358
模型选择								RE						

表7-25 国际化广度调节相关技术多元化与创新绩效之间的关系

变量名	模型8		分区域		分行业				分规模		分性质		分水平	
	innov_perform		1	2	1	2	3	4	大	小	1	0	高	低
no_osub	−0.024	−0.040	0.011	−0.430***	0.043	−0.015	−0.087	−0.037	−0.008	0.032	−0.135	−0.028	−0.130*	0.029
	(0.037)	(0.038)	(0.038)	(0.131)	(0.088)	(0.060)	(0.138)	(0.062)	(0.049)	(0.056)	(0.098)	(0.041)	(0.068)	(0.225)
retech_div	0.382***	0.383***	0.369***	0.531***	0.285***	0.470***	0.532***	0.290***	0.293***	0.333***	0.368***	0.363***	0.159	0.381***
	(0.033)	(0.034)	(0.034)	(0.122)	(0.061)	(0.062)	(0.185)	(0.033)	(0.054)	(0.041)	(0.059)	(0.040)	(0.120)	(0.036)
noretech	−0.004	−0.004	−0.006	0.052	0.006	0.010	−0.119	0.078	−0.015	0.094	0.261***	−0.028	−0.059	0.554***
	(0.035)	(0.035)	(0.037)	(0.095)	(0.072)	(0.056)	(0.138)	(0.057)	(0.044)	(0.063)	(0.081)	(0.039)	(0.075)	(0.158)
lnsize	0.054	0.056	0.065	0.281	0.107	0.034	0.346	−0.020	0.019	0.244***	0.495***	0.048	0.091	0.088
	(0.051)	(0.051)	(0.058)	(0.186)	(0.122)	(0.130)	(0.999)	(0.041)	(0.157)	(0.093)	(0.148)	(0.072)	(0.257)	(0.057)
nature	0.368**	0.385**	0.475***	0.147	0.410	0.398	−2.420	0.493***	0.368	−0.021	—	—	2.080*	0.302*
	(0.157)	(0.158)	(0.176)	(0.370)	(0.343)	(0.298)	(2.670)	(0.121)	(0.487)	(0.192)			(1.212)	(0.154)
age	0.187***	0.212***	0.192***	0.121	0.171*	0.307**	−0.342	0.182***	0.363***	0.001	−0.004	0.220***	0.109	0.144***
	(0.051)	(0.076)	(0.057)	(0.143)	(0.087)	(0.125)	(0.594)	(0.045)	(0.105)	(0.059)	(0.075)	(0.071)	(0.178)	(0.054)
equity	0.003	0.004	0.028	−0.183	0.024	0.000	0.376	−0.070**	0.023	0.012	−0.151**	0.049	0.007	−0.005
	(0.042)	(0.043)	(0.046)	(0.121)	(0.081)	(0.075)	(0.474)	(0.035)	(0.075)	(0.055)	(0.070)	(0.056)	(0.124)	(0.045)

续表

变量名	模型8		分区域		分行业				分规模		分性质		分水平	
	innov_perform		1	2	1	2	3	4	大	小	1	0	高	低
dar	−0.089*** (0.033)	−0.083** (0.033)	−0.150** (0.071)	−0.468* (0.247)	−0.144 (0.116)	−0.051 (0.044)	−0.218 (0.636)	0.068 (0.060)	−0.193 (0.141)	−0.048 (0.031)	−0.169 (0.105)	−0.256*** (0.086)	−0.196 (0.252)	−0.068** (0.032)
iar	0.134*** (0.041)	0.137*** (0.041)	0.095** (0.045)	0.322** (0.128)	0.233** (0.091)	0.076 (0.069)	0.520 (0.445)	0.134*** (0.042)	0.259*** (0.096)	0.124** (0.049)	0.113** (0.056)	0.157** (0.062)	0.102 (0.105)	0.118** (0.046)
roaa_zt	−0.029 (0.027)	−0.079** (0.034)	0.007 (0.030)	−0.103 (0.068)	0.066 (0.081)	0.067 (0.083)	−0.364* (0.204)	−0.010 (0.016)	−0.022 (0.050)	−0.012 (0.029)	−0.003 (0.034)	−0.033 (0.037)	−0.204** (0.080)	0.001 (0.029)
constant	−0.095** (0.046)	−0.220*** (0.082)	−0.119*** (0.040)	−0.019 (0.291)	−0.036 (0.096)	−0.025 (0.078)	0.500 (0.366)	−0.448*** (0.070)	0.003 (0.225)	0.095 (0.081)	−0.125 (0.084)	0.020 (0.034)	0.162 (0.244)	0.030 (0.091)
行业控制	否	是	否	否	否	否	否	否	否	否	否	否	否	否
年份控制	否	是	否	否	否	否	否	否	否	否	否	否	否	否
R^2	0.230	0.245	0.244	0.320	0.205	0.348	0.234	0 512	0.204	0.246	0.426	0.211	0.131	0.293
模型选择								FE						

表7-26　国际化广度调节非相关技术多元化与创新绩效之间的关系

变量名	模型9		分区域		分行业				分规模		分性质		分水平	
	innov_perform		1	2	1	2	3	4	大	小	1	0	高	低
no_osub	−0.018 (0.042)	−0.049 (0.044)	−0.006 (0.044)	−0.185 (0.145)	0.070 (0.124)	−0.010 (0.071)	−0.036 (0.158)	0.001 (0.058)	0.012 (0.056)	−0.025 (0.059)	−0.035 (0.100)	−0.045 (0.048)	−0.077 (0.073)	−0.245 (0.249)
untech_div	0.373*** (0.037)	0.372*** (0.037)	0.344*** (0.041)	0.415*** (0.095)	0.380*** (0.061)	0.318*** (0.089)	0.483 (0.303)	0.344*** (0.029)	0.317*** (0.059)	0.332*** (0.048)	0.397*** (0.051)	0.314*** (0.050)	0.378*** (0.128)	0.321*** (0.041)
nountech	−0.004 (0.038)	0.001 (0.038)	0.008 (0.041)	−0.037 (0.107)	−0.013 (0.092)	−0.001 (0.062)	−0.131 (0.177)	0.112 (0.068)	−0.027 (0.046)	0.265*** (0.099)	0.346*** (0.122)	0.001 (0.043)	−0.137* (0.083)	1.164*** (0.275)
lnsize	0.036 (0.053)	0.039 (0.053)	0.041 (0.061)	0.165 (0.191)	0.017 (0.122)	0.078 (0.144)	1.106 (1.029)	0.002 (0.037)	−0.006 (0.158)	0.243** (0.095)	0.451*** (0.148)	0.043 (0.075)	0.084 (0.252)	0.060 (0.059)
nature	0.274* (0.163)	0.287* (0.163)	0.366** (0.184)	0.165 (0.375)	0.294 (0.339)	0.433 (0.331)	−0.563 (2.721)	0.322*** (0.112)	0.205 (0.492)	0.016 (0.195)	—	—	1.500 (1.200)	0.193 (0.160)
age	0.151*** (0.054)	0.147* (0.079)	0.179*** (0.061)	0.091 (0.148)	0.115 (0.087)	0.386*** (0.141)	−1.105* (0.645)	0.091** (0.042)	0.274** (0.111)	−0.022 (0.061)	−0.120 (0.077)	0.215*** (0.076)	0.090 (0.177)	0.116** (0.057)
equity	−0.011 (0.043)	−0.006 (0.044)	0.008 (0.048)	−0.125 (0.125)	0.011 (0.080)	−0.013 (0.083)	0.266 (0.498)	−0.070** (0.032)	0.021 (0.075)	0.019 (0.056)	−0.071 (0.070)	0.023 (0.058)	−0.045 (0.123)	−0.008 (0.047)

续表

变量名	模型9		分区域		分行业				分规模		分性质		分水平	
	innov_perform		1	2	1	2	3	4	大	小	1	0	高	低
dar	−0.068** (0.033)	−0.059* (0.034)	−0.095 (0.073)	−0.550** (0.248)	−0.101 (0.114)	−0.017 (0.049)	−0.673 (0.667)	−0.018 (0.055)	−0.136 (0.141)	−0.036 (0.032)	−0.186* (0.104)	−0.187** (0.090)	−0.191 (0.247)	−0.038 (0.033)
iar	0.101** (0.043)	0.101** (0.043)	0.066 (0.048)	0.270** (0.131)	0.141 (0.090)	0.029 (0.077)	0.466 (0.467)	0.118*** (0.038)	0.173* (0.098)	0.089* (0.050)	0.043 (0.057)	0.106 (0.065)	0.098 (0.103)	0.069 (0.048)
roaa_zt	−0.037 (0.028)	−0.097*** (0.035)	−0.008 (0.031)	−0.095 (0.069)	0.082 (0.079)	0.045 (0.092)	−0.307 (0.218)	−0.022 (0.015)	−0.008 (0.050)	−0.033 (0.029)	−0.014 (0.034)	−0.044 (0.039)	−0.217*** (0.078)	−0.007 (0.029)
constant	−0.071 (0.048)	−0.221 (0.084)	−0.074* (0.042)	−0.072 (0.293)	−0.060 (0.094)	0.060 (0.086)	0.609 (0.382)	−0.359*** (0.065)	0.037 (0.227)	0.117 (0.082)	−0.007 (0.085)	0.046 (0.035)	0.151 (0.238)	0.084 (0.094)
行业控制	否	是	否	否	否	否	否	否	否	否	否	否	否	否
年份控制	否	是	否	否	否	否	否	否	否	否	否	否	否	否
R^2	0.189	0.204	0.179	0.303	0.235	0.200	0.162	0 601	0.192	0.221	0.435	0.151	0.165	0.250
模型选择								FE						

（四）稳健性检验

本章采用变量替换（表 7-27）和方法替换（表 7-28）两种方法对本书的实证结果进行稳健性检验。分别将滞后一期的创新绩效指标作为因变量和 PCSE 稳健估计方法考察整体视角下技术多元化程度和分类型视角下相关和非相关技术多元化及两者交互作用与创新绩效之间实证关系结果的稳健性。研究发现，基于不同视角的研究，技术多元化与创新绩效均呈显著的正相关关系，这说明企业无论在核心领域以内还是核心领域以外开展技术研发和创新活动都能促进企业创新绩效的提升。进一步，相关和非相关技术多元化的交互作用也能显著地正向影响企业创新绩效，这说明企业同时开展两种不同类型的技术研发创新活动能够形成一定的协同效应，使企业相关和非相关技术研发和创新活动得以更好地开展，从而促进企业创新绩效的提升。这与基准模型一致，说明本文的基准回归结果在很大程度上能够保持其稳健性。

表7-27　替换变量的稳健性检验

变量名	模型1		模型2		模型3		模型19	
	Linnov_perform		Linnov_perform		Linnov_perform		Linnov_perform	
detech_div	0.205*** (0.039)	0.201*** (0.039)						
retech_div			0.174*** (0.033)	0.170*** (0.033)			−0.001 (0.047)	−0.017 (0.047)
untech_div					0.144*** (0.038)	0.141*** (0.039)	0.032 (0.045)	0.015 (0.045)
retech_untech							0.296*** (0.058)	0.297*** (0.058)
lnsize	0.028 (0.057)	0.023 (0.057)	0.032 (0.057)	0.027 (0.057)	0.021 (0.057)	0.014 (0.058)	0.068 (0.045)	0.037 (0.048)

续表

变量名	模型1		模型2		模型3		模型19	
	Linnov_perform		Linnov_perform		Linnov_perform		Linnov_perform	
nature	0.281 (0.178)	0.270 (0.179)	0.350** (0.177)	0.337* (0.177)	0.317* (0.180)	0.303* (0.180)	−0.072 (0.137)	0.072 (0.142)
age	0.253*** (0.060)	0.278*** (0.087)	0.289*** (0.058)	0.306*** (0.086)	0.291*** (0.060)	0.319*** (0.087)	0.081* (0.046)	−0.140 (0.086)
equity	−0.056 (0.048)	−0.058 (0.049)	−0.050 (0.048)	−0.053 (0.049)	−0.059 (0.049)	−0.060 (0.049)	−0.033 (0.042)	−0.051 (0.043)
dar	−0.085* (0.046)	−0.079* (0.047)	−0.096** (0.046)	−0.093** (0.047)	−0.084* (0.047)	−0.078 (0.047)	−0.068 (0.043)	−0.048 (0.043)
iar	0.137*** (0.049)	0.140*** (0.049)	0.157*** (0.049)	0.161*** (0.049)	0.139** (0.050)	0.142*** (0.050)	0.096** (0.042)	0.083* (0.043)
roaa_zt	−0.049 (0.030)	−0.099*** (0.038)	−0.048 (0.030)	−0.095** (0.038)	−0.051* (0.031)	−0.104*** (0.038)	−0.034 (0.029)	−0.096*** (0.037)
constant	−0.125** (0.053)	−0.194** (0.087)	−0.142*** (0.053)	−0.190** (0.087)	−0.136** (0.054)	−0.217** (0.087)	−0.088 (0.174)	−0.472 (0.294)
行业控制	否	是	否	是	否	是	否	是
年份控制	否	是	否	是	否	是	否	是
R^2	0.120	0.132	0.120	0.132	0.105	0.118	0.200	0.238
模型选择		FE		FE		FE		RE

表7-28 更换估计方法的稳健性检验

变量名	模型1		模型2		模型3		模型19	
	Linnov_perform		Linnov_perform		Linnov_perform		Linnov_perform	
detech_div	0.519*** (0.026)	0.500*** (0.022)						
retech_div			0.350*** (0.022)	0.336*** (0.023)			0.110*** (0.027)	0.085*** (0.029)
untech_div					0.418*** (0.030)	0.401*** (0.027)	0.203*** (0.037)	0.206*** (0.037)
retech_untech							0.274*** (0.046)	0.283*** (0.047)
lnsize	0.062*** (0.017)	0.058*** (0.021)	0.147*** (0.033)	0.095*** (0.035)	0.070*** (0.021)	0.088*** (0.020)	0.090*** (0.019)	0.087*** (0.019)
nature	−0.064* (0.035)	0.060 (0.056)	−0.068* (0.041)	0.034 (0.040)	−0.118*** (0.041)	0.025 (0.051)	−0.077 (0.051)	0.014 (0.056)
age	−0.103** (0.041)	−0.212*** (0.068)	−0.052 (0.038)	−0.164*** (0.050)	−0.091** (0.042)	−0.173*** (0.056)	−0.105** (0.043)	−0.162*** (0.049)
equity	0.008 (0.029)	−0.039 (0.035)	0.032 (0.039)	−0.007 (0.036)	0.017 (0.027)	−0.042 (0.033)	0.012 (0.031)	−0.030 (0.031)
dar	−0.016 0.014	0.001 (0.014)	−0.039** (0.015)	−0.018 (0.014)	−0.034* (0.019)	−0.004 (0.017)	−0.015 (0.014)	0.005 (0.013)
iar	0.003 (0.019)	−0.021 (0.018)	0.018 (0.019)	0.003 (0.016)	0.026 (0.021)	−0.003 (0.019)	0.007 (0.021)	−0.017 (0.019)
roaa_zt	0.008 (0.012)	−0.052*** (0.019)	0.017 (0.011)	−0.044** (0.022)	0.010 (0.014)	−0.050*** (0.019)	0.015 (0.014)	−0.044** (0.019)
constant	−0.047 (0.051)	−0.296* (0.163)	−0.213*** (0.044)	−0.513*** (0.131)	−0.005 (0.045)	−0.198 (0.151)	−0.020 (0.065)	−0.144 (0.125)
行业控制	否	是	否	是	否	是	否	是
年份控制	否	是	否	是	否	是	否	是
R^2	0.298	0.339	0.196	0.248	0.215	0.280	0.309	0.357
模型选择		PCSE		PCSE		PCSE		PCSE

四、结论与政策建议

（一）结论

1）技术多元化与创新绩效呈正相关关系，技术多元化程度、相关技术多元化和非相关技术多元化均能促进纺织服装行业企业创新绩效的提升。

2）相关技术多元化和非相关技术多元化的交互作用正向影响企业创新绩效，且两者交互作用的正向影响优于单一实施的正向影响。

3）产品多元化战略对企业技术多元化与创新绩效的调节作用受到维度划分的影响，产品多元化程度负向调节技术多元化与创新绩效之间的关系，相关产品多元化战略对技术多元化与创新绩效之间的关系不起调节作用，非相关产品多元化战略能够负向调节技术多元化与创新绩效之间的关系。

4）国际化战略对技术多元化与创新绩效的调节受到维度划分和技术多元化类型的综合影响，国际化深度仅能显著负向调节相关技术多元化与创新绩效之间的关系，而国际化广度未能在技术多元化与创新绩效的关系中起到调节作用，但其与技术多元化的交互项在部分分组样本通过了显著性水平检验。

（二）建议

（1）提升企业自主技术创新和研发能力

加强国家对开展创新活动企业在资金和政策等方面的支持，使纺织服装行业企业有足够的资金去开展技术创新活动及探索新的技术领域；提升企业领导人的创新意识和技术研发的战略定位；加强对高端技术人才的引进；引进高端技术人才不仅能够增强企业技术研发和创新能力，而且能提高我国纺织服装行业专利申请规模的质量；建立技术资源库和评估甄别机制。

（2）协调相关和非相关技术多元化之间的动态关系

建立相关和非相关技术多元化动态平衡监测机制；建立监测机制能够帮助企业确定自己的研发创新活动处于那个阶段，综合评估新一轮研发投入应该投向哪一类技术领域，从而更好地发挥企业相关技术多元化和非相关技术多元化间的协同效应，共同促进创新绩效的提高。

（3）提升企业内部的管理和协调能力

定期对管理者进行知识和管理能力的培训；推进办公流程信息化，促进一般性业务事件确认环节实现“线上审批”；加强内部各部门的沟通和对接及目标的一致性。

（4）提升企业实施产品多元化和国际化战略的价值性

强化企业的动态能力；制定企业实施产品多元化和国际化的短期和长期计划；完善市场调研机制；完善内部控制及战略评估机制。

（5）改善民营企业营商环境，提升国有企业机制的灵活性

政府部门应加强对我国纺织服装行业民营企业的资金扶持和各项优惠政策的分级管理；政府部门应该提高我国纺织服装行业国有企业申请政府资金的严格性，加大混合所有制改革力度，增强国有企业活性和市场竞争力；政府部门应该增强对纺织服装行业扶持资金流向的监管。

第三部分 劳动力成本上升对纺织服装企业绩效的影响研究——基于上市公司的经验数据

针对当前纺织服装企业所面临的劳动力成本上升情况，以2008—2018年我国纺织服装上市公司为研究对象，采用多元线性回归的实证方法，分析了普通员工劳动力成本、高管劳动力成本和劳动力成本差距对企业绩效的影响。研究结果显示：普通员工劳动力成本和高管劳动力成本与纺织服装企业绩效存在显著正相关关系，而劳动力成本差距与企业绩效则表现为微弱的倒"U"型非线性关系。认为企业和政府需对劳动力成本的上升和差距保持警惕，平衡好公平与竞争二者之间的关系，科学设置劳动力成本差距区间，以发挥其对企业绩效的激励作用。

一、引言

纺织服装业作为国民经济的重要支柱产业之一，长期以来为我国的城市化建设、经济发展及出口创汇等都作出重大贡献。改革开放以来，中国实行出口导向型发展战略，以低廉的劳动力成本和丰富的资源优势快速融入国际贸易分工体系，逐步成为世界制造业大国，带动了大量人口从农村转移到城市，是我国吸引就业人数最多的传统制造业之一。但是，随着2008年金融危机的爆发并快速席卷全球，国际纺织品需求大幅降低并呈现持续递减的态势，而西方纺织产业在国家政策和高新技术的推动下不断进行结构化升级，加速了纺织产业由传统的劳动密集型向资本密集型转变。反观国内，在生产要素成本不断上涨、技术落后、劳动力价格日趋增长等因素的影响下，以往的劳动力成本优势已荡然无存，纺织行业在国际竞争力方面大不如前。优化劳动力成本，提高企业财务绩效已成为当前纺织服装企业所面临的重要课题。

关于劳动力成本，早在19世纪《资本论》中就有论述，国内外的学术界也对此问题展开了广泛的研究并获得了一定的研究成果，对推动纺织服装企业“降本增效”起到了明显的作用。文献[39]采用平衡计分卡。文献[40-41]从发达国家和发展中国家的角度出发，讨论劳动力成本与企业经营成果和组织绩效之间的关系。结果显示：劳动力成本与企业经营成果或组织绩效呈正相关，企业可以通过优化劳动力成本以降低员工的流动性，提高员工工作的积极性，强化员工技能，从而达到提高企业绩效的初衷。国内研究发现劳动力成本通过影响企业的各个方面，直接或间接影响企业发展。文献[42-43]均使用中国工业企业的数据，从不同的角度研究了劳动力成本与制造业企业创新行为的关系。结果表明：尽管劳动力成本上升会使企业产生较大经济压力，但总体而言，企业创新能力会随着劳动力成本的上升而上升，对制造业发展起到一定的促进作用。文献[44]通过研究上市公司12年的相关数据，发现持续性上升的劳动力成本能够提高企业整体的生产效率，会对企业转型升级产生积极影响，政府应加以重视，保证绩效可持续增长。张丽平等[45]选用中国上市公司近5年的数据，分析了管理者权力、内部薪酬差距与公司价值间的关系。结果表明：我国上市公司管理层和普通员工之间的薪酬差距与公司价值呈正相关，内部薪酬差距具有积极的激励效应，支持锦标赛理论[46]。但是，经理权力的存在不利于内部薪酬差距激励效应发挥作用。

本书总结了国内外学者相关研究理论，针对纺织服装企业劳动力成本与企业绩效方面研究的薄弱点提出研究假设，构建研究模型。通过对普通员工劳动力成本、高管劳动力成本、高管—员工劳动力成本差距与企业绩效之间的关系进行研究，探讨在纺织服装企业中高管、普通员工劳动力成本的上升是否对企业“物有所值”，提出了我国纺织服装企业劳动力成本优化的对策与建议。

二、理论基础与研究假设

马克思[47]在《资本论》中提出剩余价值理论的概念，深刻剖析了工人创造剩余价值这一不变真理，系统阐释普通工人对公司乃至社会作出巨大贡献，而资本家过分追求剩余价值，剥削工人的劳动，社会矛盾反复爆发。毋庸置疑，劳动力成本在企业财富创造中作用重大，薪酬是员工可以直观感受到的一个变量，是劳动力成本的体现。而在当代社会中，随着职工对自身薪酬的不满，工作缺乏活力，离职率不断升高，人力资源存在严重浪费[48]。薪酬激励既是对员工工作的肯定，也是对员工价值的认可，起到维持企业经营、稳定员工情绪、激发员工创造力的作用[49]。劳动力成本上升是必然趋势，据此提出假设：

假设 H_1：普通员工劳动力成本与纺织服装企业绩效存在显著正相关，普通员工的薪酬提高激励效果越明显，企业绩效越高。

委托代理理论基于非对称信息博弈理论，由于管理者在日常的管理活动中会获得多于所有者的即时信息，所有者与高级管理者之间存在信息不对称。管理者保障自身利益，会利用一切可能的机会增加自己的财富和休息时间，其中某些可能会损害所有者利益；同时，为了维持所有者的权利（至少达到盈亏平衡），管理者往往选择保守的管理方案，忽视可能存在的机会风险因素，偏离所有者目标。在委托人和代理人之间的契约关系中，任意一方都无法以伤害他人的财富为代价来增加自己的财富实现“Pareto 最优化”状态。薪酬激励是一种不错的选择，其高低由企业经营好坏来衡量，可以将个人利益和公司利益联系在一起，发挥管理者的才能以提高企业绩效[50]。管理者运用自身的管理对技术、资本、人力等一系列生产要素进行优化分配，选择适当的方式，使“管理资本”能够实现资源驱动的逐级增长[51]。选择管理者受教育程度[52]作为“管理资本”的代理变量，据此提出假设：

假设 H_2a：高管劳动力成本与纺织服装企业绩效存在显著正相关。

假设 H_2b：高管受教育程度与纺织服装企业绩效存在显著正相关。

锦标赛理论[46]认为，当公司设定不同的工资水平时，员工会更加积极地工作以获取更多的报酬，这有利于提高公司绩效。对在工作中表现优秀的员工给予较高的薪酬，不仅可以使这些业绩好的员工得到安抚奖励，还可以鼓励那些业绩较低的员工努力工作来取得更高的报酬[48]。根据行为理论，较大的薪酬差距会阻碍企业的发展，低级管理者对自身能力的高估，觉得自己没有得到应有的薪酬，会产生消极怠慢等负面情绪，反而会使企业绩效下降[53-54]。因此，行为理论关注员工间的协作，缩小薪酬差距，促进团队合作。据此提出假设：

假设 H_3：劳动力成本差距与纺织服装企业绩效存在显著的倒“U”型关系。

三、研究设计

（一）样本选取与来源

选取 2008—2018 年健康经营的纺织服装企业上市公司为研究样本，根据国泰安数据库证监会 2012 版行业分类，选取制造业中“纺织业”和“纺织服装、服饰业”共 79 家企业，为避免重复及保证数据可靠，同时利用上市公司的招股说明书、年报及上市公司的网站对缺失数据收集和计算。对数据进行如下处理：①剔除同时发售 A、B、H 股企业中的 B、H 股数据；②剔除出现 ST、*ST 年份的企业数据；③剔除净资产收益率为负的企业数据；④剔除数据严重缺失的上市公司。经过筛选，最终获得 77 家上市公司 556 个样本观测值。

（二）研究变量

1. 被解释变量——企业绩效

目前，大多数文献中用于衡量企业绩效的指标是总资产收益率、托宾 Q 值和每股收益等。现阶段我国股市还处于政府管制中，受宏观因素影响较大，通

过托宾 Q 值来衡量企业绩效存在一定的局限性，因此，本书通过总资产收益率（ROA）衡量企业绩效[55]。

2. 解释变量——劳动力成本

根据国际劳工组织规定，劳动力成本是指企业（或单位）以某种劳动力、劳动对象、劳动手段雇用社会劳动力而支付的费用以及资金等。劳动力成本是一个比较宽泛的概念，不仅包括职工工资总额、五险一金等，还包括各种物质或非物质形式的福利，如职工培训支出等，其范围应大于工资。普通职工与高管作为现代企业中的两大差异性群体，有必要区别研究，故将劳动力成本分为普通劳动力成本和高管劳动力成本，同时研究两者之间的差距，作为影响劳动力成本的 3 个不同的变量。

1）普通员工劳动力成本。采用现金流量表中“支付给职工以及为职工支付的工资”减去“董事会、监事会、高管年薪总额”表示企业的普通劳动力总成本，并使用企业员工总人数减去董事会、监事会、高管人数作为分母计算人均普通职工工资，再取自然对数，以此作为解释变量[18,56]。

2）高管劳动力成本。不同学者对高管劳动力成本的定义和计算方式不同，本文利用财务报表中“董事会、监事会、高管人数”表示企业的高管劳动力总成本，并用去除未领薪酬的董事会、监事会、高管人数作为分母来计算人均高管薪酬，再取自然对数，以此作为解释变量[57]。

3）劳动力成本差距。以高管劳动力成本与普通员工劳动力成本的比值作为劳动力成本差距，衡量高管对普通职工的激励作用[58]。

3. 控制变量

在借鉴以往文献的基础上，考虑企业规模、企业年龄、资本结构、股权集中度等对企业绩效的影响设置控制变量，具体如表 7-29 所示。

表7-29 控制变量及其定义

名称	符号	定义
企业绩效	Y	总资产收益率
普通员工劳动力成本	P	（支付给职工以及为职工支付的现金-董事会、监事会、高管年薪总额）/（企业员工总数-董事会、监事会、高管人数），再取自然对数

续表

名称	符号	定义
高管劳动力成本	M	董事会、监事会及高管年薪总额/(董事会、监事会、高管人数-未领薪酬的董事、监事、高管人数)，再取自然对数
劳动力成本差距	C	高管劳动力成本/普通员工劳动力成本
高管平均受教育水平	E	利用企业高管学历赋值（5-博士，4-硕士，3-本科，2-大专，1-中专及中专以下）的均值测度
企业家年龄	B	老板/公司一把手的年龄
企业规模	S	资产总额取自然对数
企业年龄	A	企业自成立起到报告期为止所经历的年数
资本结构	L	总负债/总资产（资产负债率）
股权集中度	H	前三大股东的Herfindahl指数
董事会独立性	D	独立董事占董事会总人数的比例
劳动力规模	N	职工人数取自然对数
存货周转率	I	销售成本/平均存货

（三）模型构建

为了分析劳动力成本对企业绩效的影响，设计了模型（1）和模型（2）。如果模型（1）、（2）的回归结果分别显示系数 α_1，β_1 都显著大于0，这说明当劳动力成本上涨时，纺织服装上市公司的业绩会更好，从而检验了假设 H_1 和 H_2a。

$$Y = \alpha_0 + \alpha_1 P + \alpha_2 B + \alpha_3 \mathrm{S} + \alpha_4 A + \alpha_5 L + \alpha_6 H + \alpha_7 D + \alpha_8 N + \alpha_9 I + \varepsilon_1 \tag{1}$$

$$Y = \beta_0 + \beta_1 M + \beta_2 E + \beta_3 \mathrm{B} + \beta_4 S + \beta_5 A + \beta_6 L + \beta_7 H + \beta_8 D + \beta_9 N + \beta_{10} I + \varepsilon_2 \tag{2}$$

为了检验劳动力成本之间的差距对企业绩效的影响，设计模型（3）、（4）。如果模型（3）、（4）中回归系数 γ_1、λ_2 都显著大于0，而 λ_1 显著小于0，这说明劳动力成本差距与纺织服装企业绩效存在显著的倒“U”型关系，在一定范围内劳动力成本差距越大，企业绩效越好，而差距超过某一范围时企业绩效下降，即验证了假设 H_3。高管受教育程度对企业绩效的影响，可由模型（2）、（3）和（4）的结果综合反映。

$$Y=\gamma_0+\gamma_1C+\gamma_2E+\gamma_3B+\gamma_4S+\gamma_5A+\gamma_6L+\gamma_7H+\gamma_8D+\gamma_9N+\gamma_{10}I+\varepsilon_3 \quad (3)$$

$$Y=\lambda_0+\lambda_1C^2+\lambda_2C+\lambda_3E+\lambda_4B+\lambda_5S+\lambda_6A+\lambda_7L+\lambda_8H+\lambda_9D+\lambda_{10}N+\lambda_{11}I+\varepsilon_4 \quad (4)$$

四、实证分析

（一）描述性统计

各变量的描述性统计具体如表 7-30 所示。

表 7-30　描述性统计结果

变量	中位数	最小值	最大值	均值	标准差
Y	0.0460	0.0007	0.2155	0.0572	0.0454
P	11.0072	9.2811	13.4618	11.0187	0.5931
M	12.2758	9.4689	14.3625	12.2024	0.7995
C	3.1949	0.1747	27.2443	4.1034	3.0793
E	3.0769	1.5714	4.0870	2.9956	0.5371
B	51	33	66	50.8723	5.9906
S	21.6432	19.0232	24.1699	21.7008	0.8746
A	15	1	30	14.5468	5.2635
L	0.3486	0.0168	0.8089	0.3703	0.1721
H	0.1416	0.0036	0.6581	0.1618	0.1184
D	0.3333	0.2857	0.6667	0.3788	0.0625
N	8.0942	3.9318	10.7448	8.0882	1.0266
I	2.5287	0.2617	101.5309	3.8501	6.9145

从表 7-30 可以看出：我国纺织服装类上市公司资产收益率的均值只有 0.0572，最大值为 0.2155，最小值为 0.0007，这表明我国纺织服装公司业绩较差，整体盈利能力不强且公司之间存在较大差异，偏离行业平均水平的企业较多。对于主要的解释变量，波动最大的是劳动力成本差距，波动最小的是普通员工劳动力成本，劳动力成本差距的均值为 4.1034 倍，最大值为 27.2443 倍，最小值仅为 0.1747 倍，这说明我国纺织服装上市公司高管与普通员工的劳动力成本存在巨大差距，普通员工之间的差距并没有太大，各公司激励政策大不相同，甚至某些公司不存在高管劳动力成本对普通员工的激励作用（远小于正常比值），造成公司员工缺乏活力。

（二）相关性分析

利用 SPSS22.0 对变量进行相关关系分析，得到 Pearson 相关系数表，如表 7-31 所示，表中样本数 N=556。

表7-31 相关性分析结果

变量	Y	P	M	C	E	B	S	A	L	H	D	N	I
Y	1												
P	0.264**	1											
M	0.460**	0.552**	1										
C	0.236**	-0.176**	0.627**	1									
E	0.173**	0.403**	0.344**	0.099*	1								
B	0.085**	-0.015	0.165**	0.163**	-0.092*	1							
S	0.078	0.176**	0.394**	0.337**	0.112**	0.250**	1						
A	-0.198**	0.107*	0.010	-0.103*	0.063	0.224**	-0.120**	1					
L	-0.412**	-0.267**	-0.269**	-0.019	-0.043	-0.022	0.283**	0.034	1				
H	0.294**	0.125**	0.156**	0.044	0.092*	-0.113**	0.215**	-0.311**	-0.094**	1			
D	0.132**	0.138**	0.044	-0.038	0.184**	-0.130**	-0.033	0.051	-0.082	0.201**	1		
N	0.068	-0.29**	0.536**	0.536**	-0.006	0.281**	0.720**	-0.184**	0.277**	0.092*	-0.110**	1	
I	0.018	0.119**	-0.082	-0.082	-0.002	0.042	-0.121**	0.144**	-0.028	-0.071	-0.022	-0.124**	1

注：* 表示在 0.05 水平上统计显著；** 表示在 0.01 水平上统计显著。

从表 7-31 可以看出：高管受教育程度、企业家年龄、普通员工劳动力成本、高管劳动力成本、劳动力成本差距与企业绩效都存在显著正相关关系。高管受教育程度与普通员工劳动力成本、高管劳动力成本、劳动力成本差距的相关关系也显著为正，与企业家年龄为显著负相关，基本符合日常逻辑，且与模型中变量系数的预期正负符号一致。可见，劳动力成本、劳动力成本之间的差距、高管受教育程度与企业绩效之间存在显著的差异性影响关系，在一定程度上支持了假设 H_1 及 H_2 的可行性。

（三）回归分析

用回归分析进一步检验劳动力成本差距和企业绩效是否存在非线性关系。以企业绩效作为被解释变量，检验不同的劳动力成本对企业绩效的影响，纺织服装上市公司劳动力成本与企业绩效的回归结果如表 7-32 所示。在模型（1）中，首先以纺织服装上市公司的普通员工平均薪酬的自然对数作为解释变量，在控制一系列潜在影响企业绩效 Y 的变量后，变量 P 的回归系数为 0.0184，在 1% 的水平上显著，这一结果符合假设 H_1，这表明普通员工劳动力成本的上涨对企业绩效起到正向激励作用，适量增加普通员工薪酬能够促进企业的健康发展，增加企业的收入及利润。在模型（2）中，以高管平均薪酬的自然对数和高管教育水平作为解释变量，变量 M 的回归系数为 0.0201，在 1% 的水平上显著，这一结果符合假设 H_2a，高管劳动力成本的上涨对企业绩效起到积极激励作用。而高管教育水平与企业绩效正相关但不显著，拒绝假设 H_2b。原因可能是对于传统的纺织服装企业而言，公司所生产的产品科技含量较低，领导层（一把手）大多创业较早，前中期的企业经营对高管的教育水平（管理水平）要求不高，对企业绩效并非关键影响要素。而在模型（3）和模型（4）中，高管教育水平与企业绩效却是显著正相关，这说明随着加入普通员工劳动力成本的对比，管理层和治理层需要较高的管理水平（受教育程度），才能把握好高管劳动力成本对普通员工的激励作用，而不造成对员工创造性工作的打击。同时模型（3）和模型（4）中，先后引入了劳动力成本差距及其平方项，对企业绩效 Y 进行回归分析。结果显示，两模型中劳动力成本差距的回归系数均在 1% 的水平上显著为正，这表明纺织服装上市公司劳动力成本差距对企业绩效有正向激励作用。劳动力成本差距的平方项回归系数在 1% 的水平上显著为负，且系数较小，这说明劳动力成本差距与企业绩效存在微弱的倒“U”型非线性关系，从而验证了假设 H_3。

表7-32 回归结果

变量	模型（1）	模型（2）	模型（3）	模型（4）
ω	−0.1134** (−2.275)	−0.1186** (−2.516)	−0.0516 (−1.057)	−0.0633 (−1.316)
Y	0.0184*** (5.125)			
P		0.0201*** (8.148)		
M			0.0026*** (4.031)	0.0079*** (5.719)
C				−0.0003*** (−4.333)
E		0.0036 (1.151)	0.0105*** (3.350)	0.0107*** (3.467)
B	0.0008*** (2.664)	0.0008*** (2.693)	0.0009*** (2.878)	0.0008*** (2.699)
S	−0.0067** (−1.979)	−0.0059** (−2.085)	0.0024 (0.846)	0.0030 (1.080)
A	−0.0013*** (−3.856)	−0.0015*** (−4.583)	−0.0013*** (−3.803)	−0.0014*** (−3.987)
L	−0.0925*** (−8.657)	−0.0710*** (−6.669)	−0.1002*** (−9.792)	−0.0918*** (−8.951)
H	0.0709*** (4.662)	0.0656*** (4.520)	0.0713*** (4.705)	0.0668*** (4.465)
D	0.0578** (2.152)	0.0572** (2.211)	0.0518* (1.923)	0.0605** (2.273)
N	0.0114*** (4.085)	0.0028 (1.255)	−0.0006 (−0.236)	−0.0028 (−1.038)

续表

变量	模型（1）	模型（2）	模型（3）	模型（4）
I	0.0002 (0.771)	0.0002 (0.970)	0.0004 (1.593)	0.0004* (1.682)
R^2	0.320	0.381	0.326	0.349
调整R^2	0.309	0.370	0.314	0.335
F	28.548***	33.602***	26.377***	26.469***

注：ω 为截距；括号内数值为 t 值；***，**，* 分别表示在 1%、5% 和 10% 的水平上统计显著。

（四）稳健性检验

为了保证实证结论的可靠性，对其进行稳健性检验，首先，根据文献[59]对高管薪酬的定义检验模型（2）、（3）、（4）结果的稳健性。令高管劳动力成本＝金额最高的前 3 名高管薪酬平均值的自然对数，再次进行实证分析，所得结论与前文保持一致。其次，分别使用每股收益和净资产收益率，替代模型（1）～（4）中的总资产收益率 Y 进行稳健性检验，结果表明研究结论依然是成立的。限于篇幅，本书未列出回归检验的结果。

五、结论与建议

（一）结论

1）普通员工和高级管理人员的劳动力成本上升都会对企业绩效的提升产生显著的促进作用，这是因为不论是普通员工还是高管，薪酬的提高都会增加其工作的积极性和创造性，进而影响企业绩效的提升。

2）普通员工和高管之间劳动力成本差距对企业绩效的影响是非线性的，呈现轻微的倒“U”型关系，单纯的锦标赛理论或行为理论不能完全解释高管与员工之间的劳动力成本差距对企业绩效的影响。较小的薪酬差距能鼓励普通员工向着可能达到的薪酬奋斗，而较大的薪酬差距却会抑制普通员工的工作激情，产生逆反心理。

3）高管受教育水平与企业绩效呈正相关，在不同情况下显著性有所不同。只考虑高管劳动力成本时，两者之间并无显著性关系；而在考虑劳动力成本差距时，高管受教育水平对企业绩效提升有显著促进作用，这说明在加入普通员工劳动力的对照后，管理层需要具备较高的管理水平（受教育程度），才可以正确把握高管劳动力成本对普通员工的激励作用，避免对普通员工的日常工作造成打击。

（二）建议

1）参照同行业市场水平，对本企业内部高管和普通员工的劳动力成本做出相应的调整，避免人才流失造成企业绩效的下降。

2）为了充分发挥薪酬激励作用，深化薪酬制度改革，高管应适当提升其受教育水平，如在职攻读研究生等方式，通过系统的人力资源和管理学习，在设计薪酬差距时统筹考虑公司所处的环境和特殊情形，在确保员工工作积极性和创造性的同时保证自身团体不出现消极情绪。

3）优化劳动组织方式，特别是倒班制的纺织企业，可以实行“三班三运转”或“两班两运转”，以降低劳动力成本。

4）政府和有关部门需要对企业高级管理人员的超高薪酬保持警惕，必要时进行薪酬管制，防止企业因凝聚力下降而造成员工离职率上升，进而造成失业率过高等社会问题的发生。

参考文献

[1] 胡鞍钢，周绍杰，任皓 . 供给侧结构性改革——适应和引领中国经济新常态 [J]. 清华大学学报 (哲学社会科学版),2016,31(02):17-22，195.

[2] 张杰，杜伟伟 . 异质性视角下中国纺织上市企业绩效评价及发展战略研究 [J]. 工业技术经济，2018,37(06):38-45.

[3] Horta I M, Camanho A S, Moreira da Costa J. Performance Assessment of Construction Companies: a Study of Factors Promoting Financial Soundness and Innovation in the Industry[J].*International Journal of Production Economics*, 2012,137(1):84-93.

[4] Deng F, Smyth H. Nature of Firm Performance in Construction[J].*Journal of Construction Engineering and Management*,2014,140(2):1-19.

[5] Ding Z Y, Jo G S, Wang Y, et al. The Relative Efficiency of Container Terminals in small and medium-sized ports in China[J]. *The Asian Journal Shipping and Logistics*, 2015, 31(2):231-251.

[6] Hahn J S, Kim D K, Kim H C. Efficiency Analysis on Bus Companies in Seoul City Using a Network DEA Model[J]. *Ksce Journal of Civil Engineering*, 2015,17(6):1480-1488.

[7] Clemens Deilmann, Jörg Hennersdorf. Data EnvelopmentAnalysis of Urbaneffi Ciency—Interpretative Methods to Make DEA a Heuristic Tool[J]. *Ecological Indicators*,2018:607-618.

[8] Filipa Da, Silva Fernandes, Charalampos Stasinakis. Two-stage DEA-Truncated Regression: Application in Banking Efficiency and Financial Development[J]. *Expert Systems With Applications*,2018: 284-301.

[9] 黄河，杨以雄 . 基于数据包络分析的纺织服装企业运营效率评估 [J]. 纺织学报，2017,38(10): 138-145.

[10] 刘明辉，王扬 . 审计师特征、审计质量与审计师运营效率研究 [J]. 审计与经济研究，2012,27(5):20–33.

[11] 刘立秋，张丽，孙鹏程 . 基于因子分析和 DEA-SBM 方法的建筑业上市公司经营效率评价 [J]. 甘肃科学学报，2015,27(4):136–141.

[12] 谭小芳，范静 . 产融结合型农业上市公司运营效率研究 [J]. 农业技术经济，2014(10):111–120.

[13] 韩珂，陈宝峰 . 基于 DEA-Malmquis 的中国财产保险公司经营效率实证研究 [J]. 运筹与管理，2014,23(1):196–202，21.

[14] 王巧丽 . 基于 DEA 模型的中国互联网上市公司运营效率研究 [D]. 武汉：中国地质大学，2018.

[15] 杨韡韡，平红 . 考虑环境因素的高速铁路运营效率评价——基于三阶段 DEA 方法 [J]. 价格理论与实践，2018(12):151–154.

[16] 钟祖昌 . 我国物流上市公司运营效率的实证研究 [J]. 商业经济与管理，2011,234(4):19–26，43.

[17] 刘浩 . 基于三阶段 DEA 的上市军工企业经营效率评价研究 [D]. 哈尔滨：哈尔滨工程大学，2017.

[18] 陈巍巍，张雷，马铁虎，等 . 关于三阶段 DEA 模型的几点研究 [J]. 系统工程，2014,32(9):144–149.

[19] 沈江建，龙文 . 负产出在 DEA 模型中的处理——基于软件 DEAP 的运用 [C]. 中国管理现代化研究会会议论文集，安徽 : 经济与管理科学，2015，267–272.

[20] 马晓东，何伦志．融入全球价值链能促进本国产业结构升级吗——基于“一带一路”沿线国家数据的实证研究［J］．国际贸易问题，2018（07）：95–107.

[21] 姜宝，邢晓丹，李剑．“走出去”战略下中国对欧盟逆向投资的贸易效应研究——基于 FGLS 和 PCSE 修正的面板数据模型［J］．国际贸易问题，2015（09）：167–176.

[22] Kodama F. Technological Diversification of Japanese Industry[J]. *Science*, 1986, 233(4761): 291–296.

[23] Kogut B, Zander U. Knowledge of the Firm, Combinative Capabilities, and

the Replication of Technology[J]. *Organization science*, 1992, 3(03): 383-397.

[24] Hamel G, Prahalad C K. Competing for the Future[J]. *Harvard Business Review*, 1994, 72(04): 122-128.

[25] Subramaniam M, Youndt M A. The influence of Intellectual Capital on the Types of Innovative Capabilities[J]. *Academy of Management Journal*, 2005, 48(03): 450-463.

[26] Pavitt K, Robson M, Townsend J. Technological Accumulation, Diversification and Organisation in UK Companies, 1945–1983[J]. *Management Science*, 1989, 35(01): 81-99.

[27] Granstrand O, Patel P, Pavitt K. Multi-technology Corporations: Why they have "Distributed" Rather than "Distinctive Core" Competencies[J]. *California Management Review*, 1997, 39(04): 8-25.

[28] Suzuki J, Kodama F. Technological Diversity of Persistent Innovators in Japan: Two Case Studies of Large Japanese Firms[J]. *Research Policy*, 2004, 33(03): 531-549.

[29] Lin B W, Chen J S. Corporate Technology Portfolios and R&D Performance Measures: a Study of Technology Intensive Firms[J]. *R&D Management*, 2005, 35(02): 157-170.

[30] Leten B, Belderbos R, Van Looy B. Technological Diversification, Coherence, and Performance of Firms[J]. *Journal of Product Innovation Management*, 2007, 24(06): 567-579.

[31] Dibiaggio L. Corporate Technological Competence and the Evolution of Technological Diversification [J]. Technovation, 2004, 24(9): 759-760.

[32] Schumpeter J A. The Theory of Economic Development: An Inquiry into Profits, Capital, Credit, Interest, and the Business Cycle[M]. Ohio state: University of Illinois Press, 1934.

[33] 柯杰升，李怡，武健伟. 中国林业上市公司多元化经营与企业绩效研究——基于内部资本市场的调节和中介效应［J］. 农村经济，2020（06）：136-144.

[34] 张庆垒，施建军，刘春林．技术多元化、冗余资源与企业绩效关系研究［J］．科研管理，2015，36（11）：21-28.

[35] 徐高彦，王晶．多元化程度与盈余持续性 : 机会抑或威胁 ?[J]. 审计与经济研究，2020,35(04):105-115.

[36] 盛宇华，朱赛林．高技术企业多元化战略对创新持续性的影响——动态能力的调节作用［J］．科技进步与对策，2020，37（17）：73-82.

[37] 叶德珠，王梓峰，李鑫．经济政策不确定性与企业多元化程度选择［J］. 产经评论，2020，11：34-54.

[38] 吕贤杰，陶锋．相关与非相关多元化经营抑制了实质性创新吗［J］．科技进步与对策，2020，37（19）：96-104.

[39] GURBUZ S, MERT I S. Impact of the Strategic Human Resource Management on Organizational Performance: Evidence from Turkey [J]. *The International Journal of Human Resource Management*, 2011, 22(8):1803-1822.

[40] CARRIERE J, BARRETTE J. Gestion des ressources humaines et performance de la firmeà capital intellectuelélevé：Une application des perspectives de contingence et de configuration [J]. *Canadian Journal of Administrative Sciences*, 2010, 22(4):302-315.

[41] GHEBREGIORGIS F, KARSTEN L. Employee Reactions to Human Resource Management and Performance in a Developing Country [J]. *Personnel Review*, 2007, 36(5):722-738.

[42] 赵西亮，李建强 . 劳动力成本与企业创新——基于中国工业企业数据的实证分析 [J]. 经济学家，2016（7）：41-49.

[43] 林炜 . 企业创新激励：来自中国劳动力成本上升的解释 [J]. 管理世界，2013（10）：95-105.

[44] 程晨，王萌萌 . 企业劳动力成本与全要素生产率：“倒逼”机制的考察 [J]. 南开经济研究，2016（3）：118-132.

[45] 张丽平，杨兴全，陈旭东 . 管理者权力、内部薪酬差距与公司价值 [J]. 经济与管理研究，2013（5）：5-17.

[46] LAZEAR E P, ROSEN S. Rank-order Tournaments as Optimum Labor Contracts [J].

Journal of Political Economy, 1981, 89(5):841-864.

[47] 卡尔·马克思 . 资本论：第三卷 [M]. 北京：人民出版社,2004：927-992.

[48] 董斌，曲蓬 . 薪酬水平、薪酬差距与公司业绩 : 来自中国上市公司的经验证据 [J]. 山西财经大学学报，2014,36(11):60-73.

[49] 赵睿 . 高管—员工薪酬差距与企业绩效 : 基于中国制造业上市公司面板数据的实证研究 [J]. 经济管理，2012,34(5):96-104.

[50] 夏宁，董艳 . 高管薪酬、员工薪酬与公司的成长性 : 基于中国中小上市公司的经验数据 [J]. 会计研究，2014(9):89-95.

[51] 程虹，宋菲菲 . 新常态下企业经营绩效的下降 : 基于企业家精神的解释 : 来自 2015 年广东制造业企业—员工匹配调查的经验证据 [J]. 武汉大学学报 (哲学社会科学版),2016,69(1):60-72.

[52] 白洁 . 上市公司高管特征与股权激励对企业绩效的交互影响研究 [J]. 财会通讯，2013(30):53-55.

[53] 蔡芸，陈淑玉，任成 . 高管—员工薪酬差距对企业绩效的影响 : 基于沪深 A 股上市公司的面板门限回归分析 [J]. 北京工商大学学报 (社会科学版),2019,34(2):52-62.

[54] MARTINS P S. Dispersion in Wage Premiums and Firm Performance [J]. *Economics Letters*, 2008, 101(1):63-65.

[55] 步丹璐，白晓丹 . 员工薪酬、薪酬差距和员工离职 [J]. 中国经济问题，2013(1):100-108.

[56] 沈永建，梁上坤，陈冬华 . 职工薪酬与会计稳健性 : 基于中国上市公司的经验证据 [J]. 会计研究，2013(4):73-80.

[57] 王怀明，史晓明 . 高管—员工薪酬差距对企业绩效影响的实证分析 [J]. 经济与管理研究，2009,30(8):23-27.

[58] 陈琛，冉秋红 . 普通员工薪酬与企业绩效的相关性研究 : 基于我国沪深两市制造业上市公司的面板数据 [J]. 财会月刊，2015(23):9-13.

[59] 胡亚权，周宏 . 高管薪酬、公司成长性水平与相对业绩评价 : 来自中国上市公司的经验证据 [J]. 会计研究，2012(5):22-28.